KB210975

복음, 네가 곧 군자다

-예수를 따르는 믿음의 길, 공자에게 배우는 學의 길-

장 동 식 지음

열린서원

1

예수는 자신이 경배 받을 것이라고 생각했을까? 혹은 경배 받기를 바라기는 했을까? 매 일요일마다 세계 각지의 교회와 성당에서는 예수에 대한 예배가 진행된다. 그 모습을 보면서 예수는 어떤 마음이고, 자신을 예배하는 사람들에게 어떤 말을 건넬까를 생각해본다.

예수보다 500년 정도 일찍 활동했던 공자는 자신의 사후 여러 번의 추존을 거쳐 최종적으로 대성지성문선왕(大成至聖文宣王)이라는 거창한 호칭으로 불려질 것을 상상이나 했을까? 살아생전 그는 사람들에게 '상갓집의 개'라고 모멸 찬 말을 들었는데 말이다. 물론 유학이 일반적인 종교와는 그 형태가 다르기 때문에 예배나 미사, 예불과 같은 방식으로 그를 존숭하고 있지는 않지만 말이다.

예수와 공자 모두 사후에 자신을 따르던 제자들과 그 제자들, 그리고 또 그 제자들에 의해 그분들의 원초적인 가르침은 이른바 '신학화'되기 시작했고, 그분들 자신은 그 가르침의 시조로서, 혹은 신으로서 존숭되기 시작했다. 물론 당사자가 살아있었다면 이런 신학화

(또는 철학화나 이론화)과정은 불필요했겠지만, 가르침의 원음이 사라진 상태에서 이 길을 걷는 것은 불가피한 것일지도 모른다. 그러기에 2천 5백 년이 지난 오늘날 우리도 그 가르침의 편린을 경험하고 있다.

그러나 그런 불가피성과 장점을 인정함에도 불구하고 이런 과정을 통해 또 다른 왜곡이 생겨 그분들의 본뜻이 훼손되고, 자의적으로 해석되며, 심지어 정 반대의 가르침으로 둔갑하기도 하는 것에 대해서는 끝없는 경계심을 가질 필요가 있다.

경배하고 찬양하며 숭앙한다는 것은 그분들을 신격화시킨다는 말과 같다. 신격화는 여러 문제를 야기한다. 가장 기본적인 문제는 그분들을 대상화한다는 점이다. 대상화는 그분들을 저 멀리 우리가 결코 도달할 수 없는 신의 자리에 올려놓고 우리는 이 비참하고 시궁창 같은 현실에 갇혀 아무 것도 할 수 없는 무력한 존재로 전락시키는 오류이다. 이는 인간이 처한 문제와 모순을 해결하는 아주 손쉬운 방법이다. 인간은 아무 것도 할 수 없기에 그 영웅들이 운전하는 천국행 버스에 승차하기만 하면 모든 문제가 해결된다. 그것도 무임으로!

두 번째로 신격화는 그분들을 우상화시킨다. 우상은 없는 것이다. 그런데 마치 있는 것처럼 사람들의 삶을 지배하는 것이다. 그분들이 가장 배격하고 싶어 했던 것이 바로 이 우상인데, 신격화는 그분들을 오히려 우상으로 만든다. 우상화의 결말은 가르침의 왜곡이다.

다음으로 신격화와 우상화는 인간 자신의 가능성에 대한 부정으로 이어진다. 그리고 이것이 그분들의 가르침 즉 복음의 가장 심각한

왜곡이 된다. 자세한 내용은 본문에서 다루겠지만 예수의 가르침 즉 예수가 전한 복음의 핵심은 인간이 직접 하나님 나라에 들어갈 수 있다는 것이다. 그러나 예수를 신격화시킨 순간 회개를 통해 하나님 나라에 접근할 가능성 자체가 차단된다. 대신 인간은 그 예수를 숭배하기만 하면 되는 존재로 전락한다. 공자의 가르침 역시 마찬가지다. 공자가 전한 복음은 '네가 곧 군자다'라는 것이다. 그렇게 될 수 있다는 것이고 그럴 가능성과 힘이 인간에게는 있다는 것이다. 그러나 공자를 신격화시키고 숭배하기 시작하는 순간 인간은 그 가능성을 스스로 포기하게 된다.

네 번째로 드러나는 문제는 그것이 하나의 '유혹'으로 작동한다는 것이다. 인간을 스스로 생각하고 스스로 설 수 있는 주체로 세우지 못하고 모든 판단을 유보하게 만든다. 그리고 유보된 판단을 최종적으로 완성하는 존재는 현실의 종교지도자들이다. 인간사와 인간실존은 복잡하고 이해하기 어렵지만, 그 모든 어려움을 극복하고 뚫고 나갈 때 인간은 성장하고 성숙한다. 그것이 어른이 되는 과정이다. 그러나 우리 현실에서 흔히 보듯, 신앙심이 깊다는 사람일수록 모든 판단을 그의 종교지도자에게 위임한다. 그 길이 쉽고 책임지지 않아도 되기 때문이다. 이는 성숙한 어른의 자세가 아니다. 차마 믿기 싫지만 윤석열과 김건희, 그리고 천공이 보여주는 비극적인 코미디를 전국민이 실시간으로 목도하고 있지 않은가? 한쪽에서는 사고와 판단을 유보하고 위임시키는 게으름과 무책임의 유혹이, 그 반대편에서는 타인을 지배하고 영향력을 행사하고 싶은 유혹이 서로 만나 합을 이룬 것이다.

예수와 공자의 가르침은 이것을 부정한다. 그리하여 이 책의 제목을 『복음, 네가 곧 군자다』라고 붙였다. 그분들의 가르침을 온전히 이해하고 실천해보기 위해서다.

예수와 공자는 시간과 공간, 역사와 문화와 사회의 엄청난 차이에도 불구하고 공통된 인간이해에서 출발한다. 인간은 완전하지 않으며 약하고 어리석고 심지어 악하기까지 한 존재라는 것이다. 그러나 이것은 현실적 존재로서의 인간에 대한 것이다. 두 분의 공통된 지반 중 하나는 인간의 현실이 비록 이러할지라도 그 안에는 이런 비참함을 넘어설 수 있는 가능성과 능력이 있다는 것이다. 그리고 그 길을 보여주며 함께 걸어가지고 우리를 초대한다.

예수는 자기를 부인하고 자기 십자가를 지는 길을 보여준다. 예수에게 있어서 그 길의 정점은 겟세마네의 기도였다. "내게서 이 잔을 거두어 주십시오, 그러나 내 뜻대로 하지 마시고 아버지의 뜻대로 하십시오."라는 목숨을 내 놓고 하는 기도가 그것이다. 공자는 나이 일흔이 넘었을 때 자신의 인생을 회고하는 아름다운 회고에서 그 길을 얘기한다. 마흔의 불혹(不惑)에서 쉰의 지천명(知天命)으로 넘어가는 그 긴장된 간극에서 말이다. 그리고 공자가 불혹에서 지천명으로 넘어갈 수 있었던 유일한 방법은 자신을 깨부수는 것이었다. 공자는 그것을 단 네 글자로 표현하다. 학즉불고(學則不固). 다양한 풀이가 있겠지만 나는 이것을 '배움은 스스로 갇히지 않는 것이다.'라고 풀이한다. 스스로 갇히지 않고 자신을 틀지우는 그 강고한 벽을 스스로 깨부수는 과정이 공자의 삶 전체를 관통하는 핵심적인 열쇠다. 이 열쇠를 들어야 공자의 삶을 이해할 수 있고, 공자의 가르침을 따라 우리도 한 걸음 더 나아갈 수 있다.

2

성서와 논어를 함께 읽으면 어떤 일이 일어날까? 서로를 비판하며 해치게 될까, 아니면 서로를 보완하며 풍성해질까? 후자라고 생각한다. 이 산에 올라가보니 저 산의 길이 보다 분명하게 보이는 경우라고 할 수 있다. 성서의 눈을 가지고 논어를 볼 때 보다 풍성하게 논어를 읽고 이해할 수 있었고, 그 역도 동시에 가능했다. 상보적(相補的) 읽기였다.

마침 광주YMCA에서 〈예수를 따르는 믿음의 길, 공자에게 배우는 學의 길〉이라는 제목으로 강의할 기회가 생겼다. 예수와 공자, 이 인류의 두 스승은 우리에게 구원과 완전한 자유에 이르는 길을 각기 보여 주었다. 이 두 길에 대해 '믿음의 길'과 '學의 길'이라고 이름 붙였다.

예수의 경우는 익히 알려진 대로 '믿음'에 대해 말한다. "네 믿음이 너를 구원하였다."로 대표되는 구절처럼 말이다. "자기를 부인하고 자기 십자가를 지고" 예수를 따르는 것이 믿음의 길이다. '믿음의 길을 통해 구원에 이르는 것'이 예수의 길이다.

반면 공자가 걸어갔고, 제자들에게 가르치며 같이 가기를 권했던 길은 학(學)의 길이다. 예수가 '믿음의 길'을, 붓다가 '지혜의 길'을 제시한 것처럼. 그가 제시한 배움의 길의 끝은 하늘이었다. '배움을 통해 하늘이 되는 길'을 걸어갔고, 우리에게도 같이 걷자고 권한다.

그래서 이 책의 부제를 〈예수를 따르는 믿음의 길, 공자에게 배우는 학(學)의 길〉이라고 붙였다. 그 두 길을 제시한 두 스승의 말씀을 따라 그 발자취를 추적해보는 것이다.

3

이 책은 애초에 광주YMCA 100주년 사업의 일환으로 진행한 '연경반'의 한 학기 강의록이다. 12강으로 구성되어 있는데, 매 강좌마다 A4용지로 10쪽 내외의 강의록을 작성했다. 강의 이후 3년 넘게 시간이 흘러서야 책으로 내야겠다는 결심을 했다. 원래 강의록이기 때문에 그 강의가 있었던 당시의 상황 같은 것이 곳곳에 묻어 있다.

연경반이라는 명칭은 다석 유영모 선생이 서울YMCA에서 35년간 여러 경전을 강의하였던 모임에서 시작되었다. 이 연경반은 다석 선생 사후 그의 제자였던 현재 김흥호 선생이 45년 동안 이화여대에서 이어나가기도 했다. 이분들과의 일정한 연관성 속에서 광주 YMCA 총무였던 울안 김천배 선생이 연경반을 운영하기도 했다. 광주YMCA는 오방(五放) 최흥종 목사의 주도로 설립하여 2020년 설립 100주년을 맞이했는데, 오방 선생은 특별하게 유영모 선생과 이현필 선생 등 당시 한국의 정신적 지도자들과의 깊은 정신적 교류를 가졌고, 울안 김천배 선생 역시 그 자장 안에 있었다. 따라서 광주 YMCA의 연경반(혹은 성경공부모임) 역시 그분들의 정신을 이었다고 해도 과언이 아니다.

부족한 사람이 이 연경반의 강의를 맡는 영광을 누리게 되었다. 연경반의 계보를 이었던 다석, 현재, 울안 등 여러 선생님들에는 많이 미치지 못하지만, 그분들과 뜻을 함께 한다는 점에서는 크게 다르지 않으리라 생각한다.

4

이 책에서 사용한 저본은 『표준새번역』성서와 이수태 선생이 번역한 『새번역 논어』(도서출판 바오)다. 논어 해석의 일부는 같은 출판사에서 발행한 이수태 선생의 『논어의 발견』과 『공자의 발견』에서 차용하기도 했다. 그 이상의 논어구절에 대한 해석을 할 수 없었기 때문이다.

처음에 이수태 선생의 책 『논어의 발견』을 읽게 된 것은 집 인근의 도서관이었다. 앉은 자리에서 순식간에 50여 쪽을 읽은 후 감탄하면서 다시 제목을 봤더니 『논어의 발견』이었다. 서가에서 뽑을 때는 『논어의 '재'발견』이라고 인식했었는데, 정작 '논어의 발견'이라서 깜짝 놀랐던 기억이 생생하다. 말 그대로 이수태 선생이 논어를 '발견'한 것과 같은 느낌이었다. 그만큼 새롭고, 깊었으며, 놀라웠다. 제가 이 책을 쓰면서 이수태 선생의 혜안을 흐리는 것은 아닌지 하는 두려움이 있다. 관심 있으신 분들은 일독을 권한다.

끝으로 부족한 사람의 부족한 강의지만 끝까지 함께해주신 연경반 참여자들과 광주YMCA에 고맙다는 말씀을 전한다.

장동민 (백석대학교 교수)

본서는 종교 간 대화의 형식을 띤 진리 추구 방식의 전형이다. 기독교와 유교의 가르침을 적당히 융합함으로 설익은 혼합주의로 흐르는 대신, 상대의 진리 체계에 호의를 가지고 서로에게서 배운다. 죄, 실존, 신, 회개, 용서와 같은 기독교 특유의 개념이 논어에 숨어 있던 진리를 또렷하게 해 주며, 끊임없이 자기를 깨뜨리는 논어의 '학'(學)은 자칫 신앙이라는 이름으로 우상화되기 쉬운 기독교를 구원한다. 그 조화와 배움을 가능하게 하는 것은, 원융(圓融)의 진리가 존재한다는 믿음, 그리고 진리를 찾는 인간에 대한 신뢰에 기반한다. 보편적 진리는 언제나 구체적인 적실성을 가지기 마련이다. 깊은 영성에 기반한 진정성 있는 자아 추구, 공감과 소통을 통한 공동체주의, 타인에 대한 두려움을 극복한 환대 등, 우리 시대를 해석하고 인도할 가치를 배울 수 있다. 독자는 본서를 통하여 배우는 즐거움과 동시에 자기를 깨뜨리는 고통을 함께 체험하게 될 것이다.

길을 열어 걷는 경전 읽기

주낙현 신부 (성공회 사제)

길을 잃은 시대다. 수많은 주장과 외침이 아우성처럼 들리지만, 길은 잘 보이지 않는다. 저마다 길이라고 유혹하지만, 자신도 걸어보지 않은 위험한 초대이기 일쑤다. 장동식의 〈네가 곧 군자다〉는 길을 제시하지 않는다. 길을 열고 올곧게 걸었던 이들을 눈여겨 읽고 경청하며 오늘의 길을 발견한다. 이 책은 그렇게 발견한 예수의 길, 공자의 길을 향한 친절한 길라잡이이다.

장동식의 경전 읽기는 상쾌하다. 학자연하는 주석이나 도사연하는 자만이 없기 때문이다. 든든한 연구 성과에 기대면서도, 그 뜻을 오늘의 삶, 현재의 처지에서 비추어 읽는다. 경전을 길로 여겨 읽고, 훈련으로 몸에 새기며, 기쁨과 열정으로 걸을 때라야 왜곡과 오해를 벗어난다. 문자에 사로잡히지 않고, 질문을 던지면서 스스로 성찰하면서 읽도록 해야 한다. 경전은 홀로 세워진 것이 아니니, 다른 이들과 함께 읽어야 한다. 진실로 길을 걷는 방법이다.

장동식의 경전 읽기에는 기쁨이 있다. 종교의 경전은 삶의 무게와 고뇌를 깊이 살피되, 거기에 짓눌리지 않도록 돕는다. 복잡다난한 일상에서 기쁨과 자유를 찾도록 한다. 현실을 향한 담대한 비판은 자신의 성찰, 타인을 헤아리는 마음과 더불어 실제로 길을 걷는 일로만 힘을 얻는다. 허명을 높이려는 이들이 많다. 실은 자기 안에 기쁨과 자유가 부족하기 때문이다. 저자를 아는 사람은 그의 삶과 내력에서 얻은 지혜와 실천을 이 책 여기저기서 설핏 발견하겠지만, 겉으로는 거의 드러나지 않는다. 저자의 담백한 성찰은 담대한 복음의 증언과 실천을 통해서만 지혜에 다다르며 얻는 그의 기쁜 삶이 있기에 더 빛난다.

장동식의 경전 읽기는 서로 채워 풍요롭게 한다. 마가복음을 한마디로 하면 '길을 걷는 예수전'이라고 하겠다. 단아하되 용기 있는 발걸음으로 예수는 길을 연다. 논어는 한마디로 하면 '지치지 않고 길을 걷는 지혜서'라고 하겠다. 세상에 속하되 휩쓸리지 않고, 세상을 비판하되 편협하지 않고, 하늘과 사람을 향한 예를 갖추며 걷기에 오래도록 걸을 수 있다. 때로는 마가복음의 예수처럼 과감하게, 때로는 논어의 공자처럼 자신을 돌아보면서, 지혜와 실천의 길을 넓게 아우른다.

그리스도교의 신자를 '그리스도인'(Christian)이라고 한다. 현재를 살아가는 '작은 그리스도'라는 뜻이다. 공자는 우리를 '군자'의 길로 초대한다. 그 길을 걷는 우리를 '군자'라고 일컫는다. '네가 곧 군자다.'

이수태 (『새번역 논어』, 『논어의 발견』 저자)

장동식 선생을 알게 된 것은 2015년쯤이었다. 광주에 있는 대안
학교인 지혜학교 학생들에게 교재로 나누어줄 책 20여권을 주문했
다는 것이 출판사 사장의 전갈이었다. 그 해 8월, 고2 학생 서너 명
이 서울로 나를 찾아와 광화문 어딘가에서 팥빙수를 사주었던 일이
엊그제 같은데, 생각하니 그것도 벌써 10년 가까이 전이다.

나의 논어 책이 이 어린 친구들에게 얼마나 지혜를 안겨주었는지
는 모르겠지만, 이번 장동식 선생의 저서를 보고 나는 깜짝 놀랐다.
시쳇말로 "세상에 이런 일이"였던 것이다.

나는 비교적 긴 세월에 걸쳐 논어에 관련해 여러 글을 썼다. 그러
나 내 글을 이해하고 동의해 주는 분을 거의 만나지 못했다. 그러나
장동식 선생은 그것을 이해하고 동의해주었다. 중국도 일본도 공자
를, 논어를 지금도 제대로 이해하지 못하고 있다. 그런데 광주에 계
시는 장동식 선생은 이해하고 있는 것이다.

내가 볼 때 예수나 공자 같은 비범한 인물을 이해하자면 인간적인
평범이 있어야 한다. 그 평범을 토대로 할 때만 이해되는 세상이 있
기 때문이다.

장동식 선생의 평범을 보는 비범한 관찰에 찬사와 경의를 표한다.

심광섭 박사 (감신대 은퇴 교수/한국영성예술협회_예술목회연구원장)

　　동서양 성현의 가르침과 행적은 인류가 모두 행복하고 성공한 삶을 살기 위한 정신의 빛이다.

　　성서에서 최초의 복음서인 마가복음과 유학 경전 중 으뜸인 논어를 선택해 복음과 말씀을 상호 조명한 연구와 해석에서 정신의 옥토를 정성스럽게 개간했다는 인상을 받는다. 한국 그리스도인에게 유학, 특히 공자의 가르침이 수록된 논어는 매우 중요하다고 생각한다. 한국인의 심미적 정서와 도덕적 심성으로 복음을 수용하고 실천하는 토양이 되기 때문이다. 그리스도인은 유학적 심성을 통해 복음을 이해하고, 비그리스도인도 복음에 대한 접근을 용이하게 할 수 있다. 특히 9장 "십자가와 中庸, 그 하찮은 것들이 만드는 새로운 길"은 이 책의 백미(白眉)이다.

손원영 (서울기독대학교 교수)

이 책은 아름다운 글로 가득 차 있다. 여기서 아름다움이란 단지 문장의 수려함이나 빼어난 문체만을 뜻하는 것은 아니다. 그것은 시공간의 거리에도 불구하고 인류의 위대한 두 스승인 공자와 예수를 마치 가까웠던 친구로 여겨 한 자리에 초대한 뒤 서로 우정이 넘치는 속 깊은 이야기를 나누도록 이끄는 대화의 아름다움이다. 이러한 대화를 일컬어 학계에서는 '상호경전읽기'를 통한 종교대화라고 부른다. 모쪼록 이러한 종교대화가 더욱 확산되어 이 땅에 종교평화가 잘 정착되기를 빌어마지 않는다.

1

1차 자료로서의 마가복음과 논어 :
1차 자료와 해석된 자료

1차 자료로서의 마가복음과 논어

-1차 자료와 해석된 자료-

1. 경전을 '해석' 한다는 것

'2020년 9월 9일 을왕리에서 음주 운전 사고로 50대 남성이 사망했다'는 사실이 있다. 보통은 신문에 단신으로 처리되면서 음주운전에 대한 처벌강화 정도를 주문하는 것으로 끝나는 기사다. 그러나 망자의 딸이 청와대 국민청원게시판에 사고 상황을 올리면서 가해자에 대한 엄벌을 요구하였고, 이 청원에 대해 며칠 만에 60만 명에 가까운 사람이 서명하면서 이 사건은 재조명 되었다. 사람들이 격렬하게 반응하는 대목은 단지 음주운전과 사망이 아니라 '벤츠', '술 취한 30대 여성과 동승한 40대 남성', '치킨배달 가장' 같은 키워드들과 함께 "살인자가 법을 악용해서 빠져나가지 않게" 라는 점이었다.

이 사건에 대해 언론은 물론이고, 이 소식을 들은 사람들 마음속에서 재해석되었다. 그 과정에서 드러난 대로 사고를 낸 사람들이 변호사가 오기 전까지 피해자에게 아무런 조치도 취하지 않은 채 차에서 내리지 않았던 행동이 앞서의 키워드들이 말하는 것을 강화하는 서사를 만들어냈다. '벤츠를 운전하는 30대 초반의 여성'과 '변호사', 그리고 피해자의 딸이 호소하는 '법 악용'이라는 키워드가 맞물리면서 상승작용을 일으킨 것이다.

수많은 음주운전 사망사고를 접하면서 일과성으로 넘기며 남의 일처럼 흘낏 쳐다보며 그다지 분노하지 않던 사람들이 갑자기 분노하게 된 이유는 무엇인가? 앞서의 키워드들이 상징하는 사회적 상황 때문이다. 무전유죄 유전무죄라는 현상이 일상인 상황에서 벤츠를 운전하는 술 취한 젊은 여자, 동승한 중년의 남성, 변호사의 등장 같은 것이 '유전(有錢)'을 떠올리도록 한 반면, 그 반대편에는 생활고에 시달리며 밤늦도록 치킨을 배달하는 가난한 가장의 고단한 삶(無錢)이 대비된다.

여기서 수많은 가장들이 치킨 집을 차리고 밤늦도록 배달에 시달려야만 하는 한국의 경제-사회적 상황으로 한 걸음 더 나갈 수도 있다. 과도하게 많은 자영업을 가진 경제구조와 그를 가능하게 했던 개발독재와 재벌문제로까지 확장시킬 수도 있다.

음주운전 사망사고라는 어쩌면 일상적이고(?) 단순하기까지 한 사건, 신문에 늘 단신으로 처리되어왔던 사건을 길게 설명한 이유는

'해석(解釋)'이라는 것에 대해 생각해보기 위해서다. 단순한 한 사건이 이런저런 '사회적 맥락과 지평' 속에서 단순한 사건이 아니라 매우 중요할 뿐만 아니라 자신과 상관있는 사건으로 사람들에게 해석되는 과정이 진행된 것이다.

앞으로 우리가 함께 할 작업이 바로 이러한 해석이다. 경전을 읽고 그것을 다양한 방식으로 해석해보는 것, 그리고 더 나아가 2천 년도 더 전에 쓰인 경전이 지금의 나와 모종의 관련을 갖도록 하는 것, 그 것이 해석이다.

해석과정에는 장단점이 공존한다. 장점은 내용이 풍성해지면서 독자가 그 사건에 직접 참여하게 된다는 것이다. 음주운전 교통사고로 50대 남성이 사망했다는 무미건조한 기사가 다양한 방식으로 해석되는 과정을 통해 모종의 서사구조를 가지게 되며, 그렇게 될 때 그동안 아무런 관계없던 낯선 사람들조차 이 사건의 중심으로 뛰어들게 되는 것처럼 말이다.

단점 또한 여럿 있다. 첫째는 이 과정에서 객관성을 잃고 왜곡, 편향, 과장이 일어날 수 있다는 것이다. 이렇게 되면 사건 혹은 사태에 대한 총체적인 시각을 잃게 된다. 공자는 이런 사람을 소인(小人)이라고 하면서 그가 보는 세계를 군자(君子)의 주이불비(周而不比)한 세계인식에 빗대어 비이부주(比而不周)의 세계인식이라고 했다. 두 번째는 해석하는 사람의 의식수준에 따라 해석의 수준이 결정된다는 것이다. 교회에서 강단을 독점한 목회자의 의식수준에 따라 설교의 수준이 결정되는 것과 같다. 전광훈 목사의 사례에서 뚜렷이 드러난다.

세 번째는 결국 그런 해석을 받아들이는 각 개인의 삶에서 문제로 드러난다는 것이다. 코로나 속에서 진행된 지난 8.15집회에서 그 폐해가 여실히 드러난 것을 전 국민이 목도하였다.

이런 단점들에도 불구하고 경전은 해석되어야 한다. 그 과정에서 가능한 한 단점과 문제점들을 극복하면서 한 걸음씩이라도 나가야 한다. 그래야 경전이 의미가 있어지기 때문이다. 이 작업을 돕는 학문을 신학에서는 해석학(解析學, hermeneutics)이라고 한다. 문헌 자체에 대한 비판적 검토(본문비평, text criticism과 자료비평 source criticism), 문헌이 쓰인 맥락과 문학적 양식에 대한 비판적 검토(양식비평, form criticism), 저자 혹은 편집자가 자료를 배열하고 수정하게 된 동기와 의도에 대한 비판적 검토(편집비평 redaction criticism), 문헌이 쓰인 역사적·사회적 상황 속에서 문헌의 의미를 찾아보려는 비판적 검토(사회학적 비평 sociological criticism) 등 다양한 해석학이 발달하게 되었다.

그런데 자세히 보면 이러한 해석학의 한 분야를 모두 비평(criticism)이라고 한다는 것을 알 수 있다. 어쩌면 많은 종교인들은 이것이 조금 불편하게 느껴질 수 있다. 경전을 비평(批評)하다니! 그래서 상당히 많은 보수교회나 교단에서는 이런 비평을 '자유주의'라고 매도하면서 축자영감설(逐字靈感說 verbal inspiration)에 기대 신앙생활을 영위하려고 한다.

경전은 수천 년간 경외의 대상이었으며 절대 진리라고 믿어왔다. 그런데 비평이라는 것은 이렇게 신격화된 것을 인간의 지평으로 끌어내리는 작업이다. 진리를 담고 있는 경외와 믿음의 대상에서 통상의 문학작품이나 영화처럼 비평과 평론을 하는 대상이 된다. 하늘이 땅이 되는 작업이고, 그렇기 때문에 마음이 불편하다.

그러나 바로 이런 작업을 통해야만 비로소 하늘은, 우상이 아닌 하늘이 될 수 있다. 마치 하나님이 인간이 되어 다시 신이 되듯이, 하늘에 있다고 '믿고 섬겨 왔던' 것을 인간의 차원으로 끌어내려야 경전 자체가 우상이 되지 않고 비로소 진리를 담은 '말씀'이 되는 것이다.

그동안 대부분의 종교인들은 경전의 말을 무비판적으로 믿고 섬겨 왔으며, 그 결과 그 경전을 풀어 해석하는 종교지도자들(승려, 신부, 목사, 이맘 등)까지도 인간이 아닌 신의 말씀을 대언하는 대언자로 준신격화시켜왔다. 종교에서 이 비판과 비평기능이 인정되지 않을 때 어디까지 종교가 타락할 수 있는지는 역사적으로 이미 검증되었다.

이런 이유들로 경전은 해석되어야만 한다. 그리고 보다 올바른 해석을 위해서는 다양한 비평작업을 통해 하늘에 올라(사람들이 하늘에 올린) 우상이 되어버린 경전을 땅으로 끄집어내려야 한다. 그럴 때 우리는 경전이라는 우상을 버리고 진리에 한 걸음 더 다가갈 수 있으며, 그것을 내 삶과 직접적으로 연관시킬 수도 있게 된다.

2. 1차 자료와 해석된 자료(혹은 2차 자료) - 성서의 경우

신약성서에는 복음서가 4종 있다. 마태, 마가, 누가, 요한이 쓴 복음서다. 그러나 이 말은 사실이 아닐 확률이 높다. 즉 각 복음서의 저자가 마태, 마가, 누가, 요한이라는 개인이 아니라 그들이 이끌고 있었던 공동체의 공동 작업에 의한 것이라는 점이 거의 정설이 되고 있기 때문이다. 물론 이것도 앞서 언급한 해석학을 통해 밝혀진 것이다.

초기 기독교공동체는 상당히 활발하게 선교를 했다. 그 대표적인 주자가 바로 바울이다. 피상적으로 보면 마치 바울만 선교활동을 한 것처럼 오인하기 쉬운데, 예수의 직접제자들은 물론 그들의 제자들에 이르기까지 많은 사람들이 활발하게 복음을 전했다. 예수 사후 가장 초기에는 예루살렘을 중심으로 활동하던 제자들이 바울의 등장 이후 이스라엘 밖의 소아시아를 중심으로 로마 각 지역에 흩어져 있던 유대인을 중심으로 점점 선교의 영역을 넓혀갔다. AD 70년 예루살렘 함락과 유대의 멸망, 그리고 그 결과 이루어진 디아스포라와 함께 로마 전역으로 선교가 확대되는 과정에서 다양한 신앙공동체들이 생겨났고, 각 공동체는 신앙생활의 필요에 의해 복음서들을 제작하게 되었다고 보는 것이다.

신학자들은 초기 교회에서 공통적으로 사용되었던 하나의 문서가 있다고 생각했다. 일명 'Q자료'라고 하는 것이다. Q자료는 예수의 어록이라고 생각되는 구절들로 이루어진 가상의 기독교 문서를 말한다. Q라는 명칭은 원전, 출처, 문헌 또는 원천을 말하는 독일어의

Quelle에서 유래했다. 주로 예수의 설교를 담은 어록일 것으로 본다. Q는 대략 AD 50~60년 사이에 만들어진 것으로 추정한다.

최초의 복음서인 마가복음은 60년대 중반 정도에 저작되었을 것이라고 보고 있으며, 마태와 누가복음은 대략 80년대 정도에 저작되었다. 그리고 요한복음은 90~100년 사이, 혹은 그 이후에 저술되었을 것이라고 본다. 네 복음서의 저자(혹은 편집자, 혹은 그 공동체)모두는 예수의 어록인 Q문서를 공유하고 있었을 것이라고 추정하고 있다. 최초로 저술된 마가복음의 경우는 Q와 더불어 자신들의 공동체에 전승되어오는 예수의 행적과 그에 대한 해석들을 중심으로 마가복음을 저술했고, 나머지 세 복음서는 〈Q+마가복음+자신들 내부의 전승과 해석〉이 결합되어 저술되었다. 물론 Q는 현재 단독의 문서로 존재하지는 않는다.

이런 맥락에서 네 복음서 중에서 마가를 살펴보는 것이 유의미하다. 이유는 해석되지 않은 거의 원음 그대로의 예수를 만날 수 있기 때문이다. 즉, 마가복음은 Q와 더불어 해석된 자료가 아닌 1차 자료, 혹은 원자료의 성격을 갖는다.

모든 고대 문헌과 경전들의 공통적인 특징 중 하나는 원자료에 가까울수록 단순하고 투박하다는 점이다. 그리고 후대의 문헌들일수록 그 문헌의 저자 혹은 편집자의 상황과 목적에 따라 무엇인가가 첨가되거나 가공된 흔적들이 드러난다. 대표적인 경우가 예수의 족보에 관한 것이다. 네 복음서 모두 그 첫 시작에 예수라는 한 인간을 설명하는 구절이 나오는데, 각 복음서가 어떻게 묘사했는지를 살펴보면 그 차이를 명확하게 알 수 있다. 저술 시기대로 나열해보면 다음과 같다.

▲ 마가복음

"하나님의 아들 예수 그리스도의 복음의 시작은 이러하다."라는 단순한 문구에서 시작해서 곧바로 세례요한의 활동을 소개하고, 예수가 그에게 세례를 받는 것으로 이어진다.

▲ 마태복음

"아브라함과 다윗의 자손인 예수 그리스도의 계보는 이러하다."로 첫 문장을 시작해서 이어지는 16개의 구절에 그의 족보를 나열한다. 다음으로 동정녀 탄생, 동방박사이야기, 헤롯의 탄압과 이집트로의 이주와 귀환이야기가 1장과 2장에 걸쳐 서술되었다.

이런 이야기들이 서술된 이유는 무엇일까? 다양한 이유가 있겠지만, 그 중 하나는 유태인 사회에서 문제 되었던 예수의 정통성 시비와 연관되었을 수 있다. 그것을 변론하기 위해, 즉 호교론(護敎論)적인 목적을 위해 기술된 것이라고 볼 수 있는 것이다.

▲ 누가복음

누가의 경우는 조금 특이하다. 데오빌로(테오필로스 Θεόφιλος)라는 한 인물에게 보내는 서신 혹은 보고서 형태로 되어있다. 그렇기에 첫 네 구절을 데오빌로에게 보내는 인사와 이 글을 쓰는 이유 등을 밝힌다. 그 후 이어지는 본론의 내용은 세례요한의 출생 예고, 예수 탄생에 대한 예고, 두 사람의 어머니들(엘리사벳과 마리아)의 만남, 마리아의 찬가, 세례요한의 출생, 요한의 출생에 따르는 요한의 아버지 사가랴의 예언, 예수의 탄생, 목자들의 방문, 아기 예수의 정결예식과 신탁, 소년시절의 예수에 대한 이야기들이다. 이런 이야기가 128개의 절에 걸쳐 기술된다. 마가의 단 한 절, 마태의 48개의 절에 비해 엄청난 분량이다. 그 뒤에도 하나님-아담-셋-에노스 에서부터 시작해서 아브라함-이삭-야곱의 정통성을 확보하고, 다윗이라는 왕을 거쳐 아버지 요셉과 예수로 이어지는 마태와는 또 다른 족보가 16개의 절에 기술된다. 족보 자체도 마태의 아브라함을 넘어 아담과 하나님까지 연결시킨다.

어떤 면에서는 마태공동체가 직면했던 정통성시비보다도 더 큰 정통성 시비가 누가 공동체에 있었던 것이 아닐까 추정해볼 수 있다.

▲ 요한복음

"태초에 말씀이 계셨다. 그 말씀은 하나님과 함께 계셨다. 그 말씀은 하나님이셨다. 그는 태초에 하나님과 함께 계셨다. 모든 것이 그로 말미암아 창조되었으니, 그가 없이 창조된 것은 하나도 없다. 창조된 것은 그에게서 생명을 얻었으니, 이 생명은 사람의 빛이었다. 그 빛이 어둠 속에서 비치니 어둠이 그 빛을 이기지 못하였다."

요한복음 1장 1~5절이다. 절수로는 다섯 개 밖에 되지 않는다. 그러나 그 내용은 어마어마하다. 단지 족보에서 아브라함이냐(마태) 아담을 창조한 하나님까지 거슬러 올라가느냐(누가)의 문제가 아니다. 말 그대로 천지를 창조한 '우주적' 스케일이며, 예수는 창조신이다. 그리고 "말씀이 육신이 되어 우리 가운데 사셨다."라는 성육(成肉 incarnation)의 가르침으로 이어진다.

요한복음의 저자 혹은 편집자 혹은 그 공동체가 직면했던 문제 중의 하나는 영지주의(靈知主義, Gnosticism)라는 신비주의의 도전이었다. 아마 그 도전에 응전하는 과정에서 예수의 육신적인 정통성은 오히려 거추장스러운 것이 되었을 가능성이 높다. 영지주의에서 중요한 것은 단지 영적인 것이기 때문이다. 따라서 예수의 등장을 영적인 지혜로 풀어낸 것이다. 즉 예수는 단지 인간인 것이 아니라 창조의 신비를 간직한 신이고, 말씀이고 빛인 존재인데, 그 신이고 말씀이고 빛인 존재가 성육했다는 것을 밝히려는 것이다.

마태, 마가, 누가복음을 공관복음(共觀福音), 즉 같은 관점을 가진 복음이라고 한 것과는 그 궤를 달리하기 때문에 통상 요한복음은 별도로 구분한다. 이런 경향은 요한복음 전체에서 발견된다. 다른 복음서들은 기적을 기술하면서 그 사건 자체를 다루는 반면 요한복음은 그것의 영적인 의미에 대한 해석을 가미하는 식이다. 네 복음서에 공통적으로 나오는 5병2어의 기적이야기에서 가장 극명하게 그 차이를 알 수 있다.

마태 14:13~20, 마가 6:30~44, 누가 9:10~17에 나오는 오병이어 기적은 단순한 사실의 기술처럼 서술되었다. '가르침을 펼치는 와

중이다-사람이 많이 모였다-먹을 것이 없다-한 소년이 보리빵 5조
각과 작은 생선 2마리를 바쳤다-예수가 축복하고 제자들이 나눠주
었다-모두가 배불리 먹었다-남은 음식이 12광주리가 되었다-먹은
사람은 남자만 5천 명이었다'라는 플롯을 거의 따르고 거기서 그친다.

　　그러나 요한복음은 좀 다르다. 6:1~14에는 다른 복음서와 유사하게
사건을 기록한다. 그리고 거기서 그치지 않고 같은 장 22~29절에
그 의미를 영적으로 해석한다. 핵심은 "나는 생명의 빵이다. ~중략~
나는 하늘에서 내려온 생명의 빵이다. 이 빵을 먹는 사람은 누구나
영원히 살 것이다. 내가 줄 빵은 나의 살이다. 그것은 세상에 생명을
준다"(요한 6: 48~51)라는 구절이다. 오병이어라는 기적 사건에서 생
명의 빵이라는 영적인 해석까지 확장되는 것이다.

3. 1차 자료와 해석된 자료(혹은 2차 자료) - 논어의 경우

　　논어는 20편 500여 장으로 구성-편집되었다. 성서는 권(券)-장
(章)-절(節) 구조를 갖는 것에 비해 논어는 편(編)-장(章)구조로 편집했
다. 사람 따라 장(章)을 구분하는 것이 조금 달라서 480여 장으로 구
분하는 사람부터 500여 장으로 구분하는 사람까지 다양한 방식으로
구분된다.

　　논어는 공자 사후 가장 나이 많은 제자 중 한 사람인 유자(有子) 등
이 중심이 되어 편집한 공자의 어록으로 알려졌다. 다른 초기 경전과

비교할 때 가장 큰 특징은 배경설명이 없다는 점이다. 성서는 기본적으로 서사 중심의 구조를 가지고 있기 때문에 상황에 따른 해석의 유추가 가능하다. 불경도 이를테면 이처럼 시작한다. "이와 같이 나는 들었다(여시아문 如是我聞). 세존께서 녹야원에 계실 때~~"같은 방식이다. 여기에 누가 있었고, 누가 무슨 질문을 했고, 그에 대해서 세존은 이렇게 답했다 같은 방식으로 서술한다. 주제가 보다 명확하다.

그러나 논어는 다르다. 가장 대표적인 구절이 위정(爲政)편에 나오는 이 구절이다.

子曰, 君子不器.
자 왈   군 자 불 기

선생님께서 말씀하셨다. 군자는 그릇이 아니다.

아무런 배경설명도 없다. 단지 이것뿐이다. 마가복음 1장 1절 "하나님의 아들 예수 그리스도의 복음의 시작은 이러하다."처럼, 그냥 선언, 혹은 선포한다. 구구절절하지 않다.

처음 이런 구절을 읽으면 당황하게 마련이다. 이것을 어떻게 해석하고 풀이해야 좋을지 난감하다. 그러나 조금만 익숙해지면 오히려 이 투박하고 거칠며 구구절절하지 않은 한마디가 매력적으로 느껴지며 마음을 울린다. 상상력을 발휘해야 하며 심지어 문학적이기까지 하다. 앞서도 언급했듯이 읽는 사람의 의식수준에 따라, 혹은 그가 처한 상황과 맥락에 따라 다양한 해석의 가능성이 열려있다. 논어의 편집자들이 이것을 의도했는지는 모르겠지만 논어의 구절들이 대개 이러하다.

조금 더 상상해보자면, 논어를 읽다보면 성서의 Q자료가 이와 같지 않았을까 하는 느낌을 갖게 한다. 같은 1차 자료라고 하더라도 Q보다는 마가복음이 조금 더 가공되었다는 느낌을 주는 반면 논어는 가공되지 않은 원음의 느낌으로 읽힌다.

그러나 조금씩 더 깊게 읽다보면 이 논어를 편집한 사람의 의도도 읽힌다. 그냥 무작정 어록을 모아놓거나 연대기적인 방식으로 배열한 것이 아니라 나름 주제를 가지고 편-장을 구성한 것이다. 이를테면 위정(爲政)편에는 정치에 대한 구절들이 많다든가 팔일(八佾)편에는 예법과 예에 대한 것들, 이인(里仁)편에는 어짊(인 仁)에 대한 구절들, 옹야(雍也)편에는 제자들에 대한 평들을 모아 놓는 식이다. 그리고 각 편의 내부 장 구성에 있어서도 편집자의 의도가 읽히는 부분들이 있다.

그럼에도 불구하고 공자의 어록을 거의 날것 그대로 모아놓은 원자료, 혹은 1차 자료라는 것에는 이견이 없다. 마치 한 인간, 한 인격으로서의 공자가 살아 숨 쉬며 2천 5백년을 격하여 지금의 나에게 말을 걸고 있는 것 같다. 실존의 문제로 고민하고 있는 나에게 묵직한 주먹 한 방을 날리는 것 같은 느낌. 마가복음도 이런 느낌을 동일하게 가지고 있다.

그러나 같은 4서로 분류되는 맹자, 대학, 중용 같은 것은 이런 느낌이 없다. 일단 맹자를 비롯한 나머지 3서는 논리적이다. 대학과 중용은 마치 논문을 읽는 것 같은 느낌처럼 한 단어 한 단어가 논리적 연관성을 가지고 있다. 물론 논문처럼 무엇을 논증하려는 것은 아니다.

대개의 경전이 그렇듯 그저 선언한다. 논증이 아닌 선언. 그럼에도 불구하고 논어에서 느껴지는 단순하고 거칠고 투박하며 묵직한 한 방이 없다. 무언가 설명하고 설득하려는 것 같다.

맹자는 구구절절하다. 맹자 첫 편인 양혜왕 편에도 그것이 잘 드러난다. 맹자가 양혜왕을 만나니 양혜왕이 이렇게 묻는다. "노인께서는 천리길을 마다하지 않고 여기에 오셨으니, 우리에게 무슨 이익을 주시려 합니까?" 이에 대해 맹자는 "왕은 왜 하필 이(利)를 말씀하십니까?"라고 하면서 아주 길게 왕을 '설득'한다. 왕이 인의(仁義)를 말하지 않고 이(利)를 말하면 결국 나라가 망한다는 것이다. 왕이 어떻게 하면 나라를 이롭게 할까를 생각하면 대부(大夫)들은 자기 집안(가문)을 이롭게 할까를 생각하며, 그 밑의 신하들(사 士)이나 일반 백성들(서인 庶人)들은 어떻게 하면 내 몸을 이롭게 할까를 생각하게 된다. 모두가 서로 이(利)를 취한다면 나라가 위태로워질 것이다. 이것이 맹자가 양혜왕을 설득한 핵심 요지다. 이어지는 긴 구절에서 다양한 역사적이고 문헌적인 예를 들며 끊임없이 설득한다. 그런데 과연 양혜왕은 설득되었을까?

논어라면 이 부분을 어떻게 처리했을까?

子曰, 君子喩於義 小人喩於利
자 왈 군 자 유 어 의 소 인 유 어 리

선생님께서 말씀하셨다. "군자는 의로움에 깨치고 소인은 이로움에 깨친다."(이인편)

그냥 이렇게 말할 뿐이다. 아무런 설명도 없이. 물론 이 외에도 의(義)와 이(利)에 관한 다른 단편들도 여럿 있지만 의와 이를 다루는 핵심적인 구절이다. 설명하지 않는다. 설득하지도 않는다. 다만 당연하고 마땅한 것을 선언하고 선포할 뿐이다. 그것을 받아들일지 받아들이지 않을지는 듣는 사람의 몫이다. 마치 예수가 "때가 찼다. 하나님의 나라가 가까이 왔다. 회개하여라. 복음을 믿어라."라고 선포(κῆρυγμα)한 것처럼. 왜 때가 찼는지, 그 때와 징조는 무엇인지, 하나님의 나라는 무엇인지, 어떻게 회개하며 왜 해야 하는지, 무슨 죄를 저질렀는지, 복음은 무엇이며 또 믿는다는 것은 무엇인지에 대한 아무런 설명도 설득도 구구절절함도 없다. 그냥 때가 찼고, 하나님의 나라는 가까이 왔으니 회개하고 복음을 믿으라는 선포뿐이다. 이 말을 듣고 회개하고 복음을 믿으면 그렇게 한대로 살아갈 뿐이고, 그렇지 않으면 지금까지와 마찬가지로 살아갈 뿐이다.

논어 한 부분만 더 살펴보자. 가장 앞에 나오는 학이(學而)편 첫 장과 둘째 장이다.

自曰, 學而時習之 不亦說乎? 有朋自遠方來 不亦樂乎? 人不
자왈   학 이 시 습 지 불 역 열 호   유 붕 자 원 방 래 불 역 락 호   인 부

知而不慍 不亦君子乎?
지 이 불 온 불 역 군 자 호

선생님께서 말씀하셨다. 배워서 때에 따라 익히니 또한 기쁘지 않으냐?
벗이 있어 멀리서 찾아오니 또한 즐겁지 않으냐? 남이 알아주지 않아도
섭섭해 하지 않으니 또한 군자가 아니냐?

有子曰, 其爲人也孝弟, 而好犯上者, 鮮矣. 不好犯上, 而好作亂
유자왈 기위인야효제 이호범상자 선의 불호범상 이호작란

者, 未之有也. 君子務本, 本立而道生. 孝弟也者, 其爲仁之本與.
자 미지유야 군자무본 본립이도생 효제야자 기위인지본여

유자께서 말씀하셨다. 그 사람됨이 효성스럽고 우애로우면서 윗사람
범하기를 좋아하는 자는 드물다. 윗사람 범하기를 좋아하지 않으면서
변란 일으키기를 좋아하는 자는 지금껏 없었다. 군자는 기본에 힘쓸 것
이니, 기본이 갖추어지면 도(道)가 열리게 된다. 효성스럽고 우애롭다는
것은 어짊의 기본이 되겠구나.

두 구절의 느낌이 어떤가? 이 두 단편을 잘 읽고 음미해보면서 차
이를 발견해보자. 혹시 갈 길 잃은 유자의 구질구질할 정도의 구구절
절함과 공자의 담백함이 대비되지 않는가?

4. 원자료의 힘, 혹은 스승들이 이렇게 가르친 이유

스승들의 가르침은 친절하거나 배려하지 않는다. 거칠고 투박하
고 단순하며, 당연한 것을 당연한 것으로 받아들이라고 한다. 그것이
왜 당연한지, 이 험난하고 죄악 된 세상에서 그 당연한 것을 지키는
것이 얼마나 힘들 것인지에 대한 고려나 배려가 없다. 그리고 그렇게
살기 어려운 사람들을 위로하지도 않는다. 값싼 위로는 위로가 아니
다. 더 나아가 사람을 망친다. 그래서 예수는 "내가 주는 평안은 세
상이 주는 것과 같지 않다"(요한 14:27)고도 했고, "내가 세상에 평화

를 주려고 온 줄로 생각하지 말라. 평화가 아니라 칼을 주려고 왔다."(마태 10:34)라고도 했다.

그러나 이러한 불친절하고 배려하지 않고 사정 봐주지 않는 거칠고 투박하며 단순한 가르침이 세상과 우리를 구원으로 이끄는 길이다. 원 자료, 혹은 1차 자료의 힘이 여기에 있다.

스승들은 왜 그렇게, 혹은 그런 방식으로 말했을까? 그것은 그분들의 가르침이 너무나 '당연'한 것이기 때문이다. 그런데 세상을 사는 우리는 당연한 것을 당연하게 받아들이지 못한다. 그렇게 살았다가는 마치 죽을 것 같고, 더 이상 세상에 존재하지 못할 것 같기 때문이다. 설명과 설득은 당연한 것의 세계의 논리와 프레임이 아니라 당연한 것을 당연하지 않게 만드는 세계의 논리와 프레임 속에 빠져드는 방법이기 때문이다. 거기에는 타협이 있을 수밖에 없다. 그리고 스승들이 가장 싫어하는 것이 바로 타협이다. 따라서 설명과 설득이 아니라 선언과 선포의 방식이 진리를 밝히는 유일한 방식이다.

문제는 다시 돌아와서 경전을 읽는 사람 그 자신이다. 가르침, 혹은 말씀을 받아들일 마음의 준비정도, 그것을 이해하고 사고할 지식과 의식과 사고의 수준, 자신의 삶을 바꿀 결단과 의지에 따라 경전은 달리 읽힌다. 그 때 구구한 설명과 설득이 가득한 해석된 2차 자료보다 거칠고 투박하지만 묵직한 한 방이 있는 원 자료가 더 도움이 된다. 이것이 우리가 다른 복음서나 사서의 다른 책이 아니라 마가복음과 논어를 택한 이유이다. 그리고 이 두 책을 같이 읽는다면 서로가 서로를 보완하고 풍성하게 하는 경험을 하게 될 것이다.

2

믿음의 길과 學의 길
-믿음의 길-

믿음의 길과 學의 길

〈믿음의 길〉

1. 믿음이란 무엇인가?

길거리에서 가장 많이 들리던 말 중의 하나가 "예수천당, 불신지옥"이었다. 얼마나 이 말을 떠들어 댔는지, 심지어 '불신지옥'이라는 영화도 만들어졌다. 예수천당이라는 말은 '예수를 믿으면 천당행'이라는 말을 네 글자로 줄인 것이다. 교회에서는 일요일마다 '믿습니까(믿슴니까)?'라는 물음과 '믿습니다(믿슴니다)!'라는 고백이 터져 나온다. 그러나 정작 도대체 믿는다는 것은 무엇일까, 믿음이란 무엇일까에 대해서는 생각하지 않는다. 믿는다는 말이 너무 쉬운 말이기 때문이다.

믿는다는 것은 일차적으로 신뢰(信賴)한다는 뜻이 있다. 네 말은 믿을 수 있어, 저 사람은 믿을만하지 같은 용례로 쓰인다. 믿음의 두 번째 의미는 '신앙(信仰)'이다. 신(信)은 믿음, 진실, 분명함 등을 뜻하는 말이며, 앙(仰)은 우러르다, 믿다, 따르다라는 뜻을 가지고 있다. 기독교에서 흔히 얘기하는 믿음이다. 믿고 따른다, 믿고 우러른다는 말이다.

믿음에는 믿는 대상이 있다. 그것이 첫 번째 뜻이든 두 번째 의미든 마찬가지지만, 신앙(信仰)이라는 뜻일 때 그 대상성은 보다 분명해진다. 특히 기독교에서는 하나님이나 예수님 같은 신적인 존재, 혹은 신을 대상으로 한 믿고 따름의 의미로 믿음이라는 말을 사용한다.

그렇다면 신 혹은 신적인 존재로서의 예수를 믿는다는 말은 도대체 무슨 의미일까?

존재자(存在者)일 뿐인 인간을 넘어선 존재(存在) 자체로서의 신(神)은 인간과는 완전히 다른, 절대적으로 다른 무언가다. 즉 존재자를 무한히 연장한다고 해서 존재가 되는 것은 아니다. 마치 무한히 연장된 시간이 영원(永遠)인 것은 아닌 것처럼, 신은 인간에게 있어서 절대적 타자이다. 칸트의 말대로 존재자에 불과한 인간에게 신(물자체 物自體)은 인식되지도 않으며 따라서 알 수도 없다. 그저 그에 대한 복종과 숭배와 섬김과 신앙만이 허락된다. 신으로부터 전해진 명령을 따르면 상과 복을 받고 명령을 따르지 않으면 벌과 저주를 받는 그런 관계일 뿐이다. 신과 인간이 맺는 관계는 오로지 신의 뜻을 따르는 것일 뿐이다. 그리고 이것이 구약의 신이며, 신과 맺은 계약이다. 하늘은 저 멀리, 결코 인간이 도달할 수 없는 곳에 있는 것일 뿐이며 인간은 신의 은총, 혹은 신의 변덕에 의해서만 생존 가능하다. 그리고 이런 사고의 근본은 신은 인간에게 있어서 절대적인 타자라는 인식이다.

2. 복음을 믿으라

그러나 여기에 균열이 일어났다. 성서의 세계, 즉 고대 근동과 헬레니즘 세계에 작지만 결정적인 균열이 일어났다. 예수라는 한 인간에 의해 '복음(福音)'이 선포된 것이다.

> 요한이 잡힌 뒤에 예수께서 갈릴리에 오셔서 하나님의 복음을 선포하셨다. "때가 찼다. 하나님의 나라가 가까이 왔다. 회개하여라. 복음을 믿어라." (마가 1: 14~15)

'때가 찼다'는 것은 이제 때가 되었다는 말이다. 지금이 바로 그때라는 말이다. 그리고 그 때는 '새로운 때', 새로운 시대가 열렸다는 말이기도 하다. 새로운 때, 새로운 시대의 가장 큰 특징은 무엇인가? 바로 하나님의 나라가 '가까이' 온 것이다. 절대적인 타자로서의 신이 인간의 옆에, 인간의 눈앞에 왔다는 것이다. 저 멀리 안드로메다 자리에 있던 신의 나라가 달이나 화성 근처까지 왔다는 의미가 아니다. 인간과 전혀 상관없던 것이 인간과 관계있는 것으로, 인간의 삶 속으로, 나의 실존 속으로 다가왔다는 것이다. 그래서 이제까지 인간과 상관없었을 뿐만 아니라 결코 도달할 수 없다고 생각했던 하나님의 나라가 문을 열고 들어가면 되는, 그리고 내가 문을 열면 들어갈 수 있는 거기에 있다는 것이다.

이것이 복음(福音)이다. 복된 소리가 아닐 수 없다. 인간이 인간적 제약을 초월하여 신의 세계에 접근할 수 있을 뿐만 아니라 한 걸음 더 나아가 신이 될 수도 있다는 소식, 필멸이 영원이 될 수 있다는 소리, 죄와 그로 인한 죽음에서 생명이 될 수 있다는 말은 분명 복된 소리, 복된 소식이다. 그래서 복음이다.

예수의 선포는 '신 혹은 신적인 존재인 나를 믿으라, 그리하면 내가 천당 보내줄 것이다.'가 아니었다. 예수의 선포는 분명하게 '때가 찼다. 하나님의 나라가 가까이 왔다'는 것이고, '이 복음을 믿으라'는 것이다. 그리고 가까이 와 있는, 문을 열면 들어갈 수 있는 하나님의 나라의 열쇠는 '회개(悔改)'다. 회개할 때 복음을 현실화 시킬 수 있으며, 복음을 믿을 때 비로소 회개가 가능하기도 하다. 회개는 자기 돌아봄이며, 지금까지 살아왔던 삶에서 돌이키는 것이다. 자기 스스로의 가능성에 대한 부정에서 긍정으로 변모하는 것이며, 자신의 겉모습을 뚫고 들어가 진정한 자신을 만나는 것이다.

예수의 가르침은 한 인격체, 혹은 한 신격체로 대상화 된 특정한 존재에 대한 신앙이 아니다. 이 복음을 믿는 것이다. 이제 기독교에서 말하는 믿는다는 말의 의미를 다시 이해할 필요가 있다. 절대적 타자에 대한 우러름과 복종이라는 의미의 믿음이 아니라, 생명의 세계가 회개라는 열쇠를 통해 직접 문을 열면 들어갈 수 있을 정도로 가까이 와 있으며, 내가 그 문을 열 수 있는 길이 열렸다는 '복음'을 믿는 것으로 바꾸어야 한다. 결국 믿음은 예수 그리스도를 대상화시켜 그 분만이 신임을 마음 속 깊이 신앙하는 것이 아니라 내가 예수의 길을 걸을 때 나도 예수처럼 하나님의 아들이 될 수 있다는, 예수와 하나 될 수 있다는 것을 믿는 것이다.

따라서 믿음은 예수와 함께, 예수를 따라 그가 걸었던 그 길을 걷는 것이다.

3. 예수를 따르려면?-자기를 부인하고 자기 십자가를 지고

믿음이 예수의 길을 따르는 것이라면 이제 소개할 구절을 깊게 음미해야 한다.

> 그리고 예수께서 제자들과 함께 무리를 불러 놓고 그들에게 말씀하셨다. "나를 따라오려고 하는 사람은 자기를 부인(否認)하고 자기 십자가를 지고 나를 따라오너라. 누구든지 제 목숨을 구하고자 하는 사람은 잃을 것이요, 누구든지 나와 복음을 위하여 제 목숨을 잃는 사람은 구할 것이다. 사람이 온 세상을 얻고도 제 목숨을 잃으면 무슨 이득이 있겠느냐? 사람이 제 목숨을 되찾는 대가로 무엇을 내놓겠느냐?" (마가 8: 34~37)

믿음이 예수를 따르는 것이라고 할 때, 그 조건은 두 가지이다. 자기를 부인하는 것, 자기 십자가를 지는 것.

우선 자기 집자가를 진다는 것에 대해 생각해보자. 지금까지 기독교에서 십자가는 누가 졌는가? 예수다. 그러면 그를 믿는다고 하는 나는? 솔직하게 말하면 십자가를 지고 골고다를 올라가는 예수의 십자가에 올라앉아 있었던 것은 아닌가?

예수의 가르침은 명백하다. '자기 십자가'를 '각자가' 지라는 것이다. 예수가 나를 대신해 십자가를 지고 가는 것이 아니다. 예수는 예수 자신의 십자가를 졌을 뿐이고, 그를 따르려는 사람은 각자의 십자가를 지고 예수와 함께, 그의 곁에서, 각자의 골고다를 걸을 뿐이다. 십자가를 진다는 것은 단지 고난과 고통을 겪는다는 은유가 아니다. 말 그대로 그 십자가에 매달려 '자기-죽음'을 죽는다는 것이다. 그것이 35절에 "제 목숨을 구하고자 하는 사람은 잃을 것이요, 잃는 사람은 구할 것이다."라는 구절이 나오는 이유이다.

예수의 가르침은 이처럼 분명하다. 그러나 그 길을 따르는 고난은 싫지만 그 과실(果實)은 먹고 싶은 인간의 욕망은 십자가를 예수가 대신 져주는 것으로 이 가르침을 흐리게 만든다. 이것은 가르침의 분명한 왜곡이고 타락이다. 예수는 결코 무임승차를 허용하지 않는다. 다만 자신의 삶과 죽음을 통해 우리에게 새로운 길을 보여주고, 그 길을 같이 걷자고 권유할 뿐이다. 그의 권유를 받아들여 함께 그 길을 걸을 때 죽음으로 가는 골고다의 길이 생명으로 인도하는 길로 바뀔 뿐이다.

자기 십자가를 진다는 것은 '자기'의 '십자가', 곧 우리 각자의 죽음을 의미한다. 예수는 그 당시의 여러 역사적, 정치적, 사회적 상황에서 말 그대로 십자가에 달려 죽었지만, 우리는 우리가 처한 역사적, 정치적, 사회경제적, 문화적, 그리고 각자의 실존(實存)적 상황 속에서 우리 자신을 십자가에 매달아야 한다. 그렇게 우리 자신의 죽음을 죽어야 한다. 우리의 욕망을 넘어야 한다. 극기(克己)해야 한다. 그때 비로소 부활(復活)하여 새 삶이 열릴 것이다.

'자기 십자가를 진다'는 두 번째 조건은 이런 맥락에서 '자기-부인'이라는 첫 번째 조건과 긴밀한 연관성을 갖는다. 자기를 부인한다는 것은 자기의 뜻을 부인한다는 말이다. 구구한 설명을 넘어서 다음에 소개되는 구절을 음미하면 자기를 부인하고 자기 십자가를 진다는 가르침의 의미를 분명하게 알 수 있다.

그들은 겟세마네라고 하는 곳에 이르렀다. 예수께서 제자들에게 말씀하시기를 "내가 기도하는 동안에 너희는 여기에 앉아 있어라" 하시고, 베드로와 야고보와 요한을 데리고 가셨다. 예수께서는 매우 놀라며 괴로워하기 시작하셨다. 그래서 그들에게 말씀하셨다. "내 마음이 근심에 싸여 죽을 지경이다. 너희는 여기에 머물러서 깨어 있어라." 그리고서 조금 나아가서 땅에 엎드려 기도하시기를, 될 수만 있으면 이 시간이 자기에게서 비껴가게 해 달라고 하셨다. 예수께서는 이렇게 말씀하셨다. "아빠, 아버지, 아버지께서는 모든 일을 하실 수 있으시니, 내게서 이 잔을 거두어 주십시오. 그러나 내 뜻대로 하지 마시고, 아버지의 뜻대로 하여 주십시오." 그런 다음에 돌아와서 보시니, 제자들은 자고 있었다. 그래서 베드로에게 말씀하셨다. "시몬아 자고 있느냐? 한 시간도 깨어 있을 수 없느냐? 너희는 유혹에 빠지지 않도록 깨어서 기도하여라. 마음은 원하지만, 육신이 약하구나!" 예수께서 다시 떠나가서, 같은 말씀으로 기도하시고, 다시 와서 보시니 그들은 자고 있었다. 그들은 졸려서 눈을 뜰 수 없었던 것이다. 그들은 예수께 무슨 말로 대답해야 할지를 몰랐다. 예수께서 세 번째 와서 그들에게 말씀하셨다. "남은 시간을 자고 쉬어라. 그 정도면 넉넉하다. 때가 왔다. 보아라, 인자는 죄인들의 손에 넘어간다. 일어나서 가자. 보아라, 나를 넘겨줄 자가 가까이 왔다." (마가 14: 32~42)

이미 어떤 일이 일어날는지에 대해서는 알고 있었다고 봐야 한다. 자신이 잡혀서 고난을 당하고 십자가에 매달린다는 것 정도는 그간의 자신의 행적의 결과로 거의 명약관화했기 때문이다. 이미 알고 있음에도 불구하고 막상 그 시간이 다가오니 예수는 "매우 놀라며 괴로워"했다. 어느 정도였는가 하면 심지어 너무나도 약한 제자들을 향해서도 도움의 손길을 청할 정도였다. "내 마음이 근심에 싸여 죽을 지경이다. 너희는 여기에 머물러서 깨어 있으라."

그리고 그들에게서 조금 떨어져서 기도한다. "내게서 이 잔을 거두어 주십시오. 그러나 내 뜻대로 하지 마시고, 아버지의 뜻대로 하여 주십시오." 이렇게 세 번을 기도한다. 같이 깨어서 기도해줄 것을 부탁했던 제자들은 자고 있었다. 그들은 졸려서 눈을 뜰 수 없었기 때문이다. 그렇게 약한 제자들에게도 같이 기도해줄 것을 부탁할 정도로 그는 마지막 고비를 넘기고 있었던 것이다.

그는 매우 놀라며 괴로워했다. 그리고 마음이 근심에 싸여 죽을 지경이라고 하면서 제자들에게 깨어서 자신과 함께 기도해달라고 부탁했다. 왜 그랬을까? 그의 마음은 왜 이 지경이 되었을까? 무엇이 그를 그렇게 놀라고, 괴로워하고, 근심하게 했을까? 세 번의 수난 예고는 차치하고라도 방금 전에 있었던 최후의 만찬자리에서 자신이 제자 중 하나의 배신으로 사람들에게 잡혀서 고통을 당할 것과, 베드로가 세 번이나 부인 할 것까지도 예견했다. 이미 다 알고 있는 사실이었고, 예측 가능했다. 그리고 결심도 충분히 했다. 그럼에도 불구하고 그는 왜 놀라고 괴로워하며 근심했을까?

추측컨대 겟세마네로 올라가는 중에 이미 부인했다고 생각했던 그 무언가가, 없어졌다고 확신했던 그 무언가가 아직 부인되지도 않았고, 없어지지도 않고 있음을 문득 깨닫게 된 것이 아닐까? 그래서 매우 놀랐고, 아직도 극복하지 못한 그 무엇 때문에 괴로워했으며, 그 때문에 근심에 싸여 죽을 지경이 된 것은 아닐까? 그리스의 문학가 니코스 카잔차키스의 책명을 빌려와 표현하자면, 〈그리스도 최후의 유혹〉이지 않을까?

자기를 부인한다는 것은 겟세마네의 기도에서 가장 극적으로 드러난다. '내 뜻대로'에서 '아버지의 뜻대로'로 옮겨 가는 것, 그것이 기도이고, 그것이 자기 부인이다. 자신의 뜻을 접는 것. 마치 공자가 나이 쉰에 비로소 자신의 뜻이 아닌 하늘의 뜻(천명 天命)이 있음을 깨닫고 자신의 뜻을 버리고 하늘의 뜻을 자신의 뜻으로 삼기 위해 20년의 세월을 보내야 했던 것처럼 자신의 뜻을 접는 것이 자기를 부인하는 것이다.

결국 자기를 부인하고 자기 십자가를 진다는 것은 약간씩 뉘앙스가 다르기는 하지만 같은 말이다. 논어 식 표현으로 하자면 극기(克己)다. 극기훈련이라고 할 때의 극기가 아니라 말 그대로 자기를 넘어가는 것을 의미한다. 자기를 넘어서 하늘과 하나가 되는 것, 그것이 극기복례(克己復禮)이다. 안연편에 나오는 다음 구절은 겟세마네의 기도와 맞물려 생각해볼 때 풍성한 이해가 가능해진다.

子曰, 克己復禮爲仁. 一日克己復禮, 天下歸仁焉. 爲仁由己,
자왈 극기복례위인 일일극기복례 천하귀인언 위인유기

而由人乎哉?
이 유 인 호 재

선생님께서 말씀하셨다. "자신을 이겨내고 예를 되찾는 것이 어짊을 도
모하는 것이다. 하루라도 극기복례하면 천하가 어짊에 돌아올 것이다.
어짊을 도모하는 것이 자기에게서 비롯되지, 남에게서 비롯되겠느냐?"

(안연편)

예수가 한 번 자기를 부인하고 자기 십자가를 졌기에 우리에게 새
로운 길, 죽음을 넘어 생명으로 가는 믿음의 길이 열렸다. 예수가 한
번 극기복례(克己復禮)하자 천하가 어짊(仁), 구원에 돌아온 것이다. 그
리고 어짊을 도모하는 것은 남이 아닌 자기에게서 비롯된다. 각자 자
기를 부인하고 자기 십자가를 지는 것이다. 그럴 때 나만이 아니라
천하를 구원하게 된다.

윤동주의 십자가(十字架)라는 시를 음미해보는 것은 매우 유익하
다. 그는 어떻게 자기를 부인하고 자기 십자가를 졌을까? 그의 고뇌
는 무엇이었을까?

십자가

쫓아오던 햇빛인데
지금 교회당 꼭대기
십자가에 걸리었습니다.

첨탑이 저렇게도 높은데
어떻게 올라갈 수 있을까요.

종소리도 들려오지 않는데
휘파람이나 불며 서성거리다가

괴로웠던 사나이
행복한 예수 그리스도에게
처럼
십자가가 허락된다면

모가지를 드리우고
꽃처럼 피어나는 피를
어두워 가는 하늘밑에
조용히 흘리겠습니다.

<〈學의 길〉

4. 학의 길, 기쁨의 길

　오늘날 우리나라를 비롯한 수많은 나라에서 학생들은 배움의 기쁨을 느낄까? 그들에게 배움이란 기쁨일까 아니면 고뇌일까? 왜 수많은 학생들이 배움의 길에서 스스로 목숨을 끊는 선택을 할까? 피사 시험을 보면 항상 높은 성적을 얻는데, 왜 그리도 불행한가?

　작게 보자면 교육제도의 문제다. 1등부터 꼴등까지 줄 세우고, 삶의 폭넓음과 깊음, 감탄과 경이 대신 지식만을 다루며, 죽음과 소멸의 슬픔과 그 속에서 느껴야 할 자신에 대한 관조 대신 퇴보와 하락과 배제에서 오는 두려움 속에서 교육을 받기 위해 학교에 가야하는 학생들이 무슨 수로 배움에서 기쁨을 느낄 수 있을까?

　벗과 동지와 도반이 아니라 서로를 경쟁자, 서로를 잡아먹거나 먹혀야 하는 존재로 인식하는 학생들 간의 관계는 어디까지 왜곡될 수 있을까? 스승과 삶을 교류하고 그의 삶을 따라 배우는 것이 아니라 억압과 통제와 규율을 위해 서로를 소외시키는 교사-학생의 관계 속에서 인간을 배울 수 있을까? 바르고 정직한 사람, 타자를 존중하고 배려하는 따뜻한 사람이 되기보다는 높은 성적을 더 가치 있는 것으로 생각하는 부모 밑에서 정상적인 가정교육이 이루어질까? 어떤 잘못을 해도 그 행위에 대한 적절한 책임이 아니라 오히려 책임을 모면하거나, 성적이 높으면 모든 것이 용서되는 가정에서 자란 아이들은 행복할까? 물질적인 풍요가 부모와의 깊은 교감과 사랑을 대신할 수 있을까?

이는 단지 교육제도와 교육 주체들 간의 문제만은 아니다. 교육현실은 현대사회가 추구하는 바를 그대로 반영한 것일 뿐이다. 가정도 학교도 교우관계도 현대의 가치 속으로 함몰되어 그렇게 재편성 되었다. 학생의, 어린 아이들의 삶이 풍요로워지기 위해서는 교육이 바뀌어야 하며, 교육이 정상화되기 위해서는 한 사회가 추구하는 가치와 철학이 바뀌어야만 한다.

오늘날은 배움의 기쁨과 희열을 느끼며, 벗과 '함께' 배우는 즐거움을 경험하면서, 그 속에서 인격과 품격을 성숙시키는 경험을 아무도 하지 못한다. 어디서부터 손을 대야 할지 막막한 현실에서 논어 1편(學而篇) 첫 장은 깊이 음미해 볼 가치가 있다.

> 子曰, 學而時習之 不亦說乎? 有朋自遠方來 不亦樂乎? 人不
> 자왈   학이시습지 불역열호   유붕자원방래 불역락호   인부
>
> 知而不慍 不亦君子乎?
> 지이불온 불역군자호
>
> 선생님께서 말씀하셨다. "배워서 때에 따라 익히니 또한 기쁘지 않으냐? 벗이 있어 멀리서 찾아오니 또한 즐겁지 않으냐? 남이 알아주지 않아도 섭섭해하지 않으니 또한 군자가 아니냐?"(학이편)

누군가 책을 쓰거나 편집한다면, 아마 가장 중요하다고 생각하는 것을 중간에 대충 아무데나 배치하지는 않을 것이다. 가장 앞부분에

배치하거나 결론부라고 할 수 있는 가장 뒷부분에 배치할 가능성이 높다. 이렇게 봤을 때 가장 처음 나오는 구절인 1편 1장은 논어 전체를 요약한 것이라고 해도 좋을 것이다. 그리고 그 첫 문장이 學而時習之 不亦說乎이다. '배우고 때에 따라 익히면(혹은 적절할 때에 실천하면) 기쁘지 않은가?'

일차적으로 공자는 學과 習, 배우고 익힘, 혹은 배운 것의 실천을 연결시킨다. 그러나 이것은 사실 동어반복이다. 동양문화에서 배운다는 것은 반드시 習, 혹은 行을 포함하고 있기 때문이다. 몸에 배지 않거나 실천하지 않는 배움 혹은 지식, 즉 學行一致, 知行合一이 되지 않는 學과 知는 배운 것으로도, 아는 것으로도 인정하지 않는다.

그것은 말과 행위의 관계에서도 마찬가지다. 言行一致가 되지 않는 말(言)은 그것 자체로 인정하지 않는다. 따라서 學而時習之라는 첫 구절은 學으로 대체 시켜도 무방하다.

중요한 것은 學과 說을 연결시킨 것이다. 배움은 기쁨이다! 이것은 놀라운 선언이다. 복음이다!

앞서 우리나라의 교육제도와 사회적 가치와 철학 때문에 행복한 학생이 아무도 없다고 말했지만, 사실 그것은 비단 지금 우리 시대의 문제인 것은 아니다. 공자 시대에도 출세와 권세, 그리고 녹(祿, 祿俸)을 위해 공부했었고, 공자 문하생 중에서도 그런 사람이 있었다. 공자보다 48세 연하인 자장(子張)이라는 제자가 바로 그런 사람이었다. 위정편에 "자장이 녹을 위해서 배우자 선생님께서 말씀하셨다."(子張
자 장

學干祿, 子曰)라는 구절이 있다. 공자는 이런 자장에게 "말에 허물이 적고 행동에 뉘우침이 적으면 녹은 그 가운데에 있다."(言寡尤, 行寡悔, 祿在其中矣)라고 가르친다. 즉 말과 행동을 조심히 하여 허물이 없어지고 뉘우칠만한 일을 하지 않는 것 자체 녹(祿)이라고 가르친 것이다. 그렇게 언행을 조심할 때 높은 자리에 올라 녹을 받을 것이라는 뜻이 아니라, 그렇게 언행을 조심할 때 너의 인격이 그만큼 완성되고, 그것이 바로 너에게 녹이라는 말이다.

예나 지금이나 배움을 무엇인가를 위한 수단으로 보는 것은 비슷한 측면이 있다. 옛날의 배움의 목적은 대개 입신양명이나 출세 같은 것이었고, 지금은 보다 좋은 대학에 가서 보다 연봉이 높은 회사에 취직하는 것이다. 예나 지금이나 녹(祿)을 위해 공부하는 것은 동일하다. 그러나 공자에게 있어서 학(學)은 세속적인 녹을 위한 수단이 아니었다. 배움은 인간의 완성을 위한 것이었다. 앞서 살펴본 자장에 대한 구절에서도 그것을 찾을 수 있다.

공자는 배움을 기쁨과 연결시킨다. 여기서 기쁨은 마음 속 깊은 곳에서 우러나오는 그런 기쁨이다. 說은 悅과 같은데, 忄과 兌가 합쳐진 글자이다. 兌는 '기뻐하다'라는 뜻이 있다. 그런데 마음 속(忄)에서 우러나오는 기쁨이다.

배우는데 왜 기쁜가? 첫째, 學이 習과 하나 되었기 때문이다. 학과 습이 자신 안에서 합일하는 경험을 하는데서 오는 기쁨이다. 둘째, 자신의 세계가 확장되는 경험을 하는데서 오는 기쁨이다. 배움은 끊임없이 자기를 확장해가는 작업이다. 배우지 않으면 좁은 세계에 갇혀 산다. 그럴 때 고루(固陋)해지고 정체된다. 그러나 배움은 그 고루함을 깨는 작업이기에 세계가 확장된다. 셋째, 자신의 성장과 진보를 확인하는 기쁨이다. 좀 극단적으로는 자신의 완성을 향해 나아가고 있음을 확인하게 된다.

'배움은 기쁨이다!'라는 공자의 선언은 배움에 대한 전혀 새로운 가능성을 제시했다. 이어지는 구절에서 그 가능성을 확인할 수 있다. "벗이 있어 멀리서 찾아오니 또한 즐겁지 않은가?"

배움의 길은 홀로 걷는 길임과 동시에 벗과 함께 걷는 길이다. 동지(同志), 도반(道伴)이 있기에 그 길에서 지치지 않는다. 각자 자신의 길을 가는, 각자 자신의 십자가를 지고 가는 동지와 도반의 존재와 만남은 그 자체로 즐거움이다.

學의 길의 끝은 무엇인가? 君子다. "남이 알아주지 않아도 섭섭해하지 않으니 또한 군자가 아닌가?" 學의 길을 가는 동안 '남이 알아주지 않아도 섭섭해하지 않는' 경지에 이르게 된다. 왜 섭섭해하지 않는가? 배움은 끊임없는 자기-부인의 과정이기 때문이다. 자기를 부인하지 않으면, 배움에 있어 단 한 발짝도 앞으로 나갈 수 없다. 자기를 확장해가는 길은 지금까지 쌓아 온 자신의 울타리를 허물 때 비로소 가능하기 때문이다. 그 과정을 지속하다보면 결국 섭섭해 할 자기 자신이 없어진다.

그러기에 타인의 시선, 혹은 타인의 인정(認定)으로부터 자유로워진다. 자유롭기에 섭섭해하지 않는다. 그리고 그런 경지라면 능히 군자(君子)라고 할만하다. 군자는 공자가 말하는 완성된 인격이다. 물론 그 당시에 정치지도자, 특히 제후를 일컫는 말로 많이 쓰였는데, 여기에 공자는 완성된 인격, 완성된 인간이라는 새로운 의미를 부여하여 새롭게 쓰기 시작한다. 그래서 후대에 성인군자(聖人君子)라고 붙여쓰게 된다. 좀 기계적으로 나누면 살아생전에는 군자라고 쓰지만 죽은 후에는 성인으로 추존되는 방식이라고 할 수 있다.

논어 여러 구절에서 군자와 소인을 대비시킨다. 불교식으로 하자면 부처(혹은 보살)와 중생 정도가 될까? 어쨌든 공자는 자신에게 뿐만 아니라 제자들에게도 군자라는 지향을 향해 나갈 것을 지속적으로 강조한다.

공자는 그토록 추구했던 군자가 되었을까? 최소한 공자 자신의 자서전이라고 할 수 있는 위정편을 보면 그렇게 된 것 같다.

子曰, 吾十有五而志于學, 三十而立, 四十而不惑, 五十而知天
자 왈   오 십 유 오 이 지 우 학   삼 십 이 립   사 십 이 불 혹   오 십 이 지 천

命, 六十而耳順, 七十而從心所欲不踰矩.
명   육 십 이 이 순   칠 십 이 종 심 소 욕 불 유 구

선생님께서 말씀하셨다. "나는 열다섯에 배움에 뜻을 두었고 서른에 정립되었으며 마흔이 되어서는 현혹되지 않았고 쉰이 되어 천명을 알게 되었고 예순이 되어서는 귀가 순응하였으며 일흔이 되어서는 마음 내키는 대로 행하더라도 법도를 넘지 않았다. (위정편)

열다섯 소년이 배움에 굳은 뜻을 둔 후 50년이 넘도록 일로매진하여 일흔이 되어서는 내 마음의 욕망하는 바가 하늘의 법도에 어긋나지

않는, 다시 말해 내 마음과 하늘의 뜻이 하나가 되는 경지가 되었다는 일생의 고백이다. 그 와중에 마흔에서 쉰으로 넘어가는 불혹과 지천명 사이에는 극적이고 결정적인 반전이 이루어지는 놀라운 과정을 겪기도 한다.

이 마흔에서 쉰 사이, 불혹과 지천명 사이에 벌어진 일이 學의 길의 핵심이다. 서른에 정립되었고 마흔에는 더 이상 다른 입장들에 현혹되지 않을 만큼(不惑) 강고하게 자신의 틀을 갖추었다. 더 이상 흔들림은 없다.

그런데 나이 오십이 되었을 때 공자는 하늘의 뜻을 알게 되었다고 한다(五十而知天命). 오십에 비로소 하늘의 뜻을 알게 되었다면, 과연 서른에 서고 마흔에 더 이상 흔들리지 않게 되었다는 것은 누구의 뜻인가? 하늘의 뜻이 아닌 '내 뜻'이었다. 마치 예수가 '내 뜻대로 마시고'라고 했을 때의 내 뜻 말이다.

공자는 사십대 내내 그런 흔들리지 않는 자신의 뜻으로 살아갔을 것이다. 그런데 마흔 후반으로 가면서 그것이 아닐 수도 있다는 것을 어렴풋하게 알게 된다. 무척 고민했을 것이다. 지금까지 내가 쌓아온 나의 입장과 철학, 삶에 대한 태도, 가치관과 철학이 흔들리는 존재의 위기를 겪게 되었을 것이다. 그러나 그는 거기서 멈추지 않고 끊임없이 學의 길을 걸었다. 그 결과 쉰이 되어서는 내 뜻이 아닌, 내 뜻을 넘어서는 하늘의 뜻(天命)이 있음을 알게 되었다.

마치 겟세마네의 기도를 보는 듯하다 "내 뜻대로 하지 마시고, 아버지의 뜻대로 하여 주십시오"라고 처절하게 기도했던(이것이 기도의 진정한 의미다!) 예수의 모습과 불혹의 강팍(剛愎 성미가 까다롭고 고집이 셈)함에서 내 뜻을 넘어서는 하늘의 뜻이 있음을 깨달았을 때의 공자의 절망과 좌절, 그의 놀라움과 괴로움, 근심, 죽을 것 같음이 겹쳐진다. 그 과정을 거쳐 결국 공자는 자신의 뜻을 버리고 하늘의 뜻을, 아버지의 뜻을 받아들이게 된다. 그 과정이 쉽지 않았음이 향후 20년의 세월에 녹아있다. 10년이 지난 예순이 되어서야 비로소 '귀가 순응'(耳順)했다. 그 10여년의 과정은 어쩌면 공자에게 지옥이었을지도 모른다. 그리고 그 시기에(56세) 자의 반 타의 반으로 외유에 올라 12년을 떠돌다 68세가 되어서야 노나라로 돌아온다. 그런 시련의 시간들 속에서 공자는 비로소 하늘이 된다.

예수의 십자가는 육신의 십자가였다. 공자의 십자가는 아마 십여년에 걸친 외유가 아니었을까?

70세가 되어 도달했다는 그의 경지 즉, 從心所欲不踰矩의 경지는 무엇인가? 내 마음의 욕심대로 해도 구(矩, 직각을 나타내는 곱자로 법도와 법칙의 뜻으로 쓰임)를 넘지 않았다는 것, 즉 하늘의 법도에 어긋나지 않게 되는 경지가 되었다. 어떻게 내 욕망과 하늘의 뜻이 같아지는가? 내 뜻은 사라지고 하늘의 뜻(天命)만 남게 되었기 때문이다. 공자는 그렇게 배움의 길을 따라 하늘이 되었던 것이다.

5. 배움의 태도, 어떻게 배울 것인가?

공자는 자신이 걸어가는 이 십자가의 길을 어떤 태도로 걸어갔을까? 다음에 나오는 몇 개의 단편은 공자의 결기를 잘 보여준다.

子曰, 朝聞道, 夕死可矣.
자왈 조문도 석사가의

선생님께서 말씀하셨다. "아침에 도를 들으면 저녁에 죽어도 좋다."

(이인편)

유명한 이 한마디보다 공자의 태도와 결기를 잘 보여주는 구절이 또 있을까! 공자의 평생은 도를 찾아 스스로 배워나가는 길이었다. 공자에게 따로 특별한 스승이라고 할 만한 사람은 없다. 공자는 아무도 가지 않는 길을 스스로 개척해나갔다. 열다섯 소년의 결심으로 말이다. 그리고 그 결심은 "아침에 도를 들으면 저녁에 죽어도 좋다."라는 결기로 이어진다. 그만큼 치열하게 스스로를 다잡아갔다는 말이다.

공자는 이런 태도를 제자들에게도 요구한다.

子曰, 不憤不啓, 不悱不發, 擧一隅不以三隅反, 則不復也.
자왈 불분불계 불비불발 거일우불이삼우반 즉불복야

선생님께서 말씀하셨다. "발분하지 않으면 깨우쳐주지 않고, 표현하려 애쓰지 않으면 발로시켜주지 않으며, 한 모퉁이를 들어주었을 때 세 모퉁이가 함께 반응하지 않으면 되풀이하여 가르치지 않았다."(술이편)

공자는 요즘 말로 교사, 즉 가르치는 사람이 아니었다. 스스로 깨우칠 수 있도록 옆에서 약간씩 도움을 주는 그런 존재였다. 스스로 결내고 발분하지 않으면 아무 것도 아니다. 잘 되지는 않아도 스스로 애써서 뭔가 표현하려고 하지 않는 것은 배우는 사람의 자세가 아니다. 한 귀퉁이를 들어주었을 때 나머지 세 귀퉁이를 맞잡고 함께 들 준비가 되어 있지 않은 사람은 아직 배울 준비가 되어 있지 않은 사람이다. 공자가 들어주는 한 귀퉁이는 모두에게 동일한 것이 아니라 그 사람의 지적 수준이나 그가 처한 현실과 실존적 상황에 맞는 귀퉁이이기 때문이다. 그러나 거기서 머뭇거린다면 더 이상 반복하지 않았다. 공자의 가르침은 그의 삶의 실천이었기 때문이다.

예수를 찾아온 부자청년이 있었다. 율법도 잘 지키고 스스로 진리를 찾으려는 열정도 있는 젊은이였다. 그에게 예수는 한 귀퉁이를 들어준다.

"너에게는 한 가지 부족한 것이 있다. 가서 네가 가진 것을 다 팔아서 가난한 사람들에게 주어라. 그리하면 네가 하늘에서 보화를 차지하게 될 것이다. 그리고 와서, 나를 따라라." 그러나 그 청년은 이 말씀 때문에 "울상을 짓고, 근심하면서 떠나갔다." 이 청년을 보내고 나서 예수는 제자들에게 이렇게 말한다. "부자가 하나님의 나라에 들어가는 것보다 낙타가 바늘귀로 지나가는 것이 더 쉽다." (마가 10:17~25)

오늘날에도 공자는 논어를 통해, 예수는 성서를 통해 우리에게 한 귀퉁이를 들어 올려주신다. 나머지 세 귀퉁이를 잡고 그를 따르는 삶을 살 것인지는 온전히 우리 몫이다.

배움의 태도에 대한 공자의 이런 요구에 부응한 유일한 제자가 있었다. 바로 안회(顏回)였다.

子曰, 吾與回言, 終日不違如愚. 退而省其私, 亦足以發, 回也
자왈   오여회언   종일불위여우   퇴이성기사   역족이발   회야

不愚.
불우

선생님께서 말씀하셨다. "내가 안회와 더불어 말해보면 종일토록 한마디 반론도 없는 것이 마치 바보 같다. 그러나 물러난 뒤 그 하는 바를 살펴보면 또한 족히 배운 것을 구현하니, 회는 결코 바보가 아니다."(위정편)

안회는 마치 바보처럼 종일 한 마디 반론도 하지 않았다. 여기서의 반론은 선생님의 생각에 대한 반대의견이라는 의미의 반론이 아니라 선생님의 가르침을 능히 따르지 못할만한 인간적인 사정이나 상태를 말한다. 대부분의 제자들은 자기 처지를 들어 선생님이 들어주는 한 귀퉁이를 놓쳐버리고 있었기에, 공자는 안회를 보면서 자기 말을 이해는 하는가를 의심하였다는 것이다. 그러나 안회는 선생님이 한 귀퉁이를 들어주는 족족 나머지 세 귀퉁이로 반응을 했던 것이다. "물러나 그 하는 바를 살펴보면 또한 족히 배운 것을 구현"하고 있었던 것이다. 그래서 안회만이 유일하게 공자에게 상찬을 받은, 심지어 공자 자신보다도 더 뛰어난 사람이라는 평가를 들었던 제자였다.

6. 누가 스승인가?

공자에게는 스승이 없었다. 그러면 공자는 어떻게 배웠을까? 이 물음 자체에 답이 있다. 공자는 '스스로 배운' 사람이다. 배움이란 스스로 하는 것이다.

子曰, 溫故而知新, 可以爲師矣.
자 왈 온 고 이 지 신 가 이 위 사 의

선생님께서 말씀하셨다. "옛 것을 되살려 새롭게 깨닫는다면 그것으로 스승을 삼을 수 있다."(위정편)

子曰, 三人行 必有我師焉. 擇其善者而從之, 其不善者而改之.
자 왈 삼 인 행 필 유 아 사 언 택 기 선 자 이 종 지 기 불 선 자 이 개 지

선생님께서 말씀하셨다. "세 사람이 가면 반드시 나의 스승이 있다. 그 중 선한 사람을 택해서는 그 선한 점을 따르고, 선하지 못한 사람을 택해서는 그 선하지 못한 점을 고친다."(술이편)

스승은 없다. 스스로 배우는 자가 있을 뿐이다. 인류의 스승들은 늘 스승 없이 스스로 깨어난 자들이다. 그리고 그 분들은 자신이 걸어갔던 그 길로 우리를 초대한다. 자기를 부인하고 자기 십자가를 지고 각자 자신의 길을 가자고. 다만 먼저 간 길이니 나처럼 어렵지는 않을 거라고. 그리고 늘 곁에 있겠다고.

3

너희는 나를 누구라고 하느냐?

너희는 나를 누구라고 하느냐?

1. 한 사람을 안다는 것

벌써 20년 가까이 된 일이다. 30대 후반으로 아직 젊었던 나는 전주에서 대안학교를 준비하기 위해 모였던 7~8명의 일반학교 교사들에게 연수를 해주게 되었다. 몇 번의 강의가 있은 후 뒤풀이 자리였다. 강의가 나름 의미 있었던지, 멤버 중 한 사람이 이렇게 말을 했다. 나보다 10년 정도 더 나이가 많은 40대 중반의 여교사였다.

"선생님께 매일 저녁 전화를 해도 되나요?"

"......왜요?"

당시 귀농한 상태였던 나는 아직 안착되지 않아 가족과 떨어져 혼자 살고 있었는데, 40대 중반의 여교사가 매일 저녁 전화를 해도 되

냐는 말에 일단 감각적으로 거부감이 들었기 때문에 왜냐고 되묻는
나의 마음은 그리 곱지 않았지만 최대한 부드럽게 말했다.

"그냥 선생님이 어떤 분인지 더 잘 알고 싶어서요...... 하루 종일 뭐
하고 지내셨는지 얘기 나누다보면 선생님을 더 잘 알게 되지 않을까요?"

순간 아찔했다. 누군가에게 나 자신이 어떻게 지냈는지 매일 설명
한다는 것이 나에게는 끔찍하게 느껴졌기 때문이다. 그리고 순간 연
상되는 한 장면이 있었다. 대학 1학년 때의 어머니와의 대화였다.

고등학교 때까지는 어머니는 점심에 내가 뭘 먹었는지 궁금하지
않으셨다. 어머니가 도시락을 싸 주셨으니 궁금할 이유가 없었기 때
문이다. 그러나 대학에 다니면서부터 사정이 바뀌었다. 도시락대신
학교 식당에서 밥을 사먹게 되었기 때문이다. 집에 돌아오면 어머니
는 늘 이렇게 물으셨고, 나는 성실하게 대답했다. 이런 식이다.

"점심은 뭐 먹었니?"

"그냥 국밥 먹었어요."

"맛있었니?"

"예. 그럭저럭 먹을 만해요."

"누구랑 먹었어?"

"과 친구들이요..."

"과 친구 누구?"

"........"

이렇게 이어지는 대화는 끝이 없었다. 그냥 계속 된다면 어머니는
당신이 전혀 알지 못하는 내 과 친구들과 교수님들, 선후배와 대학생

활까지 다 물어보실 기세였다. 처음에는 적당한 선에서 끊었다. 그러나 이런 물음은 거의 날마다 동일한 패턴으로 이어졌기 때문에 어느 날부터는 대화가 이렇게 바뀌었다.

"점심은 뭐 먹었니?"

"기억 안나요."

"맛은 있었어?"

"그냥 뭐…"

"누구랑 먹었어?"

"아, 몰라요."

그리고 거기서 대화는 끝났다. 아니 내가 끝냈다. 학교생활에 자리잡아가야 했던 나도 나름대로 바쁘고 고민도 많다보니 사실 점심에 뭐 먹었는지 관심도 없었다. 순간적으로 기억이 나지 않기도 했고. 물론 몇 초 정도 노력하면 점심메뉴 정도와 누구랑 먹었는지 맛이 있었는지는 기억할 수 있었을 것이지만, 그건 전혀 나의 관심사가 아니었기 때문에 기억하려는 노력 자체를 하지 않았다. 더불어 이렇게 한 번 시작된 대화(?)는 끝없이 이어질 것이 명약관화했기에 기억나지 않는다, 모른다, 라는 선에서 끊어버렸던 것이다. 더불어 대학생활을 해 보지 않으신 어머니는 모든 것이 궁금하셨겠지만, 나는 나의 사생활이 누군가에게(그것이 비록 어머니라고 해도) 샅샅이 털린다는 느낌이 썩 좋지 않았다. 더불어 우리 집은 형과 나, 둘 밖에 없었다. 어머니는 마치 내가 딸처럼 조근 조근 자기 얘기를 해 주기를 바라셨지만, 20대 초반의 시커먼 남자 대학생에게 그런 것을 바라는 것 자체가 무리가 있는 것이기도 했다. 어쨌든 내가 불효자인 것은 확실한 것 같다.

다시 처음 이야기로 돌아가서 마무리를 하자면 나에 대해 더 알고 싶어 하루 종일 내가 어떻게 지냈는지 얘기해보고 싶다는 분에게 나는 이렇게 말하고 그분의 기대를 완전히 끊었다.

"그런 걸, 내 일상을 아는 게 나라는 존재를 아는 건가요?"

도대체 한 사람을 안다는 것은 무엇일까? 그의 일상을 알고, 그의 생김새와 고향과 출신학교와 학벌과 생일과 가족들에 대해서 알면 그를 안다고 할 수 있을까? 물론 그에 관한 몇 가지 것들을 추측하거나 짐작할 수 있을 것이고 그가 그렇게 생각하는 배경과 맥락을 이해하는데 어느 정도 도움이 될 수도 있을 것이다. 이를테면 예수는 2천 년 전 팔레스타인 지역 사람이고 공자는 2천5백 년 전 중국 춘추시대 노(魯)나라 사람이라고 설명하는 것은 그의 사상이 가지는 의미와 한계를 어느 정도까지 추측하도록 한다. 그러나 딱 거기까지다. 경우에 따라서는 그런 객관적인 지표에 얽매어 그분들의 사유 자체를 제약하거나 왜곡시킬 우려도 있다.

누군가 우리에게 당신이 믿는 예수는 누구이고, 당신이 따르고자 하는 공자는 어떤 사람이기에 그분들을 믿고 따르는가라고 묻는다면 뭐라고 대답할 것인가? 나의 일상을 궁금해 했던 어머니에게 점심메뉴와 그 맛, 같이 밥 먹을 정도로 가까이 지내는 친구들 이름과, 그들과 함께 겪었던 소소한 에피소드, 대학생활에서의 일상을 자세히 얘기한다고 해서 80년대 중반에 대학을 다니며 겪고 있던 나의 고민과

정체성 혼란과 고뇌를 어머니가 알 수 없었던 것처럼, 그분들에 대한 객관적 지표와 연보(年譜)같은 주변적인 것을 설명한다고 해서 그분들의 사유와 가르침, 그리고 그것이 오늘날 나에게 어떤 의미로 다가오는지에 대한 설명이 될 수는 없는 것이다.

그래서 우리는 예수가 던진 이 질문 앞에 다시 서 있다.

너희는 나를 누구라고 하느냐?

2. 간략한 연보(年譜)

한계와 오류의 가능성에도 그분들의 객관적인 지표와 연보를 아는 것은 약간의 유익이 있다.

〈예수〉
AD. 1년 생(약 2천 년 전)
33세 졸(卒)
출생지: 로마의 식민지인 유대 예루살렘 인근 베들레헴 마굿간
성장지: 갈릴리 지방 나사렛
직업: 목수
활동지: 갈릴리 호수 인근, 예루살렘
활동시기: 31세~33세

죽음과 관련한 특이사항: '유대인의 왕'이라고 쓰인 죄목을 달고
십자가(十字架)형을 받음
죽음이후: 죽은 지 3일 만에 부활했다고 알려짐

〈공자〉

BC. 551년 생(노나라 양공 22년, 약 2천 5백 년 전)

BC. 517(소공 25년, 35세) 노나라 소공이 계평자 제거에 실패.
제나라로 망명

BC. 505(정공 5년, 47세) 양호가 노나라의 권력을 잡다.

BC. 502(정공 8년, 50세) 양호가 패망하여 도망가다.

BC. 500(정공 10년, 52세) 공자가 노나라와 제나라의 회합에 정
공을 수행하다.

BC. 498(정공 12년, 54세) 자로가 계씨의 가재(家宰)가 되어 삼가
(三家)의 성을 헐다.

*삼가(三家): 삼환(三桓). 노나라의 세 경(卿) 집안, 계손(季孫),
숙손(叔孫), 맹손(孟孫) 세 집안을 일컬음.

BC. 496(정공 14년, 56세) 외유의 길에 나서 위(衛)나라로 가다.

BC. 495(정공 15년, 57세) 진(陳)나라로 가다.

BC. 492(애공 3년, 60세) 채(蔡)나라로 가다. 계환자가 죽고
계강자가 대부가 되다.

BC. 498(애공 6년, 63세) 다시 위(衛)나라로 가다.

BC. 484(애공 11년, 68세) 노나라에 돌아오다.

BC. 480(애공 15년, 72세) 자로(子路) 죽다.

BC. 479(애공 16년, 73세) 죽다.

〈예수의 경우〉

예수를 누구라고 할 것인가? 예수를 어떻게 규정하는가 하는 것에 따라 세 부류로 나눌 수 있다. 예수를 거부하는 사람들, 예수를 경외하는 사람들, 예수를 따라가는 사람들이 그것이다. 아래서 각 부류에 대해 간략하게 살펴보겠다.

3. 이 사람은 마리아의 아들 목수가 아닌가?
- 거부 혹은 몰이해

예수를 거부하는 사람들이 있었다. 그들은 예수의 사상이나 가르침과는 무관하게 그냥 잘 알고 있는 옆집사람으로 생각하는 부류다. 마가복음에서는 이와 관련된 두 본문이 있다. 그 중 하나가 바로 이 소제목에서 말하는 사람들이다.

예수께서 거기를 떠나서 고향에 가시니 제자들도 따라갔다. 안식일이 되어서 예수께서 회당에서 가르치기 시작하셨다. 많은 사람이 듣고 놀라서 말하였다. "이 사람이 어디에서 이런 모든 것을 얻었을까? 이 사람에게 있는 지혜는 어떤 것일까? 그가 어떻게 이런 기적들을 일으킬까? 이 사람은 마리아의 아들 목수가 아닌가? 그는 야고보와 요셉과 유다와 시몬의 형이 아닌가? 또 그의 누이들은 모두 우리와 같이 여기에 살고 있지 않은가?" 그러면서 그들은 예수를 달갑지 않게 여겼다. 그래서 예수께서 그들에게 말씀하셨다. "예언자는 자기 고향과 자기 친척과 자기 집 밖에서는 존경을 받지 않는 법이 없다." 예수께서는 다만 몇몇 병자에게 손을 얹어서 고쳐주신 것 밖에는 거기서는 아무 기적도 행하실 수 없었다. 그리고 그들이 믿지 않는 것에 놀라셨다. (마가 6:1~6)

그들은 예수를 달갑지 않게 여겼다. 깊은 이유는 나중에 메시아 비밀을 다루는 장에서 말하기로 하고, 여기서는 일단 표면적인 이유만 살펴보자. 왜 달갑지 않았을까? 사실 설명이 별로 필요 없는 대단히 인간적인 이유 때문이다. 그를 너무 잘 알았던 것이다. 그의 표피적인 일상만. 어려서부터 거기서 성장했고, 그의 형제들이 살고 있으며, 그의 누이들은 자신들의 부인이었다. 가끔씩 일이 있으면 불러서 물건을 수리시키는 그냥 하찮은 목수였을 뿐이다. '모두 우리와 같이 여기에 살고 있는', 그런 하찮은 목수 말이다. 그런 그의 입에서 나오는 말을 받아들일 수 없었다. 하찮기 때문이다. 그 뿐만 아니라 자신들도 그렇게 하찮은 존재들이기 때문이다. 심지어 눈앞에서 벌어지는 기적마저도 흔쾌하지 않았다.

그래서 예수는 거기서는 아무 기적도 행할 수 없었다. 기적을 행하지 않은 것이 아니라 기적을 행하지 못한 것이다. 기적을 행할 능력이 없어졌다는 것은 아니다. 몇몇 병자들을 고쳤기 때문이다. 기적은 상호작용 속에서 일어난다. 기적은 외적인 변화가 아니라 사람의 마음에서 일어난다. 마음이 변하는 것이 진정한 기적이다. 마음이 변해야 외적인 것들이 변화한다. 그런데 그곳에서는 사람들의 마음이 닫혀있었고, 굳어 있었다. 스스로 마음을 닫은 것이다. 그 상태에서는 아무런 상호작용도 일어나지 않았다. 그러기에 기적을 행할 수 없었다.

다른 본문을 한 번 살펴보자.

> 그 때에 예수의 어머니와 동생들이 찾아와 바깥에 서서 사람을 들여보내어 예수를 불렀다. 무리가 예수의 주위에 둘러앉아 있다가 그에게 말하였다. "보십시오, 선생님의 어머니와 동생들과 누이들이 바깥에서 선생님을 찾고 있습니다." 예수께서 그들에게 대답하셨다. "누가 내 어머니며 내 형제들이냐?" 그리고 주위에 둘러앉은 사람들을 둘러보시고 말씀하셨다. "보아라, 내 어머니와 내 형제자매들이다. 누구든지 하나님의 뜻을 행하는 사람이 곧 내 형제요 자매요 어머니다." (마가 3:31~35)

이 이야기에는 안과 밖이라는 묘한 대비가 있다. 예수의 가족들이 예수를 찾아왔다. 그들은 '바깥에 서서' '사람을 들여보내어' 예수를 (밖으로)불렀다. 예수의 가족들은 예수가 있는 '안쪽'에 있지 않고 그의 '바깥'에 있다. 그리고 예수 자신을 '바깥'으로 불러내려고 한다. 그러나 예수는 육신의 가족을 인정하지 않는다. 오히려 '주위에 둘러앉은 (안에 있는)' 사람들을 향해 자신의 진정한 가족이라고 말한다.

'누가 내 형제냐? 누가 나와 깊은 관계에 있고 나와 함께하는 사람이냐? 한 걸음 더 나아가 누가 나를 따르는 사람이며 누가 나인가?'를 묻는 것이다.

마태와 누가에도 이와 같은 구절이 있다. 그러나 마가에는 두 복음서에는 없는 특별한 구절이 몇 절 앞에 살짝 삽입되어 있다. 3장 21절에 나오는 마가 특유의 삽입구가 31절 이하를 이해하는데 결정적인 도움을 준다.

> 예수께서 집에 들어가시니 무리가 다시 모여들어서 예수의 일행은 음식을 먹을 겨를도 없었다. 예수의 가족들이, 예수가 미쳤다는 소문을 듣고서 그를 붙잡으러 나섰다. 예루살렘에서 내려온 율법학자들은 예수가 바알세불이 들렸다고 하고, 또 그가 귀신의 두목의 힘을 빌어서 귀신을 쫓아낸다고도 하였다. (마가 3:20~22)

예수의 가족들은 왜 '바깥'에 있었을까? 예수가 미쳤다는 소문 때문이다. 이 소문을 듣고 그들은 예수를 붙잡으러 나섰고, 마침내 집 '안'에 있는 예수와 그를 따르는 사람들을 만난 것이다. 그들은 결코 안으로 들어오려고 하지 않았다. 가톨릭에서 성모라고 추앙하는 예수의 어머니 마리아마저도 그러했다. 그들은 예수를 이해하지도 인정하지도 받아들이지도 않았을 뿐만 아니라, 예수를 자신들의 평온한 삶을 위협하는 위협요소로 인식했다. 예수가 귀신들렸다는, 그것도 귀신들의 왕이라고 할 수 있는 바알세불에 들렸다는 말을 '예루살렘에서 내려온(즉 대단히 권위 있는) 율법학자'들이 했기 때문이다.

예수의 가족과 고향마을 사람들은 예수를 거부했고, 이해하려고도 하지 않았다. 부담스럽기 때문이었고, 지금의 삶이 위협받기 때문이었다.

4. 예수를 없앨 모의를 하였다 - 경외와 숭배, 혹은 살해

또 한 부류의 사람들은 예수의 권위를 인정하고 그를 경외하는 사람들이었다. 이유는 갖가지다. 예수의 첫 선포이후 가버나움이라는 동네의 회당에서 안식일에 처음으로 가르침을 구체적으로 편 이후의 일이다.

> 그들은 가버나움으로 들어갔다. 예수께서 안식일에 곧바로 회당에 들어가서 가르치셨는데, 사람들이 그의 가르침에 놀랐다. 예수께서 율법학자들과는 달리 권위 있게 가르치셨기 때문이다. (중략) 예수께서 그를 꾸짖어 말씀하셨다. "입을 다물고 이 사람에게서 나가라." 그러자 악한 귀신은 소리를 지르며 떠나갔다. 사람들이 모두 놀라서 "이게 어찌된 일이냐? 권위 있는 새로운 가르침이다! 그가 악한 귀신들에게 명하시니, 그들도 복종하는구나!" 하면서 서로 물었다. 그리하여 예수의 소문이 곧 갈릴리 주위의 온 지역에 두루 퍼졌다.
> (마가 1:21~28)

아마 대부분의 사람들이 보인 반응일 것이다. 예수의 가르침은 종래의 율법학자들의 고답적이고 죽어있는 가르침과는 달리 역동적이고 힘이 있었다. 그것을 한마디로 '권위 있는 새로운 가르침'이라고 요약한다. 그리고 그에 대한 소문이 갈릴리 온 지역이 퍼져나간다. 이런 가르침이 펼쳐지면 당연한 나타나는 결과일 것이다.

이런 가르침은 사람들의 마음을 격동시킨다. 마음이 격동된 만큼 소문은 퍼져나가기 마련이고, 대중들은 기존 질서를 깨뜨리는 이런 사람의 존재 자체에 환호하게 된다. 그들이 사는 세상이 결코 녹록하지 않기 때문이다. 뭐라도 바뀔 수 있다면 좋을 것인데, 그 가능성이 한 사람으로 인해 열리는 것을 보게 되니까. 하지만, 어느 시대나 그러하듯, 대중들은 가르침 자체의 내용에는 별로 관심이 없다. 단지 이런 현상과 소문에만 집중할 뿐이다. 오직 소수만 그 부름에 반응하고 응답할 뿐이다.

새로운 가르침이 대중의 관심과 경외를 불러일으키며 소문의 주인공이 등장하게 되는 반대편에는 그의 등장이 못내 못마땅한 사람들도 등장하기 마련이다. 바로 기존 질서에서 상위를 차지하고 있는 사람들, 즉 기득권자들이다. 예수 시대에는 크게 세 부류가 이에 해당한다. 그 중 둘은 종교적 권위였고, 마지막 하나는 현실정치권력이었다. 사두개+율법학자+제사장의 무리, 바리새 파, 헤롯당이 그들이다.

마가복음에 '율법학자'로 표시되는 첫 그룹은 예루살렘 성전의 제사와 율법의 해석을 독점한 그룹이다. 이들은 바리새와도 대결구도를 가지고 있는데, 바리새는 민중의 적당한 지지를 받는 개혁세력이었기 때문이다. 늘 그러하듯, 이들은 자신들이 가지는 종교권력을 가지고 적당히 정치권력과 타협하면서 기득권을 형성하게 된다. 이들은 그냥 이대로가 좋은 사람들이다. 누가 되었든 자신의 종교적 권위가 손상되는 것을 극도로 혐오하며, 그 위협을 방치하지 않는다. 예수의 죽음에 직접적으로 관여한 사람들이 바로 이들이다.

> 그런데 예수께서 아직 말씀하시고 계실 때에 열두 제자 가운데 하나인 유다가 곧 왔다. 대제사장들과 율법학자들과 장로들이 보낸 무리가 칼과 몽둥이를 들고 그와 함께 왔다. (마가 14:43~44)

> 새벽에 곧 대제사장들이 장로들과 율법학자들과 더불어 회의를 열었는데 그것은 전체회의였다. 그들은 예수를 결박하고 끌고 가서 빌라도에게 넘겨주었다. (중략) 빌라도가 말하였다. "여러분은 내가 그 유대인의 왕을 여러분에게 놓아주기를 바라는 거요?" 그는 대제사장들이 예수를 시기하여 넘겨주었음을 알았던 것이다. (중략) 그들이 다시 소리를 질렀다. "십자가에 못 박으시오!" 빌라도가 그들에게 말하였다. "정말 이 사람이 무슨 나쁜 일을 하였소?" 그들은 더욱 크게 소리 질렀다. "십자가에 못 박으시오!" 그리하여 빌라도는 무리를 만족시켜주려고 바라바는 놓아주고 예수는 채찍질한 다음에 십자가에 처형당하게 넘겨주었다. (마가 15: 1~15)

또 다른 부류는 바리새다. 그들은 나름 종교 및 사회개혁주의자였고, 민족주의적 색채를 짙게 띠었다. 율법학자무리들과는 달리 정치권력과 야합하지 않았으며, 근본주의적 개혁을 얘기했다. 그들은 종교적, 사회적, 도덕적 권위를 가지고 개혁가를 자처했다. 오늘날 정치권력과 손잡지 않은 이슬람 근본주의를 생각하면 유사할까? 그러나 이들 역시 예수에 대해 거부감을 가지고 있었다. 예수와 몇 번의 논쟁, 특히 안식일 규례와 관련한 논쟁에서 패배한 이후 예수에 대한 태도를 결정했다.

"안식일에 선한 일을 하는 것이 옳으냐, 악한 일을 하는 것이 옳으냐? 목숨을 구하는 것이 옳으냐, 죽이는 것이 옳으냐?" 그들은 잠잠하였다. 예수께서 노하셔서 그들을 둘러보시고 그들이 마음이 굳어진 것을 탄식하시면서 손이 오그라든 사람에게 말씀하셨다. "손을 내밀어라." 그 사람이 손을 내미니 그의 손이 회복되었다. 그러자 바리새파 사람들은 바깥으로 나가서, 곧바로 헤롯 당원들과 함께 예수를 없앨 모의를 하였다. (마가 3: 1~6)

바리새파 사람들의 진면목을 그대로 보여주는 대목이다. 사람을 살리고 온전케 하는 것보다 안식일 규례를 지키는 것이 그들에게는 더 중요했다. 이것이 강력하였기에 예수는 '그들의 마음이 굳어진 것을 탄식'하셨다.

그들 역시 자신의 권위가 훼손되는 것을 못견뎌했다. 율법학자들과의 논쟁에서는 늘 공격하는 입장이었고 늘 승리했었는데, 이제 그들이 공격받고 패배한 것이다. 그들은 '바깥으로 나가서, 곧바로' 예수를 없앨 모의를 시작했다. 놀라운 것은 그들이 모의를 한 대상이다. '헤롯 당원들과 함께' 모의를 한 것이다. 민족주의자였고, 로마의 압제에서 유대의 독립을 꿈꿨던 독립운동가에 가까웠던 사람들이 친일파에 가까운 헤롯 당원들과 예수를 죽일 모의를 시작한 것이다. 그것도 예수의 활동이 막 시작된 시점에 말이다.

마지막 부류는 정치권력을 가진 자들이다. 세례요한을 죽인 헤롯
(마가 6: 14~29)이 그러했고, 예수를 넘겨준 빌라도가 그러했다. 마가
복음에는 예수의 죽음과 관련하여 헤롯에 대한 얘기가 구체적으로
나오지는 않지만, 다른 복음서에는 약간의 언급이 있다. 그리고 빌라
도는 앞서 인용한 15장 15절에 그의 입장이 분명하게 나온다.

> "그리하여 빌라도는 무리를 만족시켜주려고 바라바는 놓아주고 예수
> 는 채찍질한 다음에 십자가에 처형당하게 넘겨주었다."

5. 그들은 곧 그물을 버리고 예수를 따라갔다 – 믿음과 따름

마지막 부류는 예수를 믿는 사람들이다. 지난 강의에서 말했듯,
그를 믿는다는 것은 복음을 믿는 것이고, 복음을 믿는다는 것은 이미
인간의 세계로 열린 하나님의 나라에 들어갈 수 있다는 가능성을 믿
는 것이다. 그리고 예수가 그 문을 열고 들어갔듯 나도 나를 부인하고
내 십자가를 지고 따르는 것이다. 그 과정에 수많은 부침과 갈등과 배
반과 되돌아옴이 있지만, 끝내 그 길에 서는 것이 믿는다는 것이다.

> 예수께서 갈릴리 바닷가를 지나가시다가 시몬과 그의 동생 안드레가
> 바다에서 그물을 던지는 것을 보셨다. 그들은 어부였다. 예수께서 그
> 들에게 말씀하셨다. "나를 따라오너라. 내가 너희를 사람을 낚는 어

부가 되게 하겠다." 그들은 곧 그물을 버리고 예수를 따라갔다. 예수
께서 조금 더 가시다가 세베대의 아들 야고보와 그 동생 요한이 배에
서 그물을 깁고 있는 것을 보시고, 곧바로 그들을 부르셨다. 그들은
아버지 세베대를 일꾼들과 함께 배에 남겨두고 곧 예수를 따라갔다.
(마가 1: 16~20)
예수께서 그들에게 말씀을 전하셨다. 그 때에 한 중풍병 환자를 네
사람이 데리고 왔다. 무리 때문에 예수께로 데리고 갈 수 없어서, 예
수가 계신 곳 위의 지붕을 걷어내고, 구멍을 뚫어서 중풍병 환자가
누워있는 자리를 달아 내렸다. 예수께서는 그들의 믿음을 보시고, 중
풍병 환자에게 "이 사람아! 네 죄가 용서받았다."하고 말씀하셨다.
(마가 2: 1~12)

"딸아, 네 믿음이 너를 구원하였다. 안심하고 가거라. 그리고 이 병에
서 벗어나서 건강하여라." (마가 5:34)

어느 날 예수는 자신의 활동이 막바지에 다다랐음을 알았다. 이렇
게 가다가는 곧 권력을 가진 사람들에게 잡혀서 죽게 될 것임을 알게
된 것이다. 다른 종교의 창시자들과는 다르게 그만큼 상황이 좋지 않
은 지역이었다.

그러던 어느 날 문득 제자들에게 이렇게 묻는다. "사람들이 나를
누구라고 하느냐?" 예수가 사람들의 평판이 궁금해서 묻는 것은 아
니었다. 그 다음 질문을 위한 사전질문의 성격이 강하다. 제자들은
이렇게 대답한다. "세례자 요한이라고 합니다. 엘리야라고 하는 사
람들도 있고, 또 예언자 가운데 한 분이라고 하는 사람들도 있습니
다." 이 때 예수는 다시 묻는다.

"그러면 너희는 나를 누구라고 하느냐?" 베드로가 예수께 대답하였다. "선생님은 그리스도이십니다." 예수께서 그들에게 엄중히 경고하시기를 자기에 관하여 아무에게도 말하지 말라고 하셨다. 그리고 예수께서는 인자가 반드시 많은 고난을 받고 장로들과 대제사장들과 율법학자들에게 배척을 받아 죽임을 당하고 나서 사흘 후에 살아나야 한다는 것을 그들에게 가르치기 시작하셨다. (마가 8: 27~30)

예수는 자신의 고난 죽음과 부활에 관해 가르치기 위해 제자들에게 "너희는 나를 누구라고 하느냐?"라고 물었다. 그리고 그 질문을 위해 사람들의 평판을 물은 것이었다. 베드로로 대변되는 제자들은 올바른 대답을 하였다. "선생님은 그리스도이십니다."

그리스도는 한자로 가차하면 기독(基督)이 되는데, 기독교라는 말이 여기서 나온다. 그리스도는 헬라어로 $X\rho\iota\sigma\tau\acute{o}\varsigma$라고 쓰고 우리 발음으로는 크리스토스라고 읽는다. 단어의 뜻 자체는 '기름 부음을 받은 이'라는 뜻이다. 70인역에서 메시아라고 번역되어 있는데, 같은 뜻이다. 메시아는 히브리어의 מָשִׁיחַ(마쉬아흐)에서 온 말로 헬라어로 그대로 $M\varepsilon\sigma\sigma\acute{\iota}\alpha\varsigma$(맛시아스)라고 옮긴다. 당시의 문맥으로 '구원자'라는 뜻이다.

제자들과 소수의 사람들을 제외하고 예수 당시 사람들은 예수의 가르침, 즉 복음의 의미를 알지 못했다. 구약시대에 많이 등장했던 여러 예언자 중 한명, 혹은 가장 최근에 활동하다가 헤롯에게 잡혀 죽은 세례자 요한의 환생이나 부활 정도로 이해했다는 것이 그 반증이다. 하나님의 나라, 즉 구원이 이미 가까이 와 있는데, 아직 그것이 절대적인 타자로 존재한다고 여겼던 사람들 중 하나로 이해한 것이다.

그러나 제자들은 예수를 그리스도로 받아들였다. 그를 통해 선포된 세계는 이전과는 전혀 다른 세계였음을 직감하고 받아들인 것이다. 비록 그것의 온전한 이해에 이르지는 못했을지라도. 그랬기에 이어지는 수난 예고에 다음과 같은 베드로의 반응이 이어진다.

> 그리고 예수께서는 인자가 반드시 많은 고난을 받고 장로들과 대제사장들과 율법학자들에게 배척을 받아 죽임을 당하고 나서 사흘 후에 살아나야 한다는 것을 그들에게 가르치기 시작하셨다. 예수께서 드러내놓고 이 말씀을 하시니 베드로가 예수를 바짝 잡아당기고, 그에게 항의하였다. 그러나 예수께서는 돌아서서 제자들을 보시고, 베드로를 꾸짖어 말씀하셨다. "사탄아, 내 뒤로 물러가라. 너는 하나님의 일을 생각하지 않고 사람의 일만 생각하는구나!" (마가 8: 31~33)

이 에피소드가 있은 직후 다른 자리에서 이렇게 말한다.

> 그리고 예수께서 제자들과 함께 무리를 불러놓고 그들에게 말씀하셨다. "나를 따라오려고 하는 사람은 자기를 부인하고 자기 십자가를 지고 나를 따라오너라. 누구든지 제 목숨을 구하고자 하는 사람은 잃을 것이요, 누구든지 나와 복음을 위하여 제 목숨을 잃는 사람은 구할 것이다. (마가 8: 34~35)

오늘날 우리에게 예수는 다시 묻는다. "너는 나를 누구라고 하느냐?" 너는 나를 누구라고 인식하고 고백하고 있느냐, 너에게 나는 무엇이냐, 그리하여 너 자신은 무엇이냐, 너는 어디에 있느냐, 라고 묻고 있는 것이다. 우리는 여기에 정직하게, 홀로 서서 대답해야 한다.
그제야 비로소 나와 예수의 관계가 만들어진다.

〈공자의 경우〉

공자는 어떤 사람인가? 공자 스스로는 자신을 어떤 사람으로 인식
했을까? 공자, 하면 떠오르는 이미지는 나이 많고 고답적이고 흐트러
짐 없이 예절을 갖춘 할아버지를 떠올린다. 이를테면 다음과 같은 이
미지다.

실제 공자는 어떤 사람이었을까? 무겁고 진중하고 늘 진지한 사람? 아니다. 그런 면이 없는 것은 아니지만 공자는 온화하고, 스스로 즐겁고, 음악과 시를 좋아하는 사람이다. 그리고 배움에 있어서는 한 치 물러섬이 없는 사람이었다.

6. 즐거움으로써 근심을 잊는 사람

葉公問孔子於自路, 子路不對. 子曰 女奚不曰, 其爲人也, 發憤忘
섭 공 문 공 자 어 자 로   자 로 부 대   자 왈 여 해 불 왈   기 위 인 야   발 분 망

食, 樂以不憂, 不知老之將至云爾.
식   낙 이 불 우   부 지 노 지 장 지 운 이

섭공이 자로에게 공자에 관해 물었으나, 자로는 대답하지 못했다. 이를 두고
선생님께서 말씀하셨다.

"너는 왜 그의 사람됨이 발분하면 먹는 것을 잊고, 즐거움으로써 근심을 잊으
며, 장차 늙음이 오리라는 것도 모르고 있는 사람이라고 말하지 않았느냐?"
(술이편)

초나라의 재상인 섭공이 공자의 외유 중에 만날 기회가 있었던 것 같다. 섭공이 자로에게 그 스승인 공자에 대해서 묻자 자로는 대답하지 못했다. 그 이야기를 전해들은 공자는 자로에게 슬쩍 미소를 보내며 '우리 선생님은 이런 사람이라고 대답하지 그랬는가?' 하는 내용이 담긴 단편이다. 섭공의 물음에 대답을 하지 못했던 자로의 난처한 심정과 그 상황을 폭넓게 이해하고, 한편으로는 답답해 하면서도 한편

으로는 안타까워하는 마음이 느껴진다. 그리고 약간의 농기를 섞어서 자로에게 슬쩍 미소를 지으며 말하는 장면이 그려진다. 물론 이것은 내 상상이다.

자로는 섭공의 물음에 왜 대답하지 못했을까? 몰라서 그랬을까? 아니면 섭공이라는 뛰어난 정치가 앞에서 함부로 선생님에 대해 말하는 것이 저어되었을까? 아니면 선생님을 한마디로 어떤 사람이라고 규정하는 것을 꺼렸을까? 그도 아니면 마치 가룟 유다가 예수에 대해 그러했듯, 공자에 대해 자로 자신이 가진 기대와 상이 실제의 공자가 보여주는 모습하고 달라서 함부로 외부인에게 드러낼 것은 아니라고 생각했던 것일까?

어떤 이유든 간에 자로는 대답하지 못했다. 그러나 공자는 자로에게 자신이 어떤 사람인지 분명하게 말한다. 이것은 자로가 스승 공자에 대해 바라고 기대하는 그 모습은 분명 아니었다. '발분하면 먹는 것도 잊는 사람, 즐거움으로써 근심을 잊는 사람, 늙어가는 것도 모르는 사람'이라고.

발분망식(發憤忘食)은 쉽게 이해된다. 한 번 뭔가에 꽂히면 먹는 것도 잊을 만큼 집중하고 또 집중하는 사람, 그 이치가 풀어지기까지 음식 맛을 잊을 정도로 결기가 있는 사람이라는 뜻이다. 공자는 그런 태도와 자세로 스스로 배웠다.

이어지는 두 구절은 발분망식과는 조금 결이 다르다. 낙이불우(樂以不憂), 즐거움으로써 근심을 잊는다, 즐거움으로 근심을 대신한다는 뜻이다. 요즘 사람들 역시 공자를 떠올리면 뭔가 엄숙하고 진지한 진지충을 그릴 것이다. 그러나 공자는 스스로 즐거운 사람이다. 속에서부터 올라오는 기쁨과 희열, 그리고 외부로부터 오는 자극(대개는 불우하고 불편한 자극)을 스스로 즐거움으로 승화시키는 힘을 가진 밝은 사람이었다.

발분망식과 낙이불우는 배움이 결국 즐거움으로 귀결된다는 뜻이기도 하다. 배우고 때맞춰 익히면 기쁘고, 멀리 있는 벗, 동지요 도반이 찾아오면 즐겁기 때문이다. 갖은 시련을 겪어나가는 12년 동안의 외유를 하면서도 공자는 이런 태도로 살았다. 즐거움으로써 근심을 대신하는 낙천적이고 여유가 있는 사람이 공자였다.

또한 그는 장차 늙음이 오리라는 것도 모르고 사는 사람이었다. 장차(將)는 아직 오지 않은 미래다. 그 미래에 늙음이 오든 병이 오든 죽음이 오든, 그 모든 것은 아직 오지 않은 것이다. 내일이 어떻게 될지 아무도 알 수 없다. 주어진 것은 내일이 아니라 오늘일 뿐이다. 그는 오늘을 사는 사람이었던 것이다. 오늘을 살기 때문에 즐거울 수 있다. 염려와 근심은 '내일'에 속한 것이기 때문이다. 예수도 "내일의 걱정은 내일이 맡아서 할 것이다."(마태 6: 34)라고 했다. 그리고 이것이 믿음을 가진 사람의 삶의 태도이다. 그저 오늘 발분망식하며 낙이불우 할 뿐이다.

현실은 고단하다. 풍찬노숙을 하며 유리방황하는 현실이 고단하지 않을 이유가 없다. 겉으로는 존중해주는 척 하지만 어디서도 인정받지 못하고, 말을 듣는 척 하면서도 하나도 실행에 옮겨지지 않는 현실 속에서 그는 어떤 즐거움을 누렸을까? 다음 단편은 그 한 단면을 보여준다.

子曰 飯疏食飲水, 曲肱而枕之, 樂亦在其中矣. 不義而富且貴,
자왈 반소 음수 곡굉이침지 낙역재기중의   불의이부차귀

於我如浮雲.^사
어아여부운

선생님께서 말씀하셨다. "거친 음식을 먹고 물마시고 팔베개를 하고 눕더라
도 즐거움이 역시 그 가운데에 있다. 의롭지 않게 누리는 부귀는 내게 뜬구름
과 같다. (술이편)

반소사(飯疏食)는 '거친 음식을 먹다'는 뜻이다. 이와 유사한 단편
이 하나 더 있다. 안회에 대한 것이다.

子曰 賢哉回也! 一簞食一瓢飲 在陋巷, 人不堪其憂, 回也不改其樂,
자왈 현재회야 일단 일표음 재누항   인불감기우   회야불개기락

賢哉回也!   ^사
현재회야

선생님께서 말씀하셨다. "훌륭하구나, 회는! 한 그릇 밥과 한 쪽박의 물만 가
지고 누추한 거리에 살면 여느 사람이라도 그 고충을 이기지 못할 터인데, 회
만은 그 즐거움을 바꾸지 않으니, 훌륭하구나, 회는!" (옹야편)

흔히 일단사일표음(一簞食一瓢飲)이라는 성어로 회자되는 구절이다.
안회는 누구도 견디기 어려운 고충 속에 살았다. 실제로 가장 가난했던
제자였다. 그리고 그의 죽음마저도 그만큼 비극적이었다. 굶어(혹은
영양실조로) 죽었다는 설이 있을 정도다. 그런데 공자는 거기서 안회
의 즐거움을 발견한다. 심지어 그 즐거움을 바꾸지 않는다고 한다.

안회는 무엇이 즐거웠을까? 공자는 왜 '일단사일표음재누항'의 고충과 근심을 즐거움(樂)과 대비시켰을까?

거친 음식을 먹고 팔베개하고 누울 정도의 괴롭고 빈한한 삶 속에 즐거움이 있다(樂亦在其中矣)라는 말은 오늘날 받아들이기도, 이해하기도 쉽지 않다. 그러나 공자는 그 안에서 자신의 즐거움을 발견했고, 안회가 일단사일표음 하는 현실적인 고충 그 한가운데 있는 즐거움을 바꾸지 않을 것이라는 것도 발견했다. 이건 그런 고충에도 불구하고 그 고충과는 무관한 또 다른 즐거움이 있고 그것을 발견했다는 말이 아니다. 그 고충 자체가 가지고 있는 즐거움을 발견했기에 바꾸지 않는 것이다. 그 가운데 있는 즐거움이 무엇인지 짐작도 가지 않는 것이 답답할 뿐이다.

즐거움으로써 근심을 잊고 대신하는 바로 그것이다. 그것이 가능한가? 가능하다. 안회나 공자의 현실적인 고충과 가난과 비참함은 단지 참고 견디는 것이 아니었다. 그 안에 있는 즐거움을 누리는 것이었다. 금욕주의자가라기 보다는 열락주의자라고나 할까? 그것이 공자였다.

7. 호학자(好學者)

子曰 十室之邑, 必有忠信如丘者焉, 不如丘之好學也.
자 왈 십 실 지 읍   필 유 충 신 여 구 자 언   불 여 구 지 호 학 야

선생님께서 말씀하셨다 "열 집 남짓한 마을에도 필시 나만큼 충신(忠信)한 사

람은 있을 것이나, 그도 나만큼 배우기를 좋아하지는 못할 것이다." (공야장편)

공자는 배우기를 좋아하는 사람이었다. 호학(好學)은 '배우기를 좋아한다'라는 일반적인 말이지만, 공자에 이르러 호학은 하나의 개념이 된다. 공자가 얼마나 배우기를 좋아했는가는 지난 강의에서도 충분히 말했다. 좋아한다는 것은 늘 그것을 한다는 것이다. 기회를 틈타 가능하면 모든 시간에 그렇게 한다는 것이다. 놀기 좋아하는 아이들은 어떻게 해서든 틈을 만들어 놀려고 한다. 결코 놀아서는 안 되는 순간에도 놀이를 한다.

호학은 마치 놀이를 좋아하는 아이처럼 모든 순간에, 전혀 그럴 것 같지 않은 순간에도 배우려고 하는 공자의 자세를 말한다. 앞서 발분망식(發憤忘食)하는 사람이라고 했을 때, 그것이 배움에 대한 것이라고 생각하는 것은 자연스럽다.

배움에 완성은 없다. 그것은 공자의 일생을 다룬 위정편의 저 구절에서도 절절하게 드러난다. 그는 죽는 그 순간까지 끊임없이, 모든 순간에, 모든 것(혹은 사람)으로부터 배우려고 했다. 아니, 외부의 모든 자극을 배움의 계기로 만들려고 했다는 것이 더 옳은 말이겠다.

공자는 왜 이런 정도로, 마치 강박으로 느껴질 정도로 호학하려고 했을까? 그것은 그의 결핍 때문이었다. 그의 추구하는 바와 그의 현실 사이의 괴리, 그 결핍이 그를 그렇게 호학하는 존재로 만들었다. 다음의 단편이 그것을 잘 보여준다.

子曰 若聖與仁, 則吾豈敢, 抑爲之不厭, 誨人不倦, 則可謂云爾已矣.
자 왈 약 성 여 인   즉 오 기 감   억 위 지 불 염   회 인 불 권   즉 가 위 운 이 이 의

선생님께서 말씀하셨다. "성인의 경지와 어짊의 단계라면 내가 어떻게 감히 이르렀겠느냐? 다만 그것을 추구함에 싫증을 내지 않고 사람을 가르침에 지치지 않는다고 말할 수 있을 따름이다." (술이편)

성인의 경지, 어짊(仁)의 경지는 평생 공자가 추구하는 바다. 그러나 그 길은 항상 눈앞에 있다. 분명 내가 도달할 수 있는 경지임에도 불구하고 현실의 나는 아직 거기 도달하지 못했다. 이 괴리와 그로부터 나오는 결핍이 공자를 호학하는 사람으로 만들었다. 성인의 경지와 어짊의 경지를 추구함에 싫증을 내지 않는 것, 다른 사람들(제자)과 더불어 그 길을 감에 지치거나 게으르지 않는 것, 공자의 삶은 그것일 따름이다. 정말 그것일 따름이라는 것을 강조하기 위해 종결에 사용되는 어조사를 네 개나 붙인다. 云爾已矣.

다음에 소개하는 단편은 공자가 이 길을 추구하면서 가지게 된 즐거움이 어디에서 오는가 하는 비밀을 엿볼 수 있게 해주는 찾아보기 힘든 소중한 구절이다.

子曰 仁遠乎哉? 我欲仁, 斯仁至矣.
자 왈 인 원 호 재   아 욕 인   사 인 지 의

선생님께서 말씀하셨다. "어짊이 멀리 있겠느냐? 내가 어질고자 하는 것이 바로 어짊이 다가오는 것이다. (술이편)

내가 어질고자 하는 것, 내가 어짊을 향해 가는 그 여정이 곧 어짊이 다가오는 것이다. 내가 복음을 믿고 회개하는 것이 곧 하나님나라가 가까이 오는 것이다. 이것은 하나의 신비. 내가 성인이 되고자 하고, 내가 어질고자 하고, 내가 하나님나라에 들어가고자 하는 것, 그 마음먹음과 그 길을 가는 여정이 곧 그것이다. 완성여부, 도달여부는 중요하지 않다. 그 길에 들어섰을 때 아직 멀었지만 이미 거기에 도달해있는 것이다. 어짊은 하나의 단계로서의 경지라기보다는 거기에 이르는 길 전체이기 때문이다. 구원 역시 마찬가지고.

우리는 무엇을 꿈꾸고 무엇을 믿고 무엇을 마음에 품고 사는가? 마지막으로 한 구절을 더 읽어보자.

子曰 老者安之, 朋友信之, 少者懷之.
자 왈 노 자 안 지   붕 우 신 지   소 자 회 지

선생님께서 말씀하셨다. "늙은이들은 그것을 누리고, 벗들은 그것을 믿고, 젊은이들은 그것을 품는 것이다." (공야장 편)

4

비유로 가르친 예수,
진리를 선언한 공자

비유로 가르친 예수, 진리를 선언한 공자

1. 어린아이의 언어, 어른의 언어

> 내가 어릴 때에는 말하는 것이 어린아이와 같고, 깨닫는 것이 어린아
> 이와 같고, 생각하는 것이 어린아이와 같았습니다. 그러나 어른이 되
> 어서는 어린아이의 일을 버렸습니다. (고린도전서 13:11)

내 자식이 중학교 1학년이 되었을 때, 막 개교한 모 대안학교에
입학시켰다. 학생이라고는 이제 막 초등학교를 졸업한 20여 명 정도
가 전부였기에, 아직 학교문화와 학생문화 같은 것이 형성되기 전이
었다. 고만고만한 아이들 스물 댓 명이 모여 기숙사생활을 하다 보니
사건 사고가 끊이지 않았다. 학교 홈페이지에는 한 달에 한 번 집으
로 돌아온 아이들의 이야기를 듣고 잔뜩 격앙된 부모의 글들이 도배

되다시피 하는 일이 비일비재했다.

그 학교의 학부모 회장이던 나는 어느 날 '아이들의 말을 얼마나 믿을 수 있을까?'라는 제목의 글을 올려 학부모들의 이성을 회복시켜보려고 시도했다. 물론 격앙된 감정이 앞서는 학부모들 앞에서 그 시도는 그리 성공적이지는 않았다. 글의 요지는 다음과 같다.

'아이들의 말을 얼마나 믿을 수 있을까? 내 경험상 10~20%정도가 아닐까? 그럼 아이들이 거짓말을 한다는 것인가? 그건 아니다. 아이들이 전혀 거짓말을 하지 않는다고 가정하더라도 그 정도가 맥시멈일 가능성이 높다. 이유는 여러 가지다. ①아이들이 사건의 전모를 총체적으로 파악했는가? ②아이들이 그 상황 속에서 객관성을 유지하는가? 혹은 유지할 능력이 있는가? ③인간은 누구나 자기에게 유리하게 상황을 해석하는데, 아이들이 자기에게 유리한 것은 말하고 불리한 것은 말하지 않을 가능성은? ④상황 자체를 해석할 능력은 있는가? ⑤자신이 파악한 소위 진실이라고 할 만한 것들을 그들의 언어로 얼마나 정확하게 옮겨 전달할 수 있는가? ⑥그런 아이들의 말을 부모는 얼마나 정확하게 이해할 수 있는가? ⑦기타 등등.'

이런 이유들로 아이들의 말 속에 10~20% 정도만 진실이 담겨있고, 나머지는 숨어있다고 봐야 한다고 썼다. 그러니 감정을 가라앉히고 차분하게 사태를 이해하자는 취지였다. 아이들은 그렇다고 치고, 그러면 과연 어른들의 말은 전적으로 신뢰할 수 있는가? 그가 거짓을 말하지 않는다는 가정 하에서라도 말이다. 마찬가지다. 20%에서 좀 더 올라간 수치 정도가 되지 않을까? 좀 더 정직하게 이야기하자면 아이들은 나름대로 솔직하기라도 하지만, 어른들은 얼마나 감추고 숨기고 왜곡하는가? 진실을 전하는 것이 직업윤리의 첫 번째 항목인 기자들마저도 뻔히 보이는 거짓말을 일삼고 있으며, 참과 거짓을 가려내어 정의를 세워야 하는 판검사들도 손바닥으로 하늘을 가리고 있지 않은가?

다시 본론으로 돌아가 보자. 늘 그런 것은 아니지만 어쨌든 아이들에 비해 어른들이, 교육받지 못한 사람에 비해 교육받은 사람들이, 책을 읽지 않는 사람에 비해 책을 읽고 사고하는 사람들이 좀 더 총체적 진실에 가깝게 다가갈 확률이 높다. 동일한 사건을 경험하더라도 자신이 포착하고 인지할 수 있는 범주가 다르기 때문이다. 또한 자신이 살아온 경험세계가 어떠했는가에 따라 사용하는 언어가 달라지기도 한다. 나는 늘 새로운 전자제품을 대할 때마다 매뉴얼을 읽는 것에 곤란을 느낀다. 그 매뉴얼을 쓴 사람들은 대개 공학을 전공한 사람들일 텐데, 그 언어는 나에게 너무 낯 설기 때문이다. 나만 그런가?

모두에 인용한 고린도전서 구(句)는 그 맥락에서는 좀 다른 의미로 읽히지만, 한 가지는 분명하다. 말하고 깨닫고 생각하는 것에 있어서 어린아이의 그것과 어른의 그것이 다르다는 점이다. 그리고 어른이 되면 어린아이의 일은 버려야 한다. 나이 마흔에 열 살 남짓 먹은 아이처럼 말하고 생각하고 행동한다면 감당하기 어렵다.

말을 할 때 대상이 어떠한가를 파악하는 것은 매우 중요하다. 초등학생이라면 그에 맞는 언어를, 노회한 노인이라면 그에 맞는 언어를

사용해야 한다. 각자의 경험과 지식, 생각과 사고에 따라 살아가는
세계가 다르기 때문이다.

2. 비유(比喻 혹은 譬喻)로 가르친 예수

　예수의 경우 그의 청자는 소위 '민중'이었다. 하루 벌어 하루 먹고
사는 것에 허덕대느라 제대로 뭔가를 배우지도 못하고 깊게 생각해
보지도 못한 사람들이 대다수였다. 오천 명이나 모였지만 제대로 먹
을 것조차 없던 사람들, 목자 잃은 양처럼 방황하는 사람들이었다.
열두제자, 소위 사도라고 하는 사람들도 크게 다르지 않았다. 그런
사람들이 때로 수천 명 씩 모여 들기도 했다. 잘 알아듣지 못했다. 마
가복음에는 제자들을 향해 "아직도 모르겠느냐, 아직도 깨닫지 못하
느냐?"라는 안타까운 탄식이 여러 번 반복된다. 이런 맥락에서 보면
예수는 제자 복이 몹시 없는 선생이었다.
　이런 사람들을 대상으로 예수는 하나님 나라의 복음을 어떻게 가
르쳤을까? 소크라테스나 플라톤처럼 고도의 논리적 대화를 통해서
가르칠 수 있었을까? 아니면 공자나 노자처럼 고담준론(高談峻論)을
펼치면 알아들을 수 있었을까? 그럴 수 없었을 것이다. 그가 택한 방
법은 아주 쉬운 언어인 '비유(比喻)'였다. 사전에는 비유를 '어떤 현상
이나 사물을 직접 설명하지 않고 그와 비슷한 다른 현상이나 사물을
빌려 표현하는 일'이라고 정의한다.

예수가 비유를 사용했던 가장 중요한, 혹은 가장 기본적인 이유는 쉽고 직관적이기 때문이다. 어렵게 설명하려면 한 없이 어렵게 말해야 하는 가르침이지만, 그건 예수의 청중들에게 맞지 않았다. 그렇게 한가하게 앉아서 고담준론을 펼칠 수 있는 사람들이 아니었다. 깊게 사고할 수 있는 형편도 아니었다. 그저 쉽고 직관적으로 받아들여야만 했다. 그 이상의 것은 그들의 이해와 사고를 넘어선 것이었다. 그러기에 비유를 택했다. 그럴 수밖에 없었다고 하는 것이 더 정확할지도 모르겠다.

> 예수께서는 그들이 알아들을 수 있는 정도로, 이와 같이 비유로 말씀
> 을 전하셨다. (마가 4:33)

비유는 쉽고 직관적이라는 장점뿐만 아니라 잘 잊어먹지 않고 두고두고 기억하고 생각할 수 있다는 장점도 있다. 마치 하나의 그림이나 영상을 보여주는 것처럼 말이다. 짤막한 비유 한 구절을 읽어보자.

> 예수께서 말씀하셨다. "하나님 나라는 이렇게 비유할 수 있다. 어떤
> 사람이 땅에 씨를 뿌려놓고 밤낮 자고 일어나고 하는 사이에 그 씨에
> 서 싹이 나고 자라지만, 그 사람은 어떻게 그렇게 되는지를 알지 못
> 한다. 땅이 저절로 열매를 맺게 하는데, 처음에는 싹을 내고, 그 다음
> 에는 이삭을 내고, 그 다음에는 이삭에 알찬 낟알을 낸다. 열매가 익
> 으면 곧 낫을 댄다. 추수 때가 왔기 때문이다. (마가 4:26~29)

한 농부가 봄에 씨를 뿌리고, 시간이 지나면서 싹이 나고 이삭이

익어 추수하게 되는 과정을 그림처럼, 동영상처럼 보여준다. 대단히 감각적이고, 따라서 직관적이다. 그리고 잊어먹지 않는다. 이런 식이다.

비유의 또 다른 장점은 생각할수록 깊은 맛이 우러난다는 것이다. 그 사람의 사고와 깨달음이 깊어질수록 전혀 다른 맛이 난다. 마치 차(茶)처럼. 어릴 때 차는 떫은 맛 이상이 아니다. 그러나 시간이 지나고 차와 가까이 할수록 그 깊은 맛을 느낄 수 있게 된다. 심지어 오미(五味) 모두를 느낄 수도 있다고 한다. 비유는 그런 맛이 있다.

그러나 비유가 이런 장점만 있는 것은 아니다. 어떤 가르침이라도 얼마든지 왜곡될 수 있지만, 비유는 그 지시하는 바가 말 그대로 빗대어 말하는 것이기 때문에 해석의 여지가 많아지고, 따라서 왜곡도 많아진다. 그 대표적인 예가 유비(類比, analogy)다. 그리고 비유를 유비적으로 해석한 것을 알레고리 성경해석(Allegorical interpretation)이라고 부른다. 한 비유에 나오는 여러 요소들을 무엇인가에 1:1로 대응시키는 방식으로 비유를 해석하는 것이다. 이를테면 위의 인용구에서 나오는 여러 요소들 즉 '어떤 사람, 땅, 씨, 밤과 낮, 싹, 이삭, 낟알, 낫, 추수 때'를 각각 다른 무엇과 1:1로 연결시키는 방식으로 해석하는 것이다. 이렇게 되면 예수가 원래 하고자 했던 말에서 과도하게 벗어나는 우를 범하게 된다. 복음이 왜곡되는 것이다.

이런 해석은 마가복음 자체가 이미 가지고 있다. 소위 '씨 뿌리는 사람'이라는 비유와 그 설명이 바로 그러하다. 비유 자체는 예수가 했던 말이지만, 그 비유의 설명은 후대에(아마도 2세기 이후)추가된 것일 확률이 높아 보인다.

"씨를 뿌리는 사람은 말씀을 뿌리는 것이다. 길가에 뿌려지는 것들이란 이런 사람들이다. 그들에게 말씀이 뿌려질 때에 그들이 말씀을 듣기는 하지만, 곧바로 사탄이 와서 그들에게 뿌려진 그 말씀을 빼앗아 간다. 돌짝밭에 뿌려지는 것들이란 이런 사람들이다. 그들은 말씀을 들으면 곧 기쁘게 받아들이기는 하지만, 그들 속에 뿌리가 없어서 오래가지 못하고 그 말씀 때문에 환난이나 박해가 일어나면 곧 걸려 넘어진다. 가시덤불 속에 뿌려지는 것들이란 달리 이런 사람들을 가리키는데, 그들을 말씀을 듣기는 하지만 세상의 염려와 재물과 유혹과 그 밖에 다른 일의 욕심이 들어와 말씀을 막아서 열매를 맺지 못한다. 좋은 땅에 뿌려지는 것들이란 이런 사람들이다. 그들은 말씀을 듣고 받아들여서, 삼십 배, 육십 배, 백배의 열매를 맺는다." (마가 4:14~20)

이 비유해석에서도 '씨를 뿌리는 사람, 씨, 길가, 돌짝밭, 가시덤불, 좋은 땅'같은 요소들이 다른 무엇과 1:1로 대응하고 있음을 볼 수 있다. 그리고 그런 방식으로 그럴듯하게 이 비유를 해석한다. 이 해석을 통해 가르치고자 하는 바는 우리의 마음을 좋은 땅, 옥토로 만들어야 한다는 것이다. 크게 무리가 가지는 않는다.

그러나 이 비유 해석은 예수의 본래 의도를 왜곡한 것 같다. 예수의 본래 의도는 어디에나, 언제나 씨가 뿌려진다는 것이다. 마치 씨 뿌리는 사람이 가리지 않고 여러 곳에 씨를 뿌리듯이 말이다. 하나님 나라의 복음은 언제 어디서나 선포되고 있다, 하나님 나라는 가까이, 바로 나의 곁에 와 있다는 것을 가르치는 것이었다. 그런데 비유에 대한 이런 유비적 해석을 통해 복음을 받아들이는 사람의 마음과 태도의 문제로 치환시키게 된 것이다.

3. 비유로 가르친 또 다른 이유

예수가 비유라는 방식으로 가르침을 편 이유는 앞서 언급한대로 배움이 없더라도 누구나 알아들을 수 있도록 하기 위한 것이었다. 그러나 아래에 인용한 구에서는 좀 다른 이야기가 나온다.

> 예수께서 그들에게 말씀하셨다. "너희에게는 하나님 나라의 비밀을 맡겨 주셨다. 그러나 저 바깥의 사람들에게는 모든 것이 수수께끼로 들린다. 그것은 '그들이 보기는 보아도 알지 못하고, 듣기는 들어도 깨닫지 못하게 하셔서 그들이 돌아와서 용서를 받지 못하게 하시려는' 것이다." (마가 4: 11~12)

앞서 인용했던 4장 33절의 '예수께서는 그들이 알아들을 수 있는 정도로, 이와 같이 비유로 말씀을 전하셨다.'라는 구절과는 상반된다. 상반되는 정도가 아니라 정 반대의 이야기를 하고 있다. 하나님 나라 혹은 복음은 '비밀'이며 '수수께끼'다. 그것이 비유다. 이처럼 비유로 말하는 이유는 '그들이 보기는 보아도 알지 못하고, 듣기는 들어도 깨닫지 못하게 하셔서 그들이 돌아와서 용서를 받지 못하게 하시려는' 것이다. 즉 모르게 하려고 비유로 말한다고 한다.

누구나 쉽게 알아들을 수 있으나, 보기는 보아도 알지 못하고 듣기는 들어도 깨닫지 못하게 하려고 한다는 이 모순은 그대로 우리의 실존이기도 하다. 우리는 그런 실존 속에서 살아간다. 하나님 나라는 항상 내 옆에 처음부터 있었으나, 그것을 발견하지 못한다. 말씀은 늘 선포되나 그것을 알지도 못하고 받아들이지도 못한다. 진리는 우리의 일상 속에서 늘 접할 수 있고(평상심시도 平常心是道), 우리의 존재 자체가 진리를 떠나 단 한발자국도 그 바깥으로 나가보지 않았음에도 진리를 거스르고 목말라하기도 한다. 마치 '업은 아이 3년 찾기'처럼, 아이를 업고 있으나 그 아이를 잃어버렸다고 3년을 찾아 헤매는 꼴이다.

우리는 왜 복음을 듣고 진리를 들어도 알지 못하고 깨닫지 못하는가? 여러 이유가 있을 것이다. '현실'이라는 것이 그 문제 중 하나다. 단순히 '먹고 살려니, 목구멍이 포도청이라서' 같은 이유이기도 하지만, 우리가 발 딛고 있는 현실, 우리가 사는 세계가 전도(顚倒)되었기 때문일 확률이 더 높다. 생명보다는 죽음을, 사람보다는 돈을, 인(仁)과 의(義) 보다는 이(利)를 더 우위에 두는 가치체계를 기반으로 이 세계가 구축되어 있다. 이것을 '세계'라고 말하는 이유는 이 속에서는 죽음과 돈과 이익을 추구하는 것이 마치 자연법칙처럼 느껴지고 따라서 자연스러운 것으로 받아들여지기 때문이다.

이런 세계 속에서 살아가는 한명의 나약한 사람으로 뒤집힌 세계를 다시 뒤집는 것은 어려운 일이기는 하다. 그 전에 세계가 전도되었다는 것 자체를 알아차리기 쉽지 않다. 마치 하나의 자연법칙처럼 자연스럽고 당연하게 여겨지기 때문이다.

　이해하기 아주 쉽고, 늘 가까이에 있는 진리를 알지도 못하고 깨닫지도 못하는 또 다른 이유 중 하나는 기성의 자기를 버리는 것이 쉽지 않기 때문이다. 고민하면서 돌아갔던 부자청년처럼 가진 모든 것을 다 팔아 가난한 사람들에게 나눠주는 것이 어려운 일이기도 하지만, 지금까지 살아오면서 나 자신을 지탱해주었던 사고방식과 생활방식, 삶의 태도를 깨는 것이 어려운 것이다. 마치 지금까지의 자신을 부정해야하는 불안, 그렇게 되면 죽을 것 같다는 불안이 그것이다.

　늘 그렇듯, 가진 것이 많은 사람은 내려놓고 포기하기가 쉽지 않다. 그것이 돈이 되었든, 학식이 되었든, 지위가 되었든, 딸린 식구가 되었든, 아니면 하다못해 나이가 되었든. 그러나 그 틀을 깨야 새로운 세상, 진리의 세계가 열린다. 학즉불고(學則不固), 배움의 길, 진리를 향해 나아가는 길은 여하히 자신을 깨는가에 달려있다. 여기서 변명은 통하지 않는다.

　하나님은 냉정하다. 악인에게나 선인에게나 똑같은 비와 햇빛을 주시지만, 한사람은 악의 열매를 또 다른 사람은 의의 열매를 맺는다. 누구에게나 선포되고 들려지는 말씀이지만, 그것은 결국 그 말씀을 듣는 그 자신의 의지와 마음상태에 따라 약이 되기도 하고 독이 되기도 한다. 그 선택은 전적으로 그 자신의 것이다. 그리고 이렇게 자신이 맺는 열매가 자신을 판단하는 기준이 된다.

　사회적 지위의 고하와 재산의 많고 적음, 학벌과 지식의 높고 낮음과 나이의 많고 적음은 아무런 문제도 아니다. 오히려 그런 것들이 높고 많을수록 더 말씀을 받아들이기 힘들다. 버릴 것이 더 많기 때문이다. 그러나 그렇다고 그 반대의 경우 무임승차가 허용되는 것도 아니다. 그 경우는 그 나름대로 버릴 것이 그만큼 있기 때문이다.

어른들은 아이들끼리 티격태격 하는 것을 우습게 생각하기 쉽지만, 그 아이들 차원에서는 어른들끼리의 싸움만큼이나 이유 있고 힘든 것이다. 가난한 사람은 가난한 대로 버릴 것이 많고, 버리기 힘들다.

구원은 외부에서 주어지는 것이 아니다. 늘, 가까이, 바로 여기에 있는 것을 받아들이느냐 그렇지 않느냐의 문제일 뿐이다. 받아들이는 자, 그는 구원의 길에 들어섰다.

4. 몇 가지 비유들

마가복음 저자는 4장에 예수가 가르친 비유들을 모아놓았다. 그 비유들을 살펴보자.

> 예수께서 그들에게 말씀하셨다. "사람이 등불을 가져다가 말 아래에 나 침상 아래에 두겠느냐? 등경 위에다가 두지 않겠느냐? 숨겨둔 것은 드러나고, 감추어둔 것은 나타나기 마련이다. 들을 귀가 있는 사람은 들어라." (마가 4:21~22)

누구라도 등불을 켜면 말(분량을 되는데 쓰는 기구) 아래에나 침상 아래 두지 않는다. 누구라도 등불을 등경 위에 둔다. 등경 위에 둬야 방 안이 환해지기 때문이고, 등불의 본래 목적은 방을 밝히는 것이기 때 문이다. 너무나도 당연한 일이고 상식적인 일이다. 아무도 이런 사실 에 의문을 제기하지 않는다. 그런 것처럼, 숨겨두고 감춰둔 것 역시 드러나고 나타나게 마련이다.

그러나 현실은 과연 그런가? 무언가를 숨겨두고 감춰둔 사람은 언 제까지나 자기만 아는 비밀장소에 숨겨져 있고 감춰져 있을 것이라 고 여긴다. 최소한 그럴 것이라고 기대하며 숨기고 감춘다. 거짓말을 하는 사람이 '언젠가는 밝혀지겠지' 하는 마음으로 거짓말을 하지는 않는다. 설혹 그런 우려를 하더라도 말이다. 도둑질 하는 사람이 '언 젠가 내가 도둑이라는 것이 들통 나 경찰에 잡히겠지?'라는 생각으 로 도둑질 하지는 않는다. 비록 꼬리가 길면 밟힐 수 있다는 걱정은 하더라도 말이다. 그리고 상당부분 성공하기도 한다. 완전범죄를 꿈 꾸는 사람들의 꿈처럼 완전범죄가 성립하기도 한다.

그러나 예수는 감춰두고 숨겨 둔 것은 나타나고 드러나게 마련이 라고 한다. 그것은 예수에게 자명한 일이다. 마치 등불을 켜서 등경 위에 두는 것만큼이나.

비밀은 없다. 감춰진 것, 숨겨둔 것 자체가 없다. 하늘이 알고 땅 이 알며, 그 일을 행한 사람 본인이 안다. 감춰지고 숨겨진 것은 자신 도 모르는 일이어야 한다. 그러나 누군가는 이미 알고 있다. 그리고 하나가 아는 것은 모두가 아는 것과 마찬가지다. 그것이 명시적으로 바깥으로 드러나느냐 아니냐의 차이만 있을 뿐.

또 다른 방식으로 이 구절을 이해해보자. 도대체 뭐가 감춰져 있고 숨겨져 있을까? 위 비유의 이미지를 차용하자면 그것은 '빛'이다. 누구에게나 빛이 있다. 아니 누구나 이미 빛이다. 그런데 아직 그 빛이 등경위에 올라가 있지 않다. 아직 말 아래에나 침상 아래에 숨겨져 있는 것처럼 보인다. 그러나 결국은 누구라도 빛(등불)을 그런데 두지 않고 등경위에 올려놓아 환히 밝히는 것처럼 결국 스스로 밝힐 것이다. 말 그대로 '자명(自明)'할 것이다.

스스로 빛나는 빛을 등경위에 처음으로 올린 이가 바로 예수다. 그리하여 결국 감춰져 있고 숨겨져 있던 모든 빛이 등경위에서 빛날 것이다.

이 비유에 연하여 나오는 구절은 매우 유의미하다.

> 예수께서 그들에게 말씀하셨다. "너희는 새겨들어라. 너희가 되질하여 주는 만큼 너희에게 되질하여 주실 것이요, 덤으로 더 주실 것이다. 가진 사람은 더 받을 것이요, 가지지 못한 사람은 그 가진 것마저 빼앗길 것이다" (마가 4:24~25)

자기 자신을 밝히고(자명自明) 맑히는(자청自淸) 만큼 하나님이 거기에 더하여 밝히고 맑혀줄 것이다. 그뿐 아니라 그 정도를 넘어서서 덤으로 더 밝히고 더 맑혀주실 것이다. 모든 것이 그저 내 노력만큼만 이루어지는 것은 아니다. 우리는 늘 우리 스스로가 노력하고 수련하고 닦는 것보다 더 많은 것을 받는다. 줄탁동시(啐啄同時)라는 말은 속에서 알껍데기를 깨고 나오려는 나의 노력뿐만 아니라, 그 노력을 넘어서는 어떤 것이 우리에게 주어진다는 진리를 보여준다. 어쩌면 총량에서는 병아리의 노력보다 어미 닭의 부리가 더 많은 일을 할지도 모른다. 그러나 내가 껍데기를 깨고 나오려는 움직임을 보이지 않는다면, 나의 되질하는 노력이 없다면, 어미 닭의 노력도 없다.

이것이 있는 자는 더 받을 것이고, 없는 자는 있다고 생각했던 것마저 잃을 것이라는 말이다. 스스로 깨고 나오지 못하는 알은 시간이 지나면 그저 곯고 썩어 냄새나게 된다.

모두가 빛이다. 그리고 그 빛은 드러나는 것이 본성이고 자연스러운 것이다. 아니 드러나야만 한다. 그러나 그 빛을 등경위에 두려는 노력이 필요하다. 내가 되질하는 노력, 껍데기를 깨고 나오려는 움직임이 필요하다. 비록 당장은 고통스럽고 힘들더라도.

그 노력이 있을 때, 노력보다 훨씬 더 많은 무언가를 얻게 된다. 그러나 그냥 두면 등불은 꺼지고 만다.

예수께서 말씀하셨다. "하나님 나라는 이렇게 비유할 수 있다. 어떤 사람이 땅에 씨를 뿌려놓고 밤낮 자고 일어나고 하는 사이에 그 씨에서 싹이 나고 자라지만, 그 사람은 어떻게 그렇게 되는지를 알지 못한다. 땅이 저절로 열매를 맺게 하는데, 처음에는 싹을 내고, 그 다음에는 이삭을 내고, 그 다음에는 이삭에 알찬 낱알을 낸다. 열매가 익으면 곧 낫을 댄다. 추수 때가 왔기 때문이다. (마가 4:26~29)

농부가 땅에 씨를 뿌린다. 그런데 그 씨가 어떻게 발아하고, 그 싹이 자라는지 알지 못한다. 사실이 그렇다. 그냥 며칠이 지나 밭에 가보면 어느새 싹이 나 있다. 그리고 또 며칠 지나면 떡잎이 지고 본 잎이 돋아난다. 날마다 줄기가 자라고, 무성해지고, 어느 순간 이삭이패고 열매가 맺히지만, 농부는 그저 지켜볼 뿐이다. 가끔씩 잡초나뽑아줄까? 씨가 스스로 자라나 열매를 맺기까지 농부가 하는 일은'없다.' 그저 지켜볼 뿐.

스승은 씨를 뿌린다. 제자의 마음에 질문을 던진다. 혹은 굳이 스승이 아니더라도 그저 어딘가에서 바람에 날려 온 씨가 내 속에 자리잡을 수도 있다. 어쨌든 존재를 뒤흔드는 그 '질문'이 없다면 어쩌면그저 그렇게 평온하고 안일하게 일상을 살다 한 생을 마감할지 모른다. 그저 남들 하는 대로.

인생의 근본적인 질문 앞에 서 있는 실존은 위대하다. 일단 그 씨가떨어지면 사람이라는 존재는 자신의 전 존재를 투여하여 그 씨앗이싹이 트고 자라나게 한다. 외부에서 할 일은 없다. 그 내면에서 무엇이 어떻게 작용하여 성장케 하는지 아무도 모른다. 오직 하나님만이아실까? 혹은 알더라도 그 과정에 도움을 줄 수 없다. 그저 스스로자라는 것이다. 그 싹이 빨리 자라게 하려고 조금씩 잡아당긴다면,결국 망치고 말 일이다.

농부는? 그저 바라볼 뿐이다. 스승은? 그저 옆에 있어주는 존재다.가끔씩 잡초나 뽑으며……. 결국 씨를 뿌리기는 하지만, 땅과 씨가결합하여 스스로 자란다. '자성自成'일 수밖에 없다. 하나님의 나라는 한 인간의 실존 속에서 그렇게 스스로 커간다.

예수께서 또 말씀하셨다. "우리가 하나님의 나라를 어떻게 비길까? 또는 무슨 비유로 그것을 나타낼까? 겨자씨와 같으니, 그것은 땅에 심을 때에는 세상에 있는 어떤 씨보다도 더 작다. 그러나 심고 나면 자라서, 어떤 풀보다 더 큰 가지들을 뻗어, 공중의 새들이 그 그늘에 깃들일 수 있게 된다. (마가 4: 30~32)

내 속에 심겨진 씨는, 한 인간에게 던져지는 이 실존의 물음은 겉보기에 거창한 어떤 것이 아니다. 겉으로 보기에는 너무나도 작고 하잘것없는 어떤 것일 수 있다. 그러나 한 알의 도토리 안에 참나무가 들어있듯 그 씨앗 안에는 모든 것이 들어있다. 한 사람의 생을 결정짓는 근본이 들어가 있는 것이다. 겉으로 보기에는 너무나도 작은 씨앗이지만, 일단 그 씨가 자라기 시작하면, 큰 가지를 뻗어 새들이 깃들일 정도가 된다. 그는 결국 우주가 된다.

5. 진리를 '선언'한 공자

공자가 제자들을 가르치는 과정을 상상해보면 예수의 경우와 크게 다르지 않은 점이 있다. 문화의 차이, 상황과 조건의 차이가 있지만, 예수와 공자 모두 '제자들과 함께 지냈다.' 예수는 제자들을 부를 때 "나를 따르라"라고 불렀고 제자들은 그 말을 듣고 예수를 따랐다. 그 때 따랐다는 것은 물리적으로 늘 함께 지냈다는 것을 포함한다. 공자의 경우도 마찬가지다. 특히 외유를 하던 12년 동안 그 일행에

합류하고 떠나는 사람들이 있었겠지만, 같이 있는 동안에는 늘 함께 있을 수밖에 없었다. 제자들과 이처럼 삶을 함께하고 나누는 모습은 붓다에게서도 동일하게 나타난다. 대개 인류의 스승들은 그러했다. 그들 사이에 감출 것 자체가 거의 없었다고 봐야 한다. 따라서 진정한 제자교육은 말이 아니라 삶이었다.

그럼에도 논어는 공자의 언행(言行) 중 행보다는 언에 중점을 둔 기록이다. 그리고 그 말을 기록하는데 있어서도 배경이나 맥락을 거의 설명하지 않고 툭 던져놓는다. 마치 이 책을 읽을 독자들에게 나머지를 상상이라도 하라는 듯이 말이다. 논어의 편찬자는 대단히 많이 고민을 했을 것이다. 아직 종이가 발명되기 이전 목간이나 죽간을 사용하던 시절이라 구구절절하게 긴 문장을 쓰는 것이 부담된다는 현실도 한 몫 했을 것이다. 그러나 이런 현실적인 이유보다는 제자들에게 있어서 공자의 가르침은 이처럼 툭 던져놓은 것 같은 느낌이었던 것은 아니었을까? 마치 씨 뿌리는 사람이 툭 씨앗을 뿌리듯 말이다.

공자의 가르침의 방식, 혹은 논어의 서술방식은 모종의 선언에 가깝다. 선언문을 쓸 때 최소한의 논리적 구조를 갖추기는 하지만 구구절절하게 쓰지 않는다. 그냥 세상에 자신의 입장과 생각을 던져버리는 방식을 택한다. 그래서 좋은 선언문일수록 짧고 강렬하다. 상대방을 설복시키거나 설득시키지 않는다. 설명하지 않는다. 설명이 필요한 경우 그 대상은 상대방이 아니라 자기 자신이다.

선언문을 이렇게 쓰는 이유는 그 주장하는 바가 '당연(當然)'하다고 생각하기 때문이다. 당연은 '마땅히 그러함'이라는 뜻이다. 당연하기 때문에 설명과 설득이 필요 없다. 누구나 그것을 당연하게 여기기 때문이다. 단지 당연한 것을 다시 한 번 당연한 것이라고 일깨울 뿐이다. 공자의 가르침이 그러하다.

당연하지 않은 것, 이상한 것, 뭔가 문제가 있는 것을 마치 당연하고 정상이며 문제없다고 강변하려 할 때 필요한 것이 설득이고 설명이고 변명이다. 따라서 구구절절하고, 심지어 구질구질하기조차 하다.

그렇다면 과연 당연한 것은 무엇인가? 인간의 삶과 사회에 있어서 무엇이 당연한 것인가? 맹자의 세계에서는 이상한 것이 당연한 것으로 취급되었다. 그리고 그건 공자의 시대도 마찬가지였다. 사람이라면 마땅히 인과 의를 추구해야 하나, 공맹의 시대, 특히 맹자가 살았던 세계 속에서 인의는 실종되고 부국강병과 이를 이루기 위한 利가 당연한 것처럼 추구되었다. 인간(백성)은 이것을 위한 도구였을 뿐 사람으로서의 존엄과 가치를 인정받지 못했다.

이처럼 전도된 세계 속에서 맹자는 인의와 덕치를 논했으나, 그가 서 있는 곳은 그 세계가 있던 바로 그 지평이었다. 맹자는 이미 세상이 만들어 놓은 그 프레임 속에 갇혀 그 속에서 이를 뒤집으려고 몸부림쳤다. 그러나 어떤 방식으로든 그 프레임 속에 들어가는 순간, 그 지평으로 추락하는 순간 가망 없는 몸짓이 될 뿐이다. 비록 사람들에게 존중과 대우를 받기는 했지만 공염불일 뿐이었다. 이런 의미에서 맹자는 그가 살았던 세계 속으로 다시 함몰해 들어갔다고 봐야 한다.

공자는 달랐다. 공자가 살았던 세계 역시 정도의 차이가 있을 뿐

맹자의 세계와 크게 다를 바 없었지만, 공자는 그 세계에 속하지도, 그 세계 속에 살지도 않았다. 오히려 공자는 자신의 세계 속으로 그가 살던 세상을 끌어들였던 것이다. 마치 예수가 빌라도에게 "내 나라는 이 세상에 속한 것이 아니오. 나의 나라가 세상에 속한 것이라면, 나의 부하들이 싸워서 나를 유대 사람들의 손에 넘어가지 않게 하였을 것이오. 그러나 사실로 내 나라는 이 세상에 속한 것이 아니오." 라고 하면서 "당신이 말한 대로 나는 왕이오. 나는 진리를 증언하기 위하여 태어났으며, 진리를 증언하기 위하여 세상에 왔소. 진리에 속한 사람은 누구나 내가 하는 말을 듣소."(요한복음 18: 36~38) 라고 한 것처럼, 공자의 세계는 이 세상에 속한 것이 아니었다. 그의 세계는 스스로를 이기고 예로 돌아간(克己復禮) 세계, 그래서 안인(安仁)한 세계였다.

공자에게는 설득이 필요하지 않았다. 아니, 오히려 설득하려고 할수록 늪에 빠지는 경험을 하였을 것이다. 어느 순간부터 공자는 말을 아끼면서 진리를 선언했다. 마치 "들을 귀 있는 자는 들으라."라고 외쳤던 예수처럼 들을 귀 있는 사람을 기다렸지 설복시키려고 하지 않았다.

공자 역시 전도된 세계 속에서 살았지만, 전도된 세계의 언어로 사람들을 설득시키려고 했던 맹자와는 달리 전도된 세계를 다시 뒤집어엎어 버리는 언어를 사용 했던 것이다. 그것이 진리를 선언(宣言)하는 방식이었다. 그는 전도된 가치체계를 인정하지 않았다. 그것을 완전히 무시해버렸다. 세상의 지평으로 내려선 것이 아니라, 세상을 자신의 지평으로 끌어올렸다.

공자가 이렇게 할 수 있었던 이유는 자명하다. 공자가 가르치려고
했던 것, 그 내용은 말 그대로 당연한 것이었기 때문이다. 마땅히 그
러해야 할 것을 마땅히 그러해야 한다고 말하는 선언은 2천 5백 년
을 견디는 힘이 있다.

그러기에 쉽다. 누구나 쉽게 이해할 수 있다. 그러나 동시에 그 말
씀이 무겁고 따르기가 어렵다. 따르기 위해서는 버려야 할 것들이 많
기 때문이다. 앞서 언급한 예수의 경우와 동일하다. 목구멍이 포도청
이라는 현실의 문제, 그 현실이 터 잡고 있는 가치가 전도된 세계, 그
리고 거기서 살아오면서 형성한 나 자신의 사고방식과 삶의 방식의
문제 같은 것들이 발목을 잡기 때문이다.

이제 공자의 진리선언을 몇 구절 같이 읽어보자. 논어의 편집자는
이인(里仁)편에 그런 특징이 잘 드러나는 단편들을 모았다. 이어지는
단편들이기에 장 번호를 붙여보았다.

4-1

子曰 里仁爲美. 擇不處仁, 焉得知?
자 왈 이 인 위 미   택 불 처 인   언 득 지

선생님께서 말씀하셨다. "어짊에 터 잡는 것이 아름다운 것이다. 어짊을 택하
여 그에 자리 잡지 않는다면 어찌 앎을 얻겠느냐?"

인(仁)과 미(美)와 지(知)의 상호관계가 언급되어 있는 이해하기 쉽

지 않은 구절이다. 흔히 이인(里仁)을 '마을이 인후하다' 정도로 번역하지만 이는 잘못된 번역이다.

앎이란 어떤 것인가? 단지 머리로 이해하거나 기억하는 것의 문제인 것만은 아니다. 앎은 그것을 살아내는 것이다. 따라서 진리에 대한 진정한 앎은 진리가 터 잡은 그곳에 나도 터 잡는 것이다. 인의 자리에 터 잡고 뿌리내리는 것이다.

여기서 중요한 것은 우리가 어짊을 택할 수 있다는 점이다. 仁이, 진리가 어디 멀리 있어서 찾지도 못하고 택하지도 못하는 것이 아니라 내가 택하려고 마음만 먹으면 언제든 택할 수 있게 바로 내 손 닿는 곳에 있다는 것이다. 마치 하나님 나라가 그러한 것처럼. 그렇게 어짊을 택해 거기에 터 잡는 것을 공자는 아름답다고 생각했다. 그것만이 아름다움인 것은 아니겠지만, 그렇게 어짊을 택해 거기에 터 잡는 행위는 분명 아름다운 일이다. 그리고 그제야 비로소 올바른 앎이 생긴다. 그 지평에 서야 비로소 보이는 것, 그 자리에 서야 비로소 알 수 있는 것이 있는 것이다. 진리는 진리의 장에서야 비로소 알 수 있다.

4-2

子曰 不仁者, 不可以久處約, 不可以長處樂. 仁者安仁, 知者利仁.
자왈 불인자 불가이구처약 불가이장처락 인자안인 지자이인

선생님께서 말씀하셨다. "어질지 못한 자는 자신을 다잡은 상태에 오래 머무르지 못하고 즐거움에도 길게 머무르지 못한다. 어진 자는 어짊을 평안히 여기고 아는 자는 어짊을 이롭게 여긴다."

여기서 약(約)은 다잡다, 자신을 지킨다는 뜻이다. "도의 길을 걷는 자가 세속의 평균적 가치관에 스스로를 풀어 놓지 않고, 자기 자신을 내면의 기준에 따라 온전히 다잡아두는 외롭지만 긍지에 찬 행위"(이수태)를 말한다. 말 그대로 어질지 못한 자는 자신을 다잡은 상태(約)에도 즐거움(樂)에도 오래 머무르지 못한다. 그 마음상태가 진리에, 근원에 닿지 않았기 때문이다. 또는 4-1과 관련해서 살펴보면 인을 택하지 않았기 때문이다.

흔히 새해가 되면 스스로에게 몇 가지 약속을 한다. 그리고 3일이 지나기 전에 대개 스스로에게 절망한다. 자신의 마음을 세속적 가치에 둔 채, 몇 가지 생활습관과 그것이 훈습된 몸을 잠시 다른 곳에 옮겨 두었다고 해서 그 다잡음(約)이 얼마나 갈 것인가? 또한 그 다잡음의 내용은 인간이 마땅히 해야 할 도리인가? 이런 점을 미루어 생각하면 이 구절을 좀 더 쉽게 이해할 수 있을 것이다. 즉 인의 길에 들어서지 않았기에 자신을 다잡지도 못할 뿐만 아니라 다잡는다고 하더라도 오래가지 못한다. 심지어 자신을 다잡는 것은 고사하고 자신의 욕망마저도 오래 지속시키지 못하는 것이 인간이다.

어진 사람은 어짊의 상태를 평안히 여긴다. 마치 물고기가 물속에서 평안한 것처럼, 지극히 당연한 것을 당연하게 여기는 것이다. 따라서 이 세속은 불편(不便)하다. 이 전도된 세계는 불안(不安)하다. 마치 물밖에 나온 물고기처럼. 그러나 어진 사람, 혹은 어짊에 처하기로 택한(擇處仁) 사람, 어짊의 길에 들어선 사람은 어짊 속에서 평안을 누린다. 반면 인자(仁者)가 아닌 지자(知者)는 어짊을 이롭다고 여긴다. 그것이 좋다는 것은 안다. 그러나 아직 그것과 하나 되지 못했다. 하나 되지 못했기에 인은 아직 바깥에 있는 대상이다. 아직 바깥에 있는 대상화된 인이지만, 그럼에도 불구하고 그것이 이롭다는 것은 안다. 세상에는 인을 모르는 사람, 즉 완전히 세속에 파묻힌 사람이 있고, 인을 알고 그것이 이롭다는 것도 알지만 아직 인의 길에 들어서지 않은 사람도 있다. 그리고 마지막으로 인을 택해 인의 길에 들어선 사람도 있다. 어떤 사람이 될 것인지는 각자의 선택이다.

4-3

子曰 唯仁者, 能好人, 能惡人.
자왈 유인자 능호인 능오인

선생님께서 말씀하셨다. "오직 어진 자만이 남을 좋아할 수도 있고 남을 미워할 수도 있다."

인간이 외물(外物), 즉 사물이나 사건을 대할 때 첫 번째로 드는 느낌은 '좋다, 싫다'다. 이는 아주 순간적으로, 무의식적으로 일어나는 느낌인데, 스스로도 감지하기 어려운 짧은 순간 마음속에서 벌어지는 행위다. 그리고 좋으면 그것을 받아들여 향유하거나 지속하고 싶어 하고 싫다는 느낌이 들면 거부하고 버리려 한다. '좋다, 싫다'에 이어지는 '받아들임과 거부' 모두 결국에는 '집착'으로 이어져 인간고통의 근원이 된다. 사람의 경우는 어떠한가? 누구나 다른 사람을 만날 때 좋아하는 느낌이 들거나 싫어하는 느낌이 든다. 물론 길거리에서 스쳐지나가는 수많은 사람들에 대해서 무감각하게(덤덤하게) 느낄 수도 있지만, 나와 조금이라도 관계가 되면 호오의 느낌이 가장 먼저 떠오른다. 그리고 그 이후의 과정은 사물을 대할 때와 동일하다.

그렇게 따지자면 우리는 늘 좋아하거나 미워하는(싫어하는) 감정의 홍수 속에서 살아간다. 자신도 느끼지 못한 채 말이다. 그리고 거기에 연해서 가지려고 하거나 거부하는 마음, 즉 집착이 끊임없이 일어난다. 그것이 인간 현존재의 실상이다.

홍수처럼 몰려오는 이러한 호오의 감정은 대개 나의 이기적 동기와 관련이 있다. 나에게 이익이냐 손해냐, 나를 기분 좋게 하느냐 기분 나쁘게 하느냐 하는 그런 사소한 이기적 동기 말이다. 우리의 일상은 그런 쓰나미 속에 머물러서 같이 쓸려 다닌다.

이런 호오 감정의 쓰나미 속에 살고 있지만, 공자는 오직 어진 사람만이 사람을 좋아할 수도 미워할 수도 있다고 선언한다. 이는 어짊을 갖춘 단계에서만(어짊에 터한 사람만이) 남을 좋아하고 미워하는 것이 의미 있는 행위가 되기 때문이다. 어진 사람이 타인을 좋아한다는 것은 무엇이고 미워한다는 것은 또한 무엇인가? 그것이 무엇인지 명확하게 드러나 있지는 않지만, 우리가 가야 할 방향은 지시하고 있다. 최소한 그것이 나의 사소한 이기적, 혹은 자기중심적 동기에 기반 한 행위가 아니기에 집착으로 이어지지도 않을 것이며, 타인을 나와 무관한 무엇이라고 대상화시키는 오류도 범하지 않을 것이라는 점이다.

4-4

子曰 苟志於仁矣, 無惡也.
자 왈 구 지 어 인 의　무 악 야

선생님께서 말씀하셨다. "진실로 어짊에 뜻을 둔다면, 악은 없다."

논어에서 가장 해석하기 어렵고 까다로운 단편중 하나다. 그래서 대개 이렇게 번역한다. "진실로 어짊에 뜻을 둔다면, 악한 일은 하지 않을 것이다." 그런데 이런 해석은 하나마나 한 것이다. 사람은 누구나 실수도 하고 악한 일을 범하기도 한다. 그 때 이렇게 말하는 것이다. "너는 진실로 어짊에 뜻을 둔 것이 아니야!"

성서에도 이런 구절이 있다. 예수가 "누구든지 이 산더러 '번쩍 들려서 바다에 빠져라' 하고 말하고 마음에 의심하지 않고 말한 대로 될 것을 믿으면, 그대로 이루어질 것이다."(마가 11:23) 라고 제자들에게 말한 구절 말이다. 인용한 논어의 단편을 읽는 것과 유사한 당혹감이 느껴진다. 아직 누구도 '산더러 바다에 빠지라'고 해서 그대로 이루어진 경우를 보지 못했기 때문이다. 예수는 여기에 덧붙여 이렇게도 말한다. "그러므로 나는 너희에게 말한다. 너희가 기도하면서 구하는 것은 무엇이든지 받은 줄로 믿어라. 그리하면 너희에게 그대로 이루어질 것이다." 우리는 구하는 많은 것을 받지 못한다, 그 이유는 무엇인가, 그것은 마음에 의심하기 때문이다, 라는 방식으로 설명을 하는 것이다. 과연 그러한가?

이 단편의 뜻도 마가 11:23~24에 나오는 예수의 가르침도 그런 것이 아니다. 이 단편의 가르침은 분명하다. 말 그대로 '악은 없다!'

라고 선언하는 것이다. 이에 대해 이수태 선생은 이렇게 해석한다. "어짊에 뜻을 두게 되면 모든 악은 악 이전의 것으로 환원된다. 그리하여 악이 없어지는 것이다. 그것이 어짊이 야기하는 기적이다." 그렇다 어짊에 뜻을 두게 되면 악은 선-악 이분법 속에서 얘기되는 악을 떠나 그 이분법 이전의 것으로, 혹은 그것을 넘어서는 무분별지의 것으로 환원되는 것이다. 따라서 이것은 기적이다. 이럴 때 비로소 아르주나에게 친족을 향해 전쟁을 선포하고 과감하게 활을 쏘라는 크리슈나의 가르침(바가바드기타)을 이해할 수 있다. 죽음, 혹은 죽임이라는 절대악 조차도 악 이전의 것으로, 선악 구분을 넘어선 어떤 것으로 승화하는 것이다.

이런 맥락에서 "너희가 기도하면서 구하는 것은 무엇이든지 받은 줄로 믿어라. 그리하면 너희에게 그대로 이루어질 것이다."라는 구절도 다시 이해해야 한다. 그래야 이 구절의 진면모가 드러난다. 핵심은 '기도하면서 구하는' 것에 대한 이해다. 우리는 흔히 하나님에게 무엇인가를 요구, 혹은 간구, 간청하는 것을 기도라고 생각한다. 그러나 예수는 여기서 분명히 '기도'와 '구하는 것'을 구분한다. 그러기에 기도에 대한 이해가 선행되어야 한다.

무엇이 기도인가? 앞의 다른 강의에서도 말했지만, 기도는 자기를 내려놓고 자기를 비우는 행위다. 그리고 내 뜻 대신에 하나님의 뜻을 따르겠다는 결단이기도 하다. 기도가 그러하다면, '기도하면서 구하는 것'은 분명 내 기대와 욕망을 여읜 상태에서 '하나님의 나라가 이루어지기를 구하는 것'이 된다. 그러기에 그건 이루어진다. 하늘의 뜻이 이루어지듯이.

예수는 자신의 욕망에 기반을 둔 어떤 요구도 기도의 범주에 넣지 않았다. 예배마다 외우는 주기도문에서 인간의 물질적 필요에 대한 것은 단 한 구절이다. "우리에게 일용할 양식을 주옵소서!" 이를 돌려 말하면 일용할 양식 이상의 것을 구하는 것은 악이 될 수도 있다는 뜻이기도 하다. 그리고 그 일용할 양식은 최소한의 '필요'지 욕망의 분출이 아니다.

6. 진리는.......

쉽다. 단순하다. 어디에나 있다. 그러나 여러 이유로 그것을 받아들이려는 마음이 없는 사람, 마음이 둔하고, 깨어있지 못하고, 민감하지 못한 사람에게는 어렵고 복잡하며 감춰져 있고 멀리 있다. 이것은 이해(理解)의 문제가 아니라 동의(同意)의 문제다. 동의하면, 즉 인을 택해 인에 처하게 되면, 쉽게 이해가 된다. 그러나 동의하지 않으면 이해가 되지 않고 이 세상에 속하지 않은 하나님의 나라를 이 세상에 속한 것으로 바꾸기 위해 애써 설명하려고 하거나 외면한다.

진리를 향해 한 걸음 나아가려는 자는 무릇 자신의 마음을 먼저 살펴볼 일이다.

5

기적과 怪力亂神

기적과 怪力亂神

1. 기적이란 무엇인가

　인간의 합리적 이성이 발달하기 시작한 18~19세기 이후, 특히 20세기 들어서 서구 신학계에서 성서에 나오는 기적(奇蹟)이야기는 뜨거운 감자가 되었다. 어떻게든 합리적 이성을 저버릴 수 없었는데, 기적 자체가 합리적 상식을 넘어선 비합리이기 때문이다. 성서에 기록되어있기 때문에 부정하거나 버릴 수도 없고, 그걸 인정할 수도 없었다. 그래서 온갖 기기괴괴한 해설들이 뒤따랐다.

　이를테면 오병이어의 기적에 대해서는, 모든 사람들이 자기가 먹을 것을 가지고 있었음에도 불구하고 아무도 내 놓지 않다가 한 아이가 순수한 마음에 자신의 것을 내 놓자 그에 감동하여 하나씩 자신이 가진 음식을 내 놓고 나눠먹었다, 라는 식이다. 한 때 이런 해석이 유행했고, 지금도 횡행하고 있다. 합리성과 5천명이 먹고 12광주리가 남았다는 성서의 기록이 절묘한 타협을 했다. 뿐만 아니라 거기서 나오는 교훈 역시 훌륭했기 때문이다.

그러나 이런 해설은 힘이 없다. 예수의 가르침은 율법학자들의 가르침과는 달리 귀신에게 명한즉 귀신이 소리를 지르고 바로 나가버릴 정도로 힘과 권위가 있었는데, 그 힘과 권위가 있는 가르침을 다시 율법학자들의 고답적이고 뻔뻔한 가르침으로 퇴행시켜버린 것 같다.

그럼에도 불구하고 기적 문제는 여전히 뜨거운 감자임과 동시에 계륵(鷄肋)이다. 앞서 언급한 상식과 합리성에 어긋난다는 문제도 있지만, 보다 본질적이고 중요한 다른 이유도 있다. 그것은 더 이상 기적을 찾아보기 어렵다는 것이다. 치유, 신유의 은사를 받은 사람이나 집단, 혹은 교회가 있다고 하지만 대개는 사기나 사이비, 혹은 집단 최면이나 집단적인 심리적 이상상태 속에서의 감성적 몰아경 같은 것으로 드러났다. 종교적으로 높은 지위에 있는 사람들, 혹은 깊은 영성을 가졌다고 하는 사람들 역시 기적을 행하지 못하고 있다.

확실히 기적은 사람들의 이목을 집중시키고, 자신이 하는 말이 그냥 허공에 떠도는 말이 아니라 힘이 있는 언령(言舌)임을 증명하는 것처럼 보인다. 기적을 행하면서 전도를 하면 그가 전하는 말이 진실인 것처럼 느껴지지 않겠는가? 즉 기적이 진리의 증명처럼 여겨지는 것이다.

또한 대부분의 기적, 혹은 주술은 치병과 관련이 있다. 일반적으로 병에 걸린 사람들, 특히 오랜 질병으로 고통 받고 있는 사람들은 심리적으로 취약한 상태에 놓이게 되고, 자신과 가족의 병을 고쳐주는 사람에게 의존적인 상태가 된다. 이런 현상은 비단 기적을 행한다는 사람에게만 해당되는 것이 아니라 한의와 대체의학 치료사, 기 치료사는 물론 소위 과학적인 현대의학을 공부한 의사들에게도 의존하는 경향을 지닌다. 현대의학으로 무장한 의사가 병을 고쳐주면서 하는 말은 언령(言靈)과 같은 힘을 지니기도 하고, 그런 의사들을 명의나 신의(神醫)로 떠받든다. 어쩌면 인간의 이러한 심리상태에 주목하여 모든 선교에 앞서 의료선교가 진행되었을 것이다.

그러면 도대체 기적(奇蹟, 奇跡, 奇迹 모두 씀)은 무엇일까? 국어사전에 보면 두 가지로 설명한다.

① 상식으로는 행할 수 없는, 혹은 생각할 수 없는 아주 기이한 일
② 신의 힘으로 행해졌다고 믿는 일

우주는 일정한 법칙에 따라 움직인다. 인류는 인류가 생존했던 기간 내내 그 법칙을 밝혀내기 위해서 노력했다. 그리고 그 노력을 지금은 과학(科學)이라고 부른다. 과학이라는 말의 정의는 다음과 같다. "보편적인 진리나 법칙의 발견을 목적으로 한 체계적인 지식. 넓은 뜻으로는 학(學)과 같은 뜻이고, 좁은 뜻으로는 자연 과학을 일컬음." 인류의 노력과 지원, 그리고 천재들의 등장을 통해 뉴턴의 고전역학의 제 법칙들, 열역학 제 1, 2, 3 법칙들 같은 것들이 하나씩 밝혀졌다. 내용은 기억나지 않고 이름만 기억나는 고등학교에서 배운 드 모르강의 법칙, 라부아지에의 법칙 같은 것들이 그것들이다.

자연과학영역에서만 이런 노력이 있었던 것은 아니다. 인간이 살아가는 사회는 어떻게 구성되었고 어떤 법칙에 따라 움직이는가 하는 것의 보편적 특징을 밝혀내려는 노력에서 정치학이나 사회학, 경제학 등 사회과학이 발달했고, 미시적으로는 인간 개개인의 마음은 어떻게 움직이는가를 밝혀내려는 노력이 심리학으로 발전했다.

이런 노력을 통해 인간은 많은 것을 알게 되었다. 그리고 그렇게 지식이 늘어나고 쌓여진 만큼 인간의 이성과 의식이 성장했다. 일정한 시간이 지나 모든 사람이 그런 법칙들을 이해하거나 인식하거나 사용하게 될 때(비록 그것을 말로 설명하지는 못해도 자연스럽게 받아들이게 될 때), 그것은 법칙이자 하나의 상식(常識), 즉 '일반 사람으로서 가져야 할 지식이자 이해력과 판단력'이 되는 것이다.

기적은 바로 이런 상식을 깨는 것이다. 좀 더 심원하게는 세계의 법칙을 깨는 것이다. 물 위로 걷는 것은 중력의 법칙을 어기는 일이고, 보리빵 다섯 개로 5천 명이 배부르게 먹는 것은 엔트로피의 법칙이 깨지는 것이다. 상식적으로 도저히 일어날 수 없는 일들이 일어난 것이다.

그러나 법칙이나 상식을 깨거나 어긴다는 말 속에는 몇 가지 문제가 있다. 첫째, 세계 혹은 우주를 움직인 법칙들은 얼마나 많은가? 둘째, 인간은 그 법칙들을 얼마나 알아냈는가? 셋째, 인간은 과연 그 법칙들을 포착하고 인식하고 이해할 수 있는 능력이 있는가? 넷째, 지금까지 인간이 밝혀낸 법칙은 정말 확고한 법칙인가? 즉 확실하게 확고부동한 법칙이라고 말할 수 있는가?

인간은 많은 부분에서 진보를 이뤄냈고 자신의 성장 가능성을 보여주었다. 그러나 인간의 작은 두뇌에 담기에 인간과 세계와 우주는 너무 넓고 깊다. 다른 말로 하면 지금 상식이라고 생각하는 것들이 언제든 상식이 아닌 것, 혹은 잘못된 인식이 될 가능성이 열려있다. 과학의 발전이라고 하는 것은 그 자체로 그때까지의 상식과 진리로 여겨졌던 것을 파괴하고 새로운 법칙과 진리와 상식을 만들어 낸 역사가 아닌가? 하늘이 움직인다고는 것이 보편적 상식이었을 때, 땅이 움직인다는 선언은 얼마나 이단적이었던가? 지금은 상식이자 보편적 법칙이라고 여겨지는 것들이 또다시 부정되고 부인될 것이라고는 생각하지 않는가? 인간은 그 가능성을 닫는 오만을 버리고 기적 이야기를 다뤄야 그 안에 감춰진 보배를 엿볼 수 있다.

인간의 역사는 시간이 흐름에 따라 인간의 사유가 확장되어왔던 역사였다. 신기하고 놀라운 일들이 상식이 되어가는 역사였다고 해도 과언이 아니다. 천둥번개가 칠 때 혹시 천벌을 받을까 두려움에 떨면서 머리를 땅에 박았던 인류가 전기를 만들어내어 일상적으로 사용하게 되었다. 지금 이해하지 못하는 것은 앞으로도 이해하지 못할 것이라는 가정은 오만이다.

개인적으로 나는 소위 기적이라고 하는 것의 가능성을 인정한다. 어떤 일이든지 일어날 수 있다. 그리고 다른 세계, 혹은 다른 차원에서 보자면 그것은 기적이 아니라 상식일 수도 있다. 물론 지금의 인식체계나 상식, 지금까지 파악한 우주의 법칙 차원에서 보자면 분명 기적이라고 할 수 있겠지만, 그렇다고 하더라도 기적의 가능성은 열려있다.

2. 자불어 괴력난신(子不語 怪力亂紳)

공자는 인간의 이런 한계를 정확하게 인식하고 인정한 사람이었다고 생각한다. 그것이 다음에 인용할 단편에 그대로 드러난다.

子不語 怪力亂紳
자 불 어 괴 력 난 신

선생님께서는 괴이한 것과 힘센 것, 변란과 신에 관해서는 말씀하시지 않으셨다. (술이편)

이 단편은 보통의 사람들과 공자가 어떻게 달랐는지를 단적으로 보여준다. 사람들은 괴이하고 신기한 것, 즉 비일상에 흥미를 느낀다. 동네에 서커스단이 와서 천막을 치면 몽땅 그리고 몰려간다. 뭔가 신기한 구경거리가 있을까 하고 기웃거리는 것이다. 그러나 공자는 일상적이고 평이한 것, 사람이 날마다 살아가는 그 평범함에 관심을 가졌다.

누가복음에 따르면 예수가 사로잡힌 후, 빌라도는 예수를 심문하고 나서 곤란한 지경에 빠졌다. 예수에게서 죄를 발견할 수 없었기 때문이다. 그래서 예수가 갈릴리 출신이라는 것에 착안해 마침 예루살렘에 와 있던 헤롯에게 예수를 토스한다.

"헤롯은 예수를 보고 매우 기뻐하였다. 그는 예수의 소문을 들었으므로, 오래 전부터 예수를 보고자 하였고, 또 그는 예수가 어떤 기적을 일으키는 것을 보고 싶어 하였다. 그래서 그는 예수께 여러 말로 물어보았다. 그러나 예수께서는 그에게 아무 대답도 하지 않으셨다."
(누가 23:8~9)

늙고 타락한 헤롯은 예수를 만나자 기뻐했다. 그의 기뻐함은 단순한 호기심 때문이었다. 예수가 기적을 행한다고 하니, 무슨 기적을, 무슨 신기한 일을 행하는가 보려고 하는 것뿐이었다. 그러나 예수는 그에게 아무런 기적을 베풀지도 않았고, 심지어 아무런 말도 하지 않으셨다. 흥미를 잃은 헤롯은 곧바로 호위병들에게 넘겨주어 예수를 모욕하고 조롱하게 하였다. 헤롯의 관심은 딱 거기까지였을 뿐이다.

문제는 그것이 헤롯에게만 해당하는 것은 아니라는 점이다. 포탈에 걸리는 기사의 상당수는 세계 곳곳에서 일어나는 신기한 일에 관한 것이다. 그리고 그런 기사를 보면 한 번씩 클릭해 본다. 별로 신기하지 않으면 '에이, 뭐..'하면서 바로 나와 버리고 잇는다.

힘은 많은 사람들이 추구하는 바다. 그것이 육체적 힘이 되었든 정치권력이나 경제권력이 되었든, 아니면 사회적 명망과 그에 따른 영향력이 되었든 간에 그것을 추구한다. 그리고 그런 힘이 있어야 세상을 바꿀 수 있을 것이라고 믿는다. 공자시대의 수많은 사람들이 그러했고, 특히 위정자들이 그러했다. 맹자에게 무슨 이익을 줄 것이냐고 물었던 양혜왕이 추구했던 것 역시 이런 힘이었다. 국가적인 차원에서는 부국강병이고, 개인적인 차원에서는 개인적인 부와 권력이다. 높은 자리에 올라가려고 하고, 승진에 목을 맨다. 올라갈수록, 힘을 가질수록 자신의 권력이 확대되기 때문이다.

그러나 공자는 이 힘에 관심이 없었다. 자신뿐만 아니라 제자들에게도 그렇게 가르쳤다. 녹(祿)을 바라고 공부하려는 자장에게 공자는 "말에 허물이 적고 행동에 뉘우침이 적으면 녹은 그 가운데 있다."고 가르친다. 열심히 공부해서 그 정도의 인격이 되면 녹봉을 받는 높은 자리에 올라갈 것이라는 뜻이 아니다. 말에 허물이 적고 행동에 뉘우침이 적은 그것 자체가 녹봉이라는 뜻이다.

공자의 시대는 변란의 시대였다. 당장 공자가 살던 노나라만 하더라도 임금의 권위와 권력은 계씨를 중심으로 한 삼환에게 넘어가 있었다. 비록 임금을 폐하고 자신이 임금이 되지는 않았지만, 대부(大夫)들이 군주를 넘봤던 몇 십 년을 온통 보냈다. 뿐인가? 공자 40대 후반~50대 초반에 계씨의 가재인 양호의 반란, 양호의 부하이자 동료인 공산불뉴의 반란을 몸으로 겪었다. 공자가 유랑을 떠난 정치적 이유이기도 했다. 모든 나라에서 마찬가지 현상들이 벌어졌다.

사람들의 관심은 온통 변란에 쏠릴 수밖에 없었다. 단지 반역과 정변이라는 의미에서의 난(亂)일 뿐만 아니라 타인과 타국을 잡아먹어야 살아갈 수 있는 전란의 시대를 살면서 사람들은 당연히 정변, 변란, 전란의 향배에 관심을 둘 수밖에 없었을 것이다. 그리고 그것은 결국 힘의 향배가 어떻게 되느냐의 문제였고, 그에 따라 자신의 안위가 결정되었기 때문이다.

그러나 공자는 그 난(亂)자체에 가치를 두지 않았다. 관심이 없었던 것은 아니었겠으나, 그것이 권력의 향배와 그에 따른 자신의 처신과 처지에 대한 관심이 아니었다. 가치가 전도되는 세상에 대한 염려와 우려였을 것이다. 공자가 변란에 대해 말하지 않았다는 말은 이런 맥락에서 정치적 처신에 대해 말하지 않았다는 의미이다.

마지막으로 공자는 신(神)에 대해서 말하지 않았다. 신에 대해 말하지 않았다는 것은 소위 '신이 행했다고 여겨지는' 기적에 대해서도 관심을 가지지 않았다는 말이기도 하다. 그러나 공자가 신, 혹은 신적인 어떤 것에 대해 말하지 않았다는 것은 우리 시대의 합리적 이성을 가진 사람들이 신으로부터 떠난 것과는 달랐다. 다음 인용구가 그것을 잘 보여준다.

> **樊遲問知. 子曰 務民之義, 敬鬼神而遠之.**
> 번지문지　자왈　무민지의　경귀신이원지
>
> 번지가 앎에 대해 묻자 선생님께서 말씀하셨다. "백성을 의롭게 하는 일에 힘쓰고 귀신을 공경하면서도 멀리하면 안다 할 수 있다."(옹야편)

앎에 대해 묻는 대답으로 약간 뜬금없다고 느낄 수 있는 대목이다. 그 문제는 차치하고 여기서 주목할 구절은 '귀신을 공경하면서도 멀리한다.'는 공자의 태도이다. 귀(鬼)는 사람이 죽은 후에 남는다고 여겨지는 음기를 말하고 신(神)은 산천의 온갖 정령, 즉 인격적, 비인격적 정령을 의미한다고 한다. 오늘날과는 달리 부정적이거나 무서

운 존재는 아니다. 동양문화에서 조상에게 제사를 지내는 이유가 조상의 귀신 때문이다.

물론 이 귀신은 성서의 '귀신들린 자'에 나오는 귀신과도 다르고, 종교 일반으로 쓰이는 신(神)과도 다르다. 인간이 아니라는 의미에서 초월적인 존재이기는 하지만, 인간과의 관련성 속에서 초월적인 존재라는 의미이지, 인간과 무관한 절대적 초월을 의미하는 것은 아니다.

그럼에도 불구하고 인간의 일상을 넘어선, 인간으로서는 어쩔 수 없고 이해 불가능한 어떤 초월적 존재에 대한 공자의 태도는 그것이 귀신이든 종교적 의미의 신이든 동일하다. 경이원(敬而遠), 공경, 혹은 경건한 태도를 취하면서도 멀리하는 것이다.

공자가 이런 태도를 고수하는 이유는 무엇일까? 다음에 인용하는 단편이 대답이 될지도 모르겠다.

季路問事鬼神. 子曰 未能事人, 焉能事鬼? 曰 敢問死. 曰 未知生,
계 로 문 사 귀 신　자 왈　미 능 사 인　언 능 사 귀　왈　감 문 사　왈　미 지 생

焉知死?
언 지 사

계로(자로)가 귀신 섬기는 일에 대해 묻자 선생님께서 말씀하셨다. "사람도 아직 섬기지 못하는데 어떻게 귀신을 섬길 수 있겠느냐?" 계로가 말했다. "감히 죽음에 대해 묻습니다." 선생님께서 말씀하셨다. "삶도 아직 알지 못하는데 어떻게 죽음을 알겠느냐?" (선진편)

'사람도 아직 제대로 섬기지 못하는데, 삶도 아직 알지 못하는데'

가 공자가 귀신을 경이원(敬而遠)한 이유였다. 공자는 그 출발을 철저하게 삶과 사람에 두었다. 이는 신이나 신적인 것, 혹은 신성이라고 하는 초월적 존재에 대한 개념이 약한 중국, 혹은 동아시아 문화의 특성과 공자가 처한 시대상을 반영한 것이기는 하겠지만, 그것을 감안하더라도 공자의 학문하는 자세와 공자의 배움의 방향을 알 수 있다.

3. 기적은 진리를 증명하는가?

모두에 언급했지만, 많은 경우에 기적을 진리의 증명수단으로 사용하려고 하는 유혹에 빠진다. 그런데 과연 기적은 진리의 증명인가?

대중은 그렇게 여길 수도 있다. 아니, 그렇게 여긴다. 마가복음 1장에서도 예수가 귀신을 쫓아내자 이런 반응이 나온다.

> 예수께서는 그를 꾸짖어 말씀하셨다. "입을 다물고 이 사람에게서 나가라." 그러자 악한 귀신은 그에게 경련을 일으켜 놓고서 큰 소리를 지르며 나갔다. 사람들이 모두 놀라서 "이게 어찌된 일이냐? 권위 있는 새로운 가르침이다! 그가 악한 귀신들에게 명하니, 그들도 복종하는구나!"하면서 서로 물었다. 그리하여 예수의 소문은 곧 갈릴리 주위의 온 지역에 두루 퍼졌다. (마가 1: 25~28)

그럴 것이다. 만약 성서에 나온 대로 악한 귀신들린 사람이 있어서 주변을 괴롭게 하고 있었는데, 그 사람에게서 나가라고 명하자 곧 귀신들이 그 사람에게서 나갔다면, 그리고 그 자리에 사람들이 있었다면 이런 반응을 보일 것이다. 그건 지금도 마찬가지다. 사람들은 예수의 행위에 대해 '권위 있는 새로운 가르침'이라고 놀랐고, 그 소문을 주변에 온통 퍼트렸던 것처럼 지금도 센세이셔널 한 일로 부각되어 해외토픽감이 될 것이다.

그러나 그것이 진리의 증명인가? 혹은 예수는 자신이 일으키는 기적을 자신이 전하는 복음의 증명으로 사용하려고 하였을까? 전혀 그렇지 않다. 예수가 잡혀서 사람들에게 재판을 받고 심문과 모욕을 당하고 마지막에 십자가에 달렸을 때까지 사람들은 예수에게 기적을 요구했다.

> 지나가는 사람들이 머리를 흔들면서 예수를 모욕하며 말하였다. "아하! 성전을 허물고 사흘 만에 짓겠다던 사람아, 자기나 구원하여 십자가에서 내려오려무나!" 대제사장들도 율법학자들과 함께 그렇게 조롱하면서 말하였다. "그가 남은 구원하였으나, 자기는 구원하지 못하는구나! 이스라엘의 왕 그리스도는 지금 십자가에서 내려와 봐라. 그래서 우리로 하여금 보고 믿게 하여라!" 예수와 함께 십자가에 달린 두 사람들도 그를 욕하였다. (마가 15:29~32)

사람들은 스스로 십자가에서 내려오는 작은(?) 기적이라도 행한다면, 보고 믿겠다고 한다. 그러나 실제로 예수가 그렇게 한다고 하여도 그것을 보고, 믿을 가능성은 거의 없다. 그럼에도 불구하고 사람들은 예수에게 기적을 통해 자신을 증명하라고, 자신이 했던 말을 증명하라고 요구한다.

그러나 예수는 침묵한다. 끝까지 침묵한다. 아무런 행동도 하지 않고 십자가에서 모욕과 조롱을 견딜 뿐이다. 어쩌면 속으로 자신이 혹여 이 모욕을 견디다 못해, 혹은 하나님의 복음이 모욕 받는 것을 견디다 못해 십자가에서 내려가는 기적을 행하지 않도록 해달라고, 그렇게 기도했을지도 모른다.

이런 장면은 또 다른 곳에서도 나온다. 다음의 인용구를 보자.

> 바리새파 사람들이 나와서는 예수에게 시비를 걸기 시작했다. 그들은 예수를 시험하느라고 그에게 하늘로부터 내려오는 표징을 요구하였다. 예수께서는 마음속으로 깊이 탄식하시고서 말씀하셨다. "어찌하여 이 세대가 표징을 요구하는가! 내가 진정으로 너희에게 말한다. 이 세대는 아무 표징도 받지 못할 것이다." 그리고 예수께서는 그들을 떠나 다시 배를 타고 건너편으로 가셨다. (마가 8:11~13)

예수가 본격적으로 활동하기 시작하자 그를 견제하려는 무리 중 하나인 바리새파 사람들이 예수에게 '시비'를 건다. 하늘에서 내려오는 표징(sign), 즉 기적을 요구했다. 물론 여기서 말하는 표징은 단순한 기적은 아니다. 예수의 말이 진실이라는 하나님의 보증을 요구한 것이다. 그러나 예수는 거절한다. "이 세대는 아무 표징도 받지 못할 것이다."

"네가 하는 말이 진실이라면, 진리라면, 네가 정말로 하나님의 말씀을 전하는 것이라면, 뭔가 보여 봐!" 그들의 요구다. 그들은 이미 모든 것을 보았고, 들었고, 알고 있었다. 그러나 그것은 아무런 소용도 없었다. 그들의 "마음이 무디어 있기"(17) 때문이다.

마음이 닫혀있고, 이미 받아들이지 않기로 작정했기 때문에 듣도 보도 못한 사람처럼 행동한다. 거지 나사로의 얘기에서 아브라함이 부자에게 했던 말 그대로다. "땅에는 이미 많은 예언자들이 있다. 그들의 말을 받아들이지 않는다면, 죽은 자가 살아나더라도 마찬가지일 것이다." 죽은 자가 살아난다면, 아마도 기적의 증거를 없애기 위해 그를 다시 죽여 버릴 것이다.

마음이 열리지 않고 닫힌 사람, 민감하지 않고 둔하고 무뎌져 있는 사람에게는 진리의 말씀이나 심지어 눈에 보이는 물화物化된 기적마저도 돼지 목의 진주 목걸이에 다름 아니다. 그러나 돼지가 그것의 가치를 몰라본다고 해도 진주의 가치가 변하는 것은 아니다.

예수는 기적을 하나의 증명으로, 증표나 표징으로 사용하지 않았다. 애초에 그런 마음 자체가 없었다고 봐야 한다. 그리고 그런 증명이나 표징으로 기적을 사용하였다면, 기적이 다하는 순간 그가 전하는 복음은 가치 없는 것으로 전락한다.

광야에서 40일을 금식하고 예수가 시험받는 장면을 자세히 기록한 이야기 역시 예수의 이런 태도를 반영한다. 돌로 빵을 만들어 먹으라는 유혹, 중인환시리에 성전 꼭대기에서 뛰어내려보라는 유혹, 온 천지를 보여주고 자신에게 절을 하면 이것을 다 주겠다는 유혹을 과감히 뿌리친다. 그 중 "사람이 빵으로만 살 것이 아니라, 하나님의 입에서 나오는 모든 말씀으로 살 것이다."라는 구절이 가장 잘 알려졌지만, 이 강의와 연관해서는 다음 구절이 중요하다. "또 성경에 기록하기를 '주 너의 하나님을 시험하지 말아라' 하였다." 예수는 기적의 요구를 '하나님을 시험하는 것'으로 본 것이다(마태 4:1~11).

기적은 진리의 증명이 아니다. 그 사건들 자체가 각각 전하는 하나의 메시지이다. 즉 기적이라는 현상 자체가 문제인 것이 아니라 각각 개별적인 기적이야기가 담고 있는 메시지에 주목해야 한다는 것이다.

4. 몇 가지 기적이야기들

마가복음에 나오는 많은 기적사건 중에 몇 가지를 살펴보면서 그 사건들을 통해 마가복음의 저자(혹은 편집자)가 전하려고 하는 메시지를 들여다보자.

예수께서 거기서 일어나셔서 두로 지역으로 가셨다. 그리고 어떤 집에 들어가셨는데, 아무도 그것을 모르기를 바라셨으나 숨어 계실 수가 없었다. 악한 귀신들린 딸을 둔 여자가 곧바로 예수의 소문을 듣고 와서 그의 발아래 엎드렸다. 그 여자는 그리스 사람으로 시로페니키아 출생인데, 자기 딸에게서 귀신을 쫓아내 달라고 예수께 간청하였다. 예수께서 그 여자에게 말씀하셨다. "자녀들을 먼저 배불리 먹여야 한다. 자녀들에게 먹을 빵을 집어서 개들에게 던져 주는 것은 옳지 않다." 그러자 그 여자가 예수께 말하였다. "주님, 그러나 상 아래에 있는 개들도 자녀들이 흘리는 부스러기를 얻어먹습니다." 그러자 예수께서는 그 여자에게 말씀하셨다. "네가 그렇게 말하니, 돌아가거라. 귀신이 네 딸에게서 나갔다." 그 여자가 집에 돌아가서 보니, 아이는 침대에 누워있고 귀신은 이미 나가고 없었다.
(마가 7:24~30)

한 여자의 딸에게서 귀신을 쫓아내는 흔히 있는(?) 기적이다. 그런데 여기 조금 이해하기 어려운, 과연 예수가 이렇게 말했을까 싶은 구절들이 들어가 있다. "자녀들이 먹을 빵을 개들에게 던져주는 것은 옳지 않다." 이 구절은 읽으면서 매우 불편한 감정을 느낀다. 이 말을 들은 시로페니키아 여자는 어떤 마음이었을까? 예수는 굳이 왜 이런 말을 했을까?

그런데 이 말이 예수의 진심이었을까? 예수가 그녀를 '개'라고 지칭할 만큼 이스라엘 사람들과 이방 사람들 사이에 차별을 두었을까? 그건 아니다. 백부장의 하인을 고친 사건 등을 보면 결코 그런 것 같지 않다.

그저 예수께서는 각 사람에게 적절하게 응대했을 뿐이다. 누구는 그냥 불쌍히 여기고, 누구에게는 분노하고, 또 다른 사람들은 질책하였듯이, 이 여인에게는 이런 방식으로 그녀의 믿음을 확인하고 키우려 했던 것이다. 그저 단지 병을 고치거나 귀신을 쫓아내는 차원을 넘어서서 이 여인의 믿음을 세우는 것이 목적이었을 것이라고 추측한다. 이 여인은 예수의 도발에 적절하고도 올바르게 응답한다.

"주님, 그러나 상 아래에 있는 개들도 자녀들이 흘리는 부스러기를 얻어먹습니다."

"너는 자녀가 아닌 개다. 개가 될 수 있느냐? 너의 믿음은 너 자신에 대한 이런 완전한 포기와 부정이 가능한 믿음이냐? 너는 너 자신을 무화(無化)시킬 수 있느냐? 이런 모욕과 상처를 입을 너 자신은 어디 있느냐? 너는 누구냐?" 예수의 물음은 이런 뜻이었을 것이다.

예수의 이런 도발과 물음에 여인은 대답한다.

"나는 없소. 나는 완전한 무無요. 당신이 나를 개로 여긴다면, 나는 그저 개일 뿐이오. 모욕과 상처를 받을 '내'가 없는데, 어찌 상처를 받고 모욕을 느낀단 말이요"

밖에서 사람의 몸속으로 들어가는 것이 사람을 더럽힐 수는 없다 (마가 7:18). 그녀는 이 진리를 알고 있었다. 예수와의 대화에서 그녀는 이것을 밝히 드러냈다.

이 여인의 심사가 단지 모성애의 발로였을까? 딸의 귀신축출을 위한, 딸을 위한 모성애만으로 이것이 가능할까? 예수는 오히려 이 여인에게서 그 모성애를 넘어서는 그녀 자신의 믿음을 보려고 했던 것은 아닐까? 그런 것 같다. 딸이 고침을 받은 것은 단지 그녀의 믿음의 부산물이었을 따름이다.

이어지는 또 다른 기적사건을 살펴보자.

예수께서 다시 두로 지역을 떠나 시돈을 거쳐서 데가볼리 지역 가운데를 지나 갈릴리 바다에 오셨다. 그런데 사람들이 귀 먹고 말 더듬는 사람을 예수께 데리고 와서 손을 얹어주시기를 간청하였다. 예수께서 그를 무리로부터 따로 데려가서, 손가락을 그의 귀에 넣고, 침을 뱉어서 그의 혀에 손을 대셨다. 그리고 하늘을 우러러보시고서 탄식하시고, 그에게 말씀하시기를 "에바다" 하셨다. (그것은 곧 열리라는 뜻이다.) 그러자 곧 그의 귀가 열리고 혀가 풀려서, 말을 똑바로 하였다. 예수께서는 이 일을 아무에게도 말하지 말라고 그들에게 명하셨으나, 말리면 말릴수록 그들은 더욱더 널리 퍼뜨렸다. 사람들이 몹시 놀라서 말하였다. "그가 하시는 일은 모두 훌륭하다. 듣지 못하는 사람도 듣게 하시고, 말을 못하는 사람도 말하게 하신다." (마가 7:31~37)

이 기적이야기는 다른 사건들과 달리 몇 가지 특이점이 있다. 첫째는 무리로부터 그를 따로 데려간 것, 두 번째는 몇 가지의 행위(손가락을 귀에 넣고 침을 뱉어 입에 손을 대는 것)를 한 것, 세 번째는 탄식하신 것이다.

첫째와 둘째의 특이점은 설명할 길이 없다. 왜 그렇게 했을까? 왜 그냥 무리 가운데서 말로만 하지 않고 따로 데려가셔서 직접 이러 저러한 행동을 하셨을까? 혹시 무리가 "손을 얹어 주시기를 간청"(32) 했기 때문에 직접 손을 댄 것일까? 모를 일이다.

세 번째 특이점, 즉 하늘을 우러러 탄식한 것은 추측해 볼 만하다. 세상어디를 둘러보아도 탄식할만한 일 뿐이다. 어디를 가든 귀먹고 말 더듬는 사람들뿐이다. 이 사람의 경우 그것이 특별히 신체에 나타

났지만, 사실 모든 사람들이 귀먹어 다른 소리, 즉 진리의 소리가 들리지 않는 자들이었고, 모두가 말더듬이처럼 알아들을 수 없는 헛소리만 하고 있을 뿐이다. 그뿐인가? 눈 멀어 길을 보지 못하고 다리를 절어 그 길을 가지 못하는 사람들뿐이었다.

"회개하라"고 해도, 하나님 나라를 선포해도 정작 그 선포에 응답하는 이는 소수였고, 오히려 예수에게 건강의 회복이나 귀신의 축출을 바랄 뿐이었다. 영과 육이 모두 굶주린 그들에게 말씀과 함께 빵도 먹였지만, 사람들은 빵을 바랄 뿐이다.

그를 고친 후 예수는 사람들에게 이 일을 아무에게도 얘기 하지 말라고 명하셨으나, 그뿐이었다. 그들은 더욱 더 널리 예수의 이야기를 퍼트렸다. 그의 말씀이 아니라, 그가 했던 일, 기적의 이야기들을 퍼뜨렸다. 그 얘기를 들은 사람들은 놀라서 말한다.

> 사람들이 몹시 놀라서 말하였다. "그가 하시는 일은 모두 훌륭하다. 듣지 못하는 사람도 듣게 하시고, 말 못하는 사람도 말하게 하신다."
> (37)

예수는 기적을 통해 사람들이 자기의 '말'을 깨닫기 바랐다. 그들의 마음이 둔해지지 않고 민감해지기를 바랐다. 예수에게는 그의 말과 기적, 구마(驅魔)가 둘이 아닌 하나였지만, 사람들은 그것을 구분하고 구별했다. 기적도 낱낱이 분해해 버리고 말았다. 이 기적을 행하면 그것에 놀라고, 저 병자를 고치면 그것에 놀란다. 그리고 놀람을 넘어서서 "두려워했다." 자신들은 발휘할 수 없는 그런 능력, 자신들을 뛰어넘는 존재에 대한 원초적 두려움, 힘에 대한 두려움이었다. 마치 자연의 거대한 힘 앞에서 아무 것도 할 수 없는 무기력한 사람들이 느끼는 두려움 같은 것이었는지도 모른다. '혹시라도 그가 마음을 돌려 우리에게 저주하면 어떻게 하지?'와 같은 심사였을까?

37절의 사람들의 반응은 예수가 원하던 것이 아니었다. 하나님 앞에 나서는 자는 놀람과 두려움이 아니라, 사랑과 당당함으로 나가야 한다.

마가복음에 기록된 기적사건은 단지 기적을 일으켰던 이야기로 끝나지는 않는다. 오병이어의 기적이 일어난 직후 예수는 제자들을 재촉해서 먼저 갈릴리 건너편 벳새다로 가게 한 후, 무리를 헤쳐 각자의 집으로 보냈다. 그리고 자신은 기도하려고 산에 올라갔다. 이어지는 기사(記事)를 보자.

> 날이 저물었을 때에 제자들이 탄 배는 바다 한가운데 있었고, 예수께서는 홀로 뭍에 계셨다. 그런데 예수께서는 그들이 노를 젓느라고 몹시 애쓰는 것을 보셨다. 바람이 거슬러서 불어왔기 때문이다. 이른 새벽에 예수께서 바다 위를 걸어서 그들에게로 가시다가, 그들을 지나쳐 가시려고 하셨다. 제자들은 예수께서 바다 위로 걸어오시는 것을 보고 유령으로 생각하고 소리쳤다. 그를 보고 모두 놀랐기 때문이다. 그러나 예수께서 곧 그들에게 말씀하셨다. "안심하여라. 나다. 두려워하지 말아라." 그리고 예수께서 그들이 탄 배에 오르시니, 바람이 그쳤다. 그래서 제자들은 몹시 놀랐다. 그들은 빵을 먹이신 기적을 깨닫지 못하고, 마음이 무뎌져 있었다. (마가 6:45~52)

제자들은 호수를 건너가고 있었다. 그러나 그들의 마음은 자신들이 가야 할 길이 아니라 콩밭에 머물러 있었다. 사건의 의미를 되새기기 보다는 그저 사건(기적)의 여운을 즐기고 있었다. 아니, 그들에게는 아직 오병이어의 사건은 '진행중'이었다. 가야할 길과는 반대 방향으로 바람이 불고 있었다. 아니 그들은 바람이 이끄는 대로 가지 않고 바람을 거슬러 애써 노를 젓고 있었다. 자연현상으로야 바람이 그들의 갈 곳과는 반대방향으로 불고 있었던 것이지만, 그들의 마음속에는 바람의 방향과는 반대로 노를 젓고 있었던 것이다. 이런 표현은 마가의 문학적 장치라고 할 수 있다.

누구라도 그렇지 않을까? 누구라서 그 자리를 박차고 떠나는 것이 쉬울까? 마음속에서 그 사건을 그냥 그것 자체로 정리해버리는 것이 쉬웠겠는가? 처녀를 업어 건네 준 젊은 중처럼, 마음은 아까의 그 자리에 계속 머물러 있는 것이 인지상정인지도 모른다.

그러나 예수는 제자들에게 바로 그것을 원했다. 그리하여 자신은 산으로, 제자들은 호수 건너편으로, 무리는 각자의 집으로……. (요한복음에 의하면, 이 '무리'는 예수를 잡아 그들의 왕으로 옹립하려 했다. 빵을 주고 병도 고쳐주는 데 왕인들 못시킬까?)

이제 예수는 자신의 길을 간다. 물위를 걸어서 뚜벅뚜벅. 그의 길은 제자들을 향한 것이었다. 그는 그냥 제자들을 지나쳐서 가려는 듯이 했다. 그가 간 길을 제자들이 따라오기를 바라면서. 제자들을 향한 그의 길은 그들의 곁을 지나쳐서 자기의 길을 가는 것이었다. 그 길을 보여주며. 각자 자신의 길을 뚜벅이며 가는 것이 바로 서로를 향해

가는 것이다. 그것이 스승과 제자의 동행이다.

　물 위를 걷는 예수를 보고 제자들은 놀란다. 그리고 소리친다. 유령이라고 생각되었기 때문이다. 놀라는 그들에게 예수는 "안심하여라. 나다. 두려워하지 말라."라고 하셨다. 예수가 배에 오르자 바람이 그쳤다. 비로소 제 길을 잡은 것이다.

　이런 또 다른 사건을 겪으며 제자들은 "두려워했다." 그리고 "몹시 놀랐다."

　제자들이 무엇에 놀라고 두려워했을까? 물위를 걷는 스승을 보고? 그가 배에 오르자 바람이 잠잠해진 것을 보고? 겉으로 보이는 여러 이유가 있을 것이지만, 성서는 그 근본적인 까닭을 그들의 마음이 무뎌져 있었기 때문이라고 한다.

　　그래서 제자들은 몹시 놀랐다. 그들은 빵을 먹이신 기적을 깨닫지 못
　　하고 '마음이 무뎌져 있었다.' (51~52)

　모든 일은 연동되어 있다. 하나는 모두를 포괄하고, 모두는 하나의 또 다른 현현이다. 일즉다一即多요 다즉일多即一이다. 일즉일체一即一切 일체즉일一切即一, 색즉시공色即是空 공즉시색空即是色이다. 오천 명에게 빵을 먹인 것이나 병자를 고치는 것이나 귀신을 내쫓는 것, 한 소리로 풍랑을 잠잠케 한 것, 이 모두는 물 위를 걷고 배에 오르자 바람이 그쳤던 본문의 기적과 하나도 다를 게 없다.

　그리고 그것은 그들을 떼어 먼저 호수 건너편으로 보내고, 무리를

헤쳐 집으로 돌려보내고, 자신은 기도하러 산에 올랐던 것과도 다르지 않다. 또한 이제까지 가르치고 선포했던 말씀과도 다르지 않고, 여러 비유의 이야기와도 다르지 않다. 광야 40일의 금식과 시험과도 다르지 않고, 지금까지의 삶 자체와도 다르지 않다. 그리고 제자들 자신과도.

그러나 제자들은 아직 그 모든 것을 각각 다른 것으로 본다. 자신들을 예수와는 다른 존재로 대상화시키고, 무리와도 나누며, 그의 말씀과도, 그리고 그가 일으켰던 치병과 구마와 기타의 기적들과도 별개로 취급한다.

그래서 그들은 놀라고 두려워했다. 깨닫지 못하고 마음이 무뎌졌다는 것은 이런 것을 말한다. 하나에는 모든 것이 들어있고, 나타나는 모든 것은 하나의 현현일 뿐이라는 것을 마음이 무뎌지면 알아차리지 못한다. 마음이 닫히면 그저 각각의 것들은 홀로 떨어져 있는 무관한 독립된 실체로 보일 뿐이다. 그러나 마음이 열리고 민감해지면 서로 무관한 독립된 실체란 존재하지 않는다는 것을 보게 된다. 어떤 것도 서로 대상화되지 않는다. 그냥 그것대로 전체를 보게 되는 것이다.

그렇게 될 때 놀람도 두려움도 없다. 경탄과 경이가 있을 뿐.

두려움은 자기가 전혀 접해보지 않은 아주 낯선 어떤 것을 접할 때 생긴다. 그리고 그것이 자신의 통제 바깥에 있다고 느끼면 그 정도가 커진다. 벌레를 보고 놀라고 두려워하는 것과 뱀과 사자를 만나 그러는 것은 그것의 정도만 다를 뿐, 느끼는 두려움과 놀람은 동일하다.

그러나 하나 속에서 전체를 보고 만물이 일체임을 보게 될 때, 만물과 내가 하나임을 보게 될 때 놀람과 두려움은 사라진다.

오천 명을 먹인 기적 속에는 물위를 걷는 기적이 들어있다. 마음이 무뎌지지 않는다면, 그것을 보게 된다. 스승 예수는 물 위를 걷는 또 다른 기적을 통해 제자들을 깨우치는 것이다.

5. 기적은 괴력난신(怪力亂神)이 아닌 메시지다.

기적은 진리의 증명이거나 진리를 보완하는 수단이 아니다. 기적 자체도 자신의 메시지를 가진 복음이며, 진리다. 따라서 기독교나 여타 유수의 종교들처럼 기적사건이 있거나, 논어에서처럼 기적이 없거나 하는 것은 진리와 무관하다. 즉 기적이 있으면 진리고 기적이 없으면 진리가 아니라는 것이 아니다. 역으로 기적이 있으면 잡스럽고 기적이 없는 성현의 말씀만 있는 것이 고급한 것도 아니다. 예수는 단지 기적사건들을 적절히 활용하여 사람들을 깨우쳤을 뿐이고, 공자는 그럴 필요도 못 느끼고 그런 영역에 대한 관심도 없었을 뿐이다.

그러나 사람들은 기적의 유무로 종교냐 아니냐를 구분하기도 하고 진리냐 아니냐를 가르기도 한다. 거기서 더 나아가 스승들의 가르침을 기적사건, 괴력난신 속으로 함몰시켜버리기도 한다. 어리석기 때문이다. 그리고 이런 방식으로 가르침을 타락시킨다. 이것이 가장 큰 문제다.

무엇에 관심을 두어야 하는가 하는 점은 명확하다. 말이나 글, 행위 같은 매체가 중요한 것이 아니라 그 안에 담긴 뜻이 중요하다. 안회처럼 민감하게 깨어 있을 때 비로소 그 안에 담긴 진리를 보게 된다.

요는 우리가 깨어있는가 잠들어있는가, 마음이 민감한가 둔한가의 문제이지 기적인가 아닌가, 혹은 기적이 진짜로 있었던 일인가 아닌가가 문제인 것은 아니다.

6

복음 : 네가 곧 군자(君子)다
내 믿음이 나를 구원하였다 vs 위기지학(爲己之學)

복음 : 네가 곧 군자(君子)다

내 믿음이 나를 구원하였다 vs 위기지학(爲己之學)

1. 자기 PR시대

인정욕구는 사람이 가진 가장 기본적인 욕구 중 하나다. 가장 가까운 가족에게 인정받는 것부터 시작해서 자기가 속한 작은 공동체, 더 나아가 사회적 인정 까지, 자신의 관심과 처지 그리고 가치관에 따라 다양한 방식으로 타인으로부터 인정받고 싶어 한다. 식욕, 성욕, 수면욕 같은 하나의 생물로서 가지는 본능적인 욕구를 제외하고는 사랑받고 싶어 하는 욕구와 더불어 인정욕구는 가장 기본적인 욕구에 속한다.

미디어가 발달하면서 자기 PR(Public Relations)시대라는 조어가 생긴 지도 몇 십 년이 되었다. 내가 고등학교 다닐 무렵이었으니 40년 정도 되었을까? 이 말을 처음 들었을 때 상당히 낯설고 어색했던 기억이 있으니 대충 그 어간에 생겨난 말이라고 생각한다. 아마 미디어가 우리보다 훨씬 빨리 발달한 서구사회는 보다 빨랐을 것이다. 인스타그램은 요즘 가장 각광받고 있는 자기 PR 수단이다. 그 외에도 페이스북이나 유튜브 같은 각종 SNS가 자신을 알리기 위해 사용된다.

왜 자기를 알리려고 몸부림칠까? 인정받고 싶어서이다. 나의 지식과 외모와 풍요롭고 행복한 일상을 널리 알리고, 타인들이 나를 그렇게 훌륭한 사람이라고 인정해주기를 바라서 그렇다.

타인으로부터 인정받는 가장 훌륭한 케이스는 경쟁자나 적대자로부터 인정받을 때일 것이다. 객관적으로도 그렇지만, 주관적으로도 다른 곳에서는 맛볼 수 없는 묘한 성취감을 맛볼 수 있다. "그래, 너 잘났다!"라는 분노나 비아냥거림이 아니라 진심으로 굴복하고 인정받을 때의 쾌감은 다른 무엇으로도 대체할 수 없다. 그리고 그것만큼 자기를 알릴 수 있는 좋은 소재도 없다.

2. 메시아 비밀

비단 마가복음만이 아니라 공관복음 전체에서 잘 이해하기 어려운 구절들이 있다. 이를테면 이런 구절이다.

그때에 회당에 악한 귀신들린 사람이 하나 있었는데, 그가 큰 소리로 이렇게 말하였다. "나사렛 사람 예수님, 왜 우리를 간섭하려 하십니까? 우리를 없애려고 오셨습니까? 나는 당신이 누구인지 압니다. 하나님께서 보내신 거룩한 분입니다." 예수께서는 그를 꾸짖어 말씀하셨다. "입을 다물고 이 사람에게서 나가라." 그러나 악한 귀신은 그에게 경련을 일으켜놓고서 큰 소리를 지르면 떠나갔다 (마가 1:24~26).

안식일에 회당에 들어가 가르쳤는데, 거기에 악한 귀신들린 사람이 있었고, 예수가 그 귀신을 내쫓았다는 이야기다. 귀신은 예수의 정체를 알아봤다. 그리고 많은 사람들 앞에서 '하나님께서 보내신 거룩한 분'이라고 얘기한다. 더불어 귀신 자신을 없애버릴 수도 있는 존재라고까지 말한다.

이 정도면 복음을 전해야 하는 예수의 입장에서는 쾌재를 부를만하다. 자신의 적대자인 귀신으로부터 귀신보다 강하며, 그가 말하면 귀신인 자신은 쫓겨날 수밖에 없는 존재이며, 더불어 하나님이 보내신 거룩한 분이라는 고백 아닌 고백까지 받았으니 말이다.

그러나 예수는 여기서 그 귀신에게 '입을 다물라'고 말한다. 그 귀신에게 나가라는 명령 이전에 입을 다물게 하는 것이 먼저이고 중요한 일인 것처럼 말이다. 그 후에 이 사람에게서 나가라, 라고 명령한다. 귀신은 그 사람으로부터 나갔다. 그런데 귀신이 내쫓기기 전, 마지막으로 한 행동은 큰 소리를 지르는 것이었다. 마치 이 사람에게서 나가라는 예수의 말은 따르기는 하지만 입을 다물라는 명령은 따르지 않겠다는 듯이 마지막까지 발악을 하면서 입을 다물지 않는다.

신학자들도 이 부분이 좀 이상하고 이해가 되지 않았던 것 같다. 그래서 자신의 정체를 드러내지 못하게 하는 예수의 행태를 '메시아 비밀'이라고 이름 붙였다. 자신을 드러내지 말라는 것 자체가 이해되지 않았기 때문이다. 복음을 전파하러 왔다고 말하며 귀신을 내쫓고, 병자들을 고치면서도 예수는 끊임없이 자신을 드러내지 말라고 여러 곳에서 말하고 있는데, 이 두 가지가 모순되기 때문이다.

예수는 왜 귀신이 말하는 것을 허락하지 않았을까? 왜 입을 다물라고 명령했을까? 병자들을 고치면서도 왜 아무에게도 말하지 말라고 했으며, 베드로가 "선생님은 그리스도이십니다."라고 고백한 후에도 엄중하게 경고하면서 자기에 관해 아무에게도 말하지 말라고 했을까? 1장에 나오는 또 다른 구절을 읽어보자.

> 해가 져서 날이 저물 때에 사람들이 모든 병자와 귀신들린 사람을 예수께로 데리고 왔다. 그리고 온 동네 사람이 문 앞에 모여들었다. 그는 온갖 병에 걸린 사람들을 고쳐주시고, 많은 귀신을 내쫓으셨다. 예수께서는 귀신들이 말하는 것을 허락하지 않으셨다. 그들이 예수가 누구인지를 알았기 때문이다. (마가 1:32~34)

여기서도 예수는 귀신들이 말하는 것을 허락하지 않았다. 그 이유에 대해 마가는 이해할 수 없는 말로 설명한다. '그들이 예수가 누구인지를 알았기 때문이다.' 이 구절의 문맥 자체는 이해할 수 있다. '귀신들은 예수가 누군지 (제대로)알았기 때문에 (사람들에게 그가 누구인지를 떠들어댔고, 자신을 드러내기 싫어했던) 예수는 따라서 귀신들이 말하는 것을 허락하지 않았다.'라고 이해하면 된다. 그러나 문제는 바로 여기에 있다. 자신을 제대로 안 적대자들인 귀신들이 자신을 증명해주고 있는데 왜 말하는 것을 허락하지 않은 것인가?

3. 나를 경배하지 말라!

이렇게 생각해보면 어떨까? 즉 그 이야기를 들은 사람들의 반응을 중심으로 다시 한 번 생각해보자는 것이다. 예수를 메시아라고, 그리스도라고, 하나님이 보낸 거룩한 분이라고 적대자들로부터 인정받고, 바로 그 적대자들이 그렇게 '사람들에게' 떠들어댄다면, 과연 사람들은 어떻게 반응할 것인가? 과연 우리들이 그 자리에 있었다면 어떤 반응을 보일 것인가?

오병이어의 기적을 일으켰을 때 보였던 사람들의 반응은 어떠했는가? 요한복음에 따르면 사람들은 예수를 왕으로 삼으려고 했다. 그것도 억지로.

> 사람들은 예수께서 행하신 표징을 보고 "이분은 참으로 세상에 오시기로 된 그 예언자다" 하고 말하였다. 예수께서는 사람들이 와서 억지로 자기를 모셔다가 왕으로 삼으려고 한다는 것을 아시고, 혼자서 산으로 물러가셨다. (요한 6:14~15)

배고픈 시절에 빵을 먹여주는 사람을 왕으로 삼으려고 하는 것은 이해 가능한 일이다. 지금도 그러지 않은가? 가난한 시절에 잘 살게 해주겠다는 사람(잘 살아보세!)을, 적당히 먹고 살만해졌는데 더 부자가 되게 해주겠다는 사람(부자되세요!)을 대통령으로 뽑은 우리 경험이 있지 않은가?

인간은 그런 욕망을 가진 존재다. 그리고 예수 당시의 사람들은 거기서 그치지 않았다. 단지 왕으로 삼는 것에서 그치는 것이 아니라 그를 숭배하려고 했다. "이분은 참으로 세상에 오시기로 된 그 예언자다"라는 말이 그것이다. 이어지는 요한복음 구절에서 예수는 이렇게 말한다.

> 무리는 거기에 예수도 안 계시고 제자들도 없는 것을 알고서 배를 나누어 타고 예수를 찾아 가버나움으로 갔다. 그들은 바다 건너편에서 예수를 만나 말하였다. "선생님 언제 여기에 오셨습니까?" 예수께서 그들에게 대답하셨다. "내가 진정으로 진정으로 너희에게 말한다. 너희가 나를 찾는 것은 표징을 보았기 때문이 아니라, 빵을 먹고 배가 불렀기 때문이다." (요한 6:24~26)

사람들은, 대중들은 항상 누군가를 의지하고 누군가를 숭배할 준비가 되어 있다. 자기에게 빵을 주는 사람이 바로 그런 사람이다. 자신의 당장의 필요를 채워주는 사람, 아플 때 고쳐주고, 귀신들렸을 때 내쫓아주고, 배고플 때 빵을 주고, 돈이 필요할 때 돈을 주는 사람을 숭배할 준비가 되어 있다.

귀신의 고백 아닌 고백을 전해들은 사람들은 예수의 소문을 널리 퍼트린다. 병 나은 사람들도 마찬가지였고, 빵을 먹고 배불렀던 사람들도 마찬가지였다. 그들의 반응은 그에 대한 숭배와, 그를 억지로라도 왕으로 삼으려고 하는 것이었다. 배만 불릴 수 있다면, 그 따위 숭배는 얼마든지 해주마, 하는 것이 대중의 태도이다.

예수가 경계했던 것은 엄밀히 말해 자신을 왕으로 삼으려는 것보다 자신을 숭배하는 것이었다. 누군가를 숭배한다는 것은 숭배하는 사람이 스스로를 숭배 받는 사람과는 전혀 다른 존재로, 전혀 다른 격으로 낮추고 비하한다는 것을 의미한다. 겸손해서가 아니라 자기를 천하고 낮은 존재로, 결코 그에게는 이를 수 없는 존재로 여기는 태도이다. 나는 그가 아니야, 나는 결코 그 사람처럼 될 수 없어, 그리고 그는 결코 나 같은 하찮은 사람이 아니라 저 하늘에 빛나는 별 같은 존재야, 라는 의식이다.

예수는 그렇게 스스로가 대상화 되는 것을 지독하게 경계했다. 그것이야말로 예수 자신이 전하는 복음에 위배되는 것이고, 복음을 왜곡시키는 것이기 때문이다. 그것은 우상숭배의 또 다른 모습이다. 예수는 숭배의 대상이 아니라 먼저 길을 걸었던 선구자였고, 지금도 나와 함께 길을 걷는 도반이자 스승이기 때문이다.

예수는 '내가 곧 그다.'라고 말한다. 그러나 거기서 그치지 않고 '너도 곧 그다.'라고 가르친다. 그 표현이 "네 믿음이 너를 구원하였다."라는 것이다. 그러나 대부분의 사람들은 앞의 말만 기억한다. 그것이 편하기 때문이다. 무엇이 편한가? 지금의 나를 바꿀 필요가 없기 때문이다. 예수의 가르침은 그런 비참 속에서 살아있으나 죽은 존재를 벗어나라는 것이다. 살아있으나 죽은 존재를 벗어나는 길은 무엇인가? 그것은 역설적이게도 자기-죽음이다. 그래서 죽었으나 산 존재로 스스로 탈각하는 것이다.

예수는 자신을 '하나님이 보내신 거룩한 분'으로, 따라서 숭배 받고, 추앙 받고, 경배 받는 존재가 되기를 거부한다. 그래서 저 위쪽으로 올려버리려는 귀신의 계교를 막는 것이고, 반대로 귀신들은 끊임없이 소리를 지르며 그가 바로 하나님의 아들이라고, 그가 바로 메시아고 그리스도라고, 아니 그'만' 그러한 존재라고 외치는 것이다.

예수는 내가 곧 그리스도이듯 너희도 그러하다고 가르친다. 그러기 위해서는 내가 가는 길, 즉 자기 부인과 자기 십자가를 지는 길을 너희도 각자 자기 십자가를 지고 가라고 가르친다. 그것이 복음이다.

이 복음을 들은 사람들은 여기서 선택해야 한다. 나도 그 길을 걸을 것인지 아니면 예수를 숭배하고 경배하는 자리에 스스로를 위치지울 것인지에 대해서 말이다. 그것도 아니면 그 모든 것을 부정하든지. 대부분의 사람들은 전자를 택하지 않는다. 부담되고 불편하기 때문이다. 이런 모습은 제자들, 특히 베드로에게서 두드러진다. 고난을 이야기하는 자리에서 스승 예수를 "바싹 잡아당기면서" 항의하는 모습에서도 그러했고, 변화산에서 내려오는 길에서도 그러했다. 변화산 관련 본문을 읽어보자.

엘리야가 모세와 함께 그들에게 나타나더니 예수와 말을 주고받았다. 그래서 베드로가 예수께 말하였다. "랍비님, 우리가 여기에 있는 것이 좋겠습니다. 우리가 초막 셋을 지어서 하나에는 랍비님을, 하나에는 모세를, 하나에는 엘리야를 모시겠습니다." 베드로가 무슨 말을 해야 좋을지 몰라서 이런 말을 했던 것이다. 제자들이 겁에 질렸기 때문이다. (마가 9:4~6)

'여기에 있는 것'이 좋겠습니다, 예수 당신과 모세, 그리고 엘리야를 우리가 '모시겠습니다,' 라는 말은 베드로의 무의식에 있던 그의 속마음이었던 것이다. 이 영광된 자리에 머무르겠다는 것, 그리고 당신들을 모시겠다는 것이 핵심이다.

그러나 다음 순간 하늘에서 말이 들려왔다.

"이는 내 사랑하는 아들이다. 너희는 그의 말을 들어라."(마가 9: 7)

여기 머물러 당신들을 모시겠다는 '베드로의 말'에 대해서 하늘에서는 '그의 말'을 들으라고 한다. 너희의 말 속에, 너희의 욕망과 무의식 속에 하나님의 아들을 가두지 말고 그의 말을 들으라는 것, 이것이 하늘의 뜻이었던 것이다.

4. 여기에 함께 앉아 있던 사람들과 함께, 지금부터 영원히

이곳에, 지금 있던 곳에 계속 머물고 싶다는 인간의 욕구가 가장 잘 드러나는 대목이 헤롯이 세례요한을 죽이는 장면이다.

헤롯이 자기 생일에 고관들과 천부장들과 갈릴리의 요인들을 청하여 놓고 잔치를 베풀었는데, 헤로디아의 딸이 춤을 추어서 헤롯과 그 자리에 앉아 있는 사람들을 즐겁게 해 주었다. 왕이 소녀에게 말하였다. "네 소원을 말해 보아라. 내가 들어주마." 그리고 그 소녀에게 굳게 맹세하였다. "네가 원하는 것이라면, 이 나라의 절반이라도 주겠다." (중략) 소녀가 급히 왕에게로 돌아와서 청하였다. "곧바로 서둘러서 세례자 요한의 머리를 쟁반에 담아서 내게 주십시오." 왕은 마음이 몹시 괴로웠지만, 맹세한 것과 거기에 함께 앉아 있는 사람들 때문에, 소녀가 달라는 것을 거절할 수 없었다. 그래서 왕은 곧 호위병을 보내어 요한의 목을 베어오게 하였다. 호위병은 나가서 감옥에서 요한의 목을 베어서 쟁반에 담아 소녀에게 주고, 소녀는 그것을 자기 어머니에게 주었다. (마가 6: 21~28)

여기 고뇌하는 한 인간이 있다. 그는 자신을 돌아볼 줄 아는 사람이고, 자신에 대해 객관적으로 평가할 줄도 안다. 그는 자신을 알았다. 자신은 동생의 아내를 빼앗아 결혼한 권력자였고, 그 행위가 불의하다는 것도 알았다. 그리고 그것에 대해 가책 받는 최소한의 양심은 있는 사람이었다.

세례요한은 거친 말로 그의 마음을 찔렀다. 요한의 말은 단지 한 개인의 회개를 촉구하는 것에 그치지 않았다. 그의 외침은 불의한 권력에 대한 질타였다. 왕으로서는 그의 말이 위험했다.

헤롯은 요한을 잡아 가두었다. 민중들에게 그의 소리가 들리지 않게 하려는 것이었다. 그러나 헤롯 스스로는 요한의 소리에 귀를 기울였다. 그의 말을 들으면 마음이 몹시 괴롭지만, 그것이 오히려 자신을 정화시키는 것이라 여겼을 것이다. 그래서 그는 요한의 말을 "달게 들었다." 그리고 자신과 함께 비판의 표적인 된 아내 헤로디아의 마수로부터 요한을 보호해 주기도 하였다.

그는 모든 것을 알고 있는 사람이다. 자신이 그르다는 것도, 헤로디아가 악독하고 원한에 가득 차 있어 요한을 죽이려 한다는 것도, 그리고 요한의 말이 옳으며 그가 의롭고 성스러운 사람이라는 것도, 자신이 요한의 말에 괴로워하면서도 오히려 달게 그의 말을 들으려 한다는 것도, 그리고 자기 스스로가 정화되기 위해 노력한다는 것도.

그리고 헤롯은 유약한 지식인이기도 하다. 그가 마지막으로 알고 있는 것은 아무리 요한이 떠들어도, 그리고 그의 말을 듣고 아무리 괴로운 마음을 가진다고 하여도, 자신은 결코 자신의 행위를 돌이킬 마음이 없다는 것이다. 다만 숨기고 있을 뿐. 그는 결코 지금의 현실을, 지금의 삶의 방식을 바꿀 의사도 용기도 없는 유약하고 우유부단하며 자신에게 정직하지 못한 사람이었다. 그는 고뇌하는 유약한 지식인의 전형이다.

생일이 되었다. 하객들이 몰려왔고, 불륜의 딸이 아름답게 춤을 추어 자신과 사람들을 흡족하게 했다. 그는 마침내 (아마도 술기운에) 원하면 나라의 절반이라도 내주겠다고 호언장담한다. 많은 사람들 앞에서 '대장부연'하고 싶었을 것이다. 그동안의 유약함과 우유부단함을 한순간에 털어내기라도 하듯.

제 어미와의 결탁과 모의 속에서 원수, 눈엣가시인 세례요한의 목을 원한다는 아름다운 소녀의 독한 혓바닥이 놀려졌다. 그는 다시 고뇌한다. 이제 최후의, 선택의 순간이 왔다. 자신의 모든 것을 걸어야 하는 결단의 순간이다. 양심과 정직을 따를 것이냐, 아니면 체면과 현상유지를 선택할 것이냐.

드디어 결단을 내린다. 사나이 대장부답게 호언장담한 자신의 약속과 맹세를 선택한다. 그러나 성서는 이지점에서 명확하게 그의 선택의 이유를 제시한다. "거기에 함께 앉아있는 사람들 때문에"라고.

체면도 중요했을 것이다. 그러나 보다 중요했던 것은 거기에 함께 앉아있는 사람들, 즉 자신과 생사고락을 함께 한 사람들과 '앞으로도 계속', '그 자리에 같이 앉아 있고자 하는' 욕망이 더 강했다.

이제 헤롯은 선택해야 했다. 양심과 자기 자신을 따를 것인지, 아니면 체면과 "거기에 함께 앉아있는 사람들"을 따를 것인지. 그는 후자를 선택했다. 그리고 그 선택은 결국 예수의 경우에도 적용되고 말았다.

그는 기회를 놓쳤다. 결정적인 기회를 놓치자, 그의 삶은 후퇴에 후퇴를 거듭한다. 누가복음에 의하면, 그는 예수에게서 어떤 신기한 기적이나 볼까 하고 호기심으로 바라보다가 곧 흥미를 잃고서 빌라도에게로 돌려보낸다. 예수에 대한 소문에 더 무성하였을 텐데도 그의 "말"에는 아무 관심도 없었다. 세례요한에 대한 관심과 고뇌의 반만이라도 가지고 있었다면 예수에게 결코 그렇게 하지 않았을 것이다. 그러나 이제 그에게 남은 것이라고는 뭔가 신기한 구경거리를 쫓는 늙고 타락한 권력자의 우둔함뿐이었다.

그는 그렇게 삶으로 젖어 들어갔던 것이다. "거기에 함께 앉아있던 사람들과 함께." 그리고 이는 비단 헤롯에게만 해당되는 것은 아니다. 우리 역시 그러하다. 최소한 그런 유혹에 날마다 빠진다.

예수는 이를 가장 크게 경계한다. 믿는 다는 것, 신앙생활을 한다
는 것은 이곳에 머무르고 싶은 나와의 싸움이다. 한 걸음 더 나갈 것
인가 아니면 머물 것인가를 끊임없이, 매순간 선택해야 하는 괴로운
작업이다. 한 걸음 더 나가면 새로운 세계가 열린다. 그리고 그 안에
서 평안해하며(인자안인 仁者安仁), 그 즐거움을 바꾸지 않을 것이다(불
개기락 不改其樂). 그것이 '메시아 비밀'의 비밀이다.

5. 君子와 小人

군자(君子)라는 말은 원래 한 지역, 혹은 국가의 정치지도자를 일컫
는 말이었다. 춘추시대니만큼 각국의 임금인 공(公)들이나 대부(大夫)
들이 여기에 해당한다. 오래 동안 군자라는 말은 이런 뜻으로 써 왔
는데, 공자가 이 개념에 새로운 의미를 추가한다. 다음에 인용한 단
편들을 살펴보자. 대개 군자와 소인(小人)을 대비시키는 구절들이다.

子曰 君子周而不比, 小人比而不周.
자 왈 군 자 주 이 불 비   소 인 비 이 부 주

선생님께서 말씀하셨다. "군자는 총체적으로 보고 대비적으로 보지 않으나,
소인은 대비적으로 볼 뿐 총체적으로 보지 못한다." (위정편)

子曰 君子懷德, 小人懷土. 君子懷刑, 小人懷惠.
자왈 군자회덕 소인회토 군자회형 소인회혜

선생님께서 말씀하셨다. "군자는 덕을 마음에 두고 소인은 영토를 마음에 둔다. 군자는 엄히 정죄되는 것을 마음에 두고 소인은 적당히 양해되는 것을 마음에 둔다." (이인편)

子曰 君子喩於義, 小人喩於利.
자왈 군자유어의 소인유어리

선생님께서 말씀하셨다. "군자는 의로움에 깨치고 소인은 이로움에 깨친다."
(이인편)

子曰 君子和而不同, 小人同而不和.
자왈 군자화이부동 소인동이불화

선생님께서 말씀하셨다. "군자는 서로 융화하고 조화를 이루나 같지는 않고, 소인은 똑같으면서도 서로 융화하거나 조화를 이루지 못한다." (자로편)

子曰 君子上達, 小人下達.
자왈 군자상달 소인하달

선생님께서 말씀하셨다. "군자는 위로 달통하고, 소인은 아래로 달통한다."
(헌문편)

子曰 君子求諸己 小人求諸人.
자왈 군자구 기 소인구 인

선생님께서 말씀하셨다. "군자는 자신에게서 찾고, 소인은 남에게서 찾는다." (위령공편)

어찌 보면 말장난 같은 구절들을 모아 놓은 것처럼 보인다. 같은 글자를 쓰는데 위치만 바뀌거나 한 글자씩만 바꿔서 대비시키기 때문이다. 여기 인용한 단편들 외에도 군자는 이러저러 하다라고 하는 구절들은 상당히 많다. 그럼에도 불구하고 일부러 군자와 소인을 대비시키는 구절들을 모아 봤다. 이렇게 군자와 소인을 대비시켜 놓고 보면 군자에 대한 상이 조금 더 분명해지는 맛이 있다.

일단 여기서 바로 넘어가지 말고 이 구절들을 충분히 음미해보자. 원문이 있고, 번역이 되어 있으니 각자 그 뜻을 새겨보면서 군자의 상을 그려보면 좋겠다.

군자가 보는 세계는 어떠한가? 군자는 어떤 세계 속에서, 혹은 세계인식 속에서 살고 있는가? 군자는 자기 자신에 대해 어떠한가?

군자의 세계, 혹은 세계인식은 상대적 세계인식이 아니라 총체적 인식이다(周而不比). (이하의 설명은 이수태 선생이 쓴 〈새번역 논어〉를 참고했다. 그만큼 깊이 있게 이 구절을 해설한 책을 볼 수 없었다.) 周의 세계는 아무리 작은 신변사, 늘 일어나는 평범한 일상사라고 하더라도 날마다 일어나고 벌어지는 단편적 일들을 그냥 그렇게 분절적, 단편적으로 보고 마는 것이 아니라 일어나는 일의 전체 구도 속에서 조망하고 판단하고 행동할 수 있는 능력이나 자세를 가지는 것을 말한다. 그럴 때 우리의 일상은 날마다 반복되거나 잡다한 신변사들의 나열이 아니라 새로운 의미를 가진 조망권을 획득하게 된다. 이를 전체적인 시각 혹은 총체적인 인식이라고 한다.

반면 소인의 세계는 그런 총체적 전망을 얻지 못한 상태에서 어쩔수 없이 나타나는 피아구분에 의한 대비적 시각과 그에 따른 삶의 편당적 자세와 행동의 세계이다. 따라서 소인은 내 편이냐 네 편이냐하는 편 가름과 이익이냐 손해냐, 혹은 좋은가 싫은가라고 하는 지극히 표피적이고 일차원적이고 감각적인 세계 속에서 살아간다.

이런 세계인식은 필연적으로 진영논리를 불러오게 된다. 한 번 진영논리 속에 빠져들면 전체적인 조망을 획득하지 못한다. 그럴 때 사람은 자기-중심적, 혹은 이기적인 존재가 된다. 기본적으로 피아구분의 대비적 세계 속에서 살기 때문이다.

아-타, 호-오, 이-해의 대립구도 속에서 살아가게 되면 그 이상의세계를 인지하지도 못하고, 인지한다고 하더라도 헛된 것으로 보며비현실적인 것으로 받아들인다. 즉 인의(仁義)의 세계 자체를 인정하지 못하며, 그 속에서 사는 사람들이 있음도 인정하지 않는다. 더 나아가 인과 의라는 개념과 그 존재 자체를 거부하는 경향을 띠는 것으로 귀결한다. 그런 세계가 있음을 인정하게 되면 필연적으로 거북살스럽고 부담되고 마음이 불편하기 때문이다. 최근에 우리는 그런 세계인식 속에서 살던 이명박 대통령을 감옥에 보냈다. 그는 감옥에 들어가면서 "믿음으로 이겨낼 것이다."라고 말했다고 한다. 그가 말하는 믿음은 도대체 무엇인가? 도대체 뭘 이긴다는 것인가?

그러하기에 군자는 위로 달통할 수 있는 반면 소인은 아래로 달통한다. 군자의 관심세계는 위에 있기 때문이다. 그러나 소인이 가치를 두는 것은 아래에 있다. 예수의 말씀처럼 하나님 나라와 돈을 겸하여 섬길 수 없기 때문에 나타나는 현상이다. 비록 우리는 인간이기에 아래에 살 수밖에 없지만, 위를 바라고 위로 달통하는 것을 지향해야 한다.

군자는 이처럼 두루(周)한 세계 속에서 살기 때문에 편당을 나누지 않는다. 편당을 나누는 대신 융화와 조화를 이루려고 한다. 원융(圓融)의 세계는 모든 것이 용광로에서 녹아 각자의 특질이 사라지고 하나가 되는(동 同) 것이 아니다. 이것은 '집단'의 세계다. 오히려 각각의 특질과 다름이 그대로 살아 있으나 그것이 조화를 이루는 것이다. 그 세계에서는 누구도 굳이 같아지려고 하지 않는다. 총체적 인식을 얻었기 때문이다. 이러한 인식의 지평에서 비로소 '공동체'가 가능하다.

그러나 소인의 세계는 항상 같아짐을 추구한다. 같아지지 않으면, 나와 같은 편을 먹고 나와 함께 무리지어 다니지 않으면 불안하다. 옛날에는 하나회가 그러했고 오늘날에는 검사와 조폭이 그러하다. 내 편이 아니면 적일뿐이다. 사방에 적을 둘 수 없기 때문에 무리하게 같아지려고 한다. 그러나 그렇다고 해서 화(和)가 가능한가? 그렇지 않다. 같아지려고 하면 할수록 다름이 발견되기 때문이다. 따라서 끝없는 분쟁의 소용돌이 속으로 들어가게 된다. 나와 똑같은 것은 나밖에 없기 때문이다. 같지 않은 것을 같게 하려면 폭력이 수반된다. 그리고 폭력의 현장에서 나는 항상 폭력을 휘두르는 힘의 우위에 있기를 바라지 폭력의 대상이 되려는 사람은 없다. 따라서 소인의 세계, 동(同)의 세계는 사실상 지옥이다.

군자의 세계와 소인의 세계가 이러하기 때문에 군자는 항상 문제의 원인과 해답을 자기에게서 찾는다. 스스로를 성찰하여 끝없이 높은 인격으로 승화되기를 바란다. 모든 순간에 자기-성찰적 자세를 가지는 것을 수기(修己)라고 하고, 이처럼 자신을 닦는 전 과정이 배움, 즉 學의 과정이다. 호학(好學)한다는 것은 자기에게서 구하기를 멈추지 않는다는 뜻이고, 그 안에서 즐거움을 발견한다는 것이다.

그러나 소인은 모든 문제의 원인을 타인에게서 찾는다. 잘못된 것은 항상 타인이다. 타인이 문제이기 때문에 자기 자신에 대해서는 혜(惠), 즉 너그럽게 봐주고 용납하는 삶의 태도를 지닌다. 자신을 너그럽고 봐주고 용납한다는 것은 잘못을 잘못으로 인정하지 않는다는 뜻이다. 삶의 기준이 나에 대해서는 한 없이 낮아진다. 그래서 결국 부끄러움이 없는(무치 無恥) 경지에까지 도달한다. 도널드 트럼프는 한 점 부끄러움이 없다. 온 국민이 지켜보는 가운데 방금 TV에서 자신이 한 말조차도 아무 부끄러움 없이 뒤집어버린다. 이명박은 자신의 임기 말에 스스로 "도덕적으로 완벽한 정권"이라고 자찬했다. 자신에 대한 도덕적 기준이 한없이 낮고, 따라서 부끄러움이 없기 때문이다.

반면 군자는 자기에게서 찾기 때문에 스스로에게 엄격하다(君子懷刑).

스스로 엄격하기에 자신에 대해 항상 높은 기준을 유지하려고 하는 삶의 태도를 지니게 된다.

6. 修己 : 君子가 되는 길

공자가 굳이 정치지도자를 뜻하는 君子라는 용어에 인격과 덕망이 높은, 혹은 완성된, 혹은 완성을 향해 가는 사람이라는 이상적인 인간상을 덧붙인 이유는 무엇일까? 공자는 현실과 그 현실을 만들어내는 정치를 외면하지 않고 정면으로 부딪혔던 사람이다. 전쟁과 변란의 세계 속에서 인간됨을 간절히 추구했던 사람이기에 정치지도자가 인격이 완성된, 혹은 그것을 지향해 한 걸음씩 나가는 사람이 되기를 바랐던 것이다. 그럴 때 비로소 세상이 평화로워지고 인간 각자가 그 안에서 평화를 누리며, 자신을 향상시켜 갈 조건이 형성될 것이라고 믿었다. 그만큼 영향력이 크기 때문이다.

그러나 공자의 꿈은 점점 좌절되어갔고, 공자의 말년으로 갈수록 정치지도자라는 의미보다 완전한 인간, 해방된 인간이라는 의미가 더 커져갔던 것 같다. 그리고 그에 맞춰 또 다른 변화가 일어난다. 결국 '모두가 군자가 되는 것'이 답이었던 것이다. 물론 이것도 요원하기만 한 일이지만 말이다.

공자는 단지 정치지도자들뿐만 아니라 모든 사람에게 배움을 권한다. 學이야말로 군자가 되는 지름길이라고 믿었기 때문이다. 자신이 그 길을 걸어왔으며, 제자들에게 그 길을 함께 걷자고 끝없이 요구한다. 앞서 읽은 단편들을 비롯한 군자를 다루는 수많은 단편들이 그런 과정에서 나온 것이라고 봐야 한다.

소인에 불과한 우리가 어떻게 군자의 길을 걸을 수 있는가? 다음의 단편이 그 길을 단적으로 보여준다.

子路問君子. 子曰 修己以敬. 曰 如斯而已乎? 曰 修己以安人. 曰
자로문군자　자왈　수기이경　왈　여사이이호　왈　수기이안인　왈

如斯而已乎? 修己以安百姓. 修己以安百姓, 堯舜其猶病諸.
여사이이호　수기이안백성　수기이안백성　요순기유병

자로가 군자에 대해서 묻자 선생님께서 말씀하셨다. "敬으로써 자신을 닦는다." 자로가 말했다. "그러할 뿐입니까?" 선생님께서 말씀하셨다. "자신을 닦아 사람들을 편안케 한다." 자로가 말했다. "그러할 뿐입니까?" 선생님께서 말씀하셨다. "자신을 닦아 백성을 편안케 한다. 자신을 닦아 백성을 편안케 하는 것은 요임금과 순임금도 오히려 부심했던 것이다." (헌문편)

자로는 무장이었다. 남아답고 호쾌한 사람이었다. 그런 만큼 세상을 단번에 바꾸고 싶었다. 그 자신에게 그럴 힘이 있다고 무의식적으로 생각했을 확률이 높다. 대개 물리적인 힘이 넘치는 사람, 용기와 용력이 넘치는 사람이 빠지는 오류 중 하나다. 세상을 바꾸고, 세상에 기여하고 싶은 욕망, 그 자신이 정치지도자로서의 君子가 되고 싶은 욕망이 이 문답의 첫머리를 장식한다.

물론 자로도 공자가 군자라는 용어를 단지 정치지도자의 의미로

만 쓴 것이 아닐뿐더러 복합적인 의미로 쓰며 더 나아가 완성된 인간이라는 의미로 더 많이 쓴다는 것을 알았을 것이다. 그럼에도 불구하고 이 문답에서는 자신이 정치지도자가 되려는 욕망을 읽을 수 있다. 그가 반란이나 변란을 획책하겠다는 의미가 아니라 한 사람의 장군으로 세상을 편안케 하고자 하는 욕망 말이다. 그런 맥락에서 공자에게 군자란 어떤 존재인지, 어떻게 군자가 되는지에 대해서 물었다.

이런 자로에게 공자는 "敬으로써 자신으로 닦는다."라는 대답을 해준다. 자로에게 공자의 이 대답은 너무 보잘 것 없고 힘없고 비현실적으로 보였다. 좀 더 거창하고 목숨을 바치더라도 화끈한 한방, 좀 더 구체적인 무엇을 기대했었는데 너무 매가리 없는 대답이 흘러나왔다. 자로의 되물음에 그의 마음이 잘 드러난다.

"그러할 뿐입니까?"

이 말은 "그렇게만 하면 됩니까?"라는 확인을 위한 물음이 아니고 오히려 "겨우 그것 정도입니까?"라는 되물음이다. 그건 자신이 날마다 해온다고 하는 것이었고, 공자의 학단에서 늘 듣던, 아주 일상적이고 평이한 가르침이었을 뿐이었던 것이다. 자기는 뭔가 큰마음을 먹고 애써서 물어봤는데 겨우 수기이경(修己而敬)이라는 평이한 대답이 있었을 뿐이었던 것이다. 그래서 겨우 그것이냐고 두 번을 반문한다.

공자는 세 번에 걸쳐 대답을 했는데 마치 점층법처럼 들린다. 그러나 나중 두 번의 대답은 수기이경(修己而敬)이라는 첫 대답을 조금 부연해서 반복했을 뿐이다. 그리고 그것은 요순도 하지 못하고 부심했던 것이라고 부연해준다.

수기이경(修己而敬), 이 말에 군자 되기의 모든 대답이 들어있다. '군자가 되고 싶은가? 경으로써 자신을 닦아라! 오직 그 길 뿐이다. 그리고 그렇게 하는 것이 바로 배움의 길, 學의 길이다! 날마다 즐거이 그렇게 하는 것이 好學이고, 나는 그렇게 해서 여기에 이르렀다! 나는 그 길 외에는 잘 모른다. 나에게는 오로지 경으로써 자신을 닦아나가는 학의 길만이 있을 뿐이다!'라고 자신의 모든 것을 간략하게 요약했다.

이 구절을 이해하기에, 혹은 보충하기에 도움이 되는 구절이 있다. 마지막으로 한 구절을 더 읽어보자.

子曰 古之學者爲己, 今之學者爲人.
자왈 고지학자위기 금지학자위인

선생님께서 말씀하셨다. "옛날의 배우는 사람들은 자기를 위해 배웠으나 요즘의 배우는 사람들은 남을 위해서 배운다. (헌문편)

좀 이상하다. '배워서 남주냐?'는 속담을 뒤집어서 '배워서 남주자!'라는 것이 보다 가치 있는 것이라고 생각하는 요즘의 관점에서 보자면 자기를 위해 배운다는 공자의 관점은 확실히 이상하다. 그러나 공자는 분명히 남을 위한 배움이라는 것을 부정적으로 보고 있다. 그러나 여기에 공자를 이해하는 열쇠가 있다.

이른바 위기지학(爲己之學)은 자신의 성장과 성숙, 자신의 향상과 승화가 배움의 동력이 되어야 하고, 또한 지향점이 되어야 한다는 것이다. 자기를 향상시킬 때 비로소 남을 향상시킬 수 있다, 자신이 일어설 때 비로소 남을 일으켜 세울 수 있다는 것이다. 공자에게 있어서 타인으로 가는 유일한 통로는 바로 자기 자신이다. 앞서 살펴본 대로 '자신을 닦아 사람들을 편안케 한다.'는 것이다. 그리고 그 길 외에는 없다.

이번 강의의 부제는 '내 믿음이 나를 구원하였다 vs 위기지학(爲己之學)'이다. 타인을, 세상을 구원하고 싶어 하는 갸륵하고 거룩한 마음은 소중하다. 그러나 그 길은 '내 믿음'과 '위기(爲己)'를 통해서만 가능하다는 것이 스승들의 가르침이다. 그 가르침의 출발은 바로 나 자신이 그 길을 걸을 수 있다는 것, 나 자신이 그 경지에 도달할 수 있다는 것이다. 그리고 그럴 때에야 비로소 타인과 세계로 가는 길이 열린다는 것이다.

예수는 자신을 구원하여 세상에 구원으로 향하는 믿음의 길을 보여주었고 공자는 스스로 하늘이 되어 후학들에게 군자가 되는 길을 보여주었다. 그리고 그 길로 우리를 초대한다. 너도 그렇게 될 수 있다, 너도 나처럼 될 수 있다, 나를 숭배하지 말고 너의 길을 가라, 네가 곧 그다, 네가 곧 하늘이고, 네가 곧 구원이다, 네 믿음이 너를 구원할 것이다! 네가 곧 군자다! 그리고 이 선언은 우리에게 복음이기도 하다.

7

悔改, 不貳過

悔改, 不貳過

1. 죄(罪)? 죄인(罪人)?

교회에서 가장 많이 듣는 말 중에 하나가 죄라는 말이다. "이 죄인
을 용서하소서."라는 말은 기도할 때마다 나온다. 개인기도는 물론
이고 공중기도 때도 그렇다. 기독교는 죄와 그것의 회개가 교리의 중
심을 이룬다. 이 강의의 주제는 회개(悔改)인데, 회개를 말하기 위해
서는 우선 죄에 대해서 알아야 한다. 그냥 때마다 죄인을 용서해달라
고 기도는 하지만, 정작 죄가 무엇인지, 죄인은 무엇인지에 대해서
무지하다면 회개의 기도 역시 무용할 확률이 높기 때문이다.

어떤 말을 알기 위해서 국어사전으로부터 시작하는 방법이 유용

할 때가 있다. 국어사전에는 죄를 다음과 같이 설명한다.

① 양심이나 도의에 벗어난 행위.

-------• ~와 벌

-------• ~를 짓다.

② 벌을 받을 만한 일.

-------• 지각한 ~로 청소를 하다.

③ 〔 법 〕 법률에 위반되어 처벌을 면치 못하는 불법 행위. 범죄.

④ 〔 불 〕 도리에 거슬리어 괴로움의 과보(果報)를 부르는 나쁜 행위.

⑤ 〔 기 〕 하나님의 계명을 거역하고 그의 명령을 지키지 않는 행위.

통상적으로 쓰는 의미의 죄(①~③)와 종교에서 말하는 죄는 성격이 좀 다르다는 것을 한 눈에 알 수 있다. 불교에서는 '괴로움의 과보를 부르는 나쁜 행위'로, 기독교에서는 '계명이나 하나님의 명령을 지키지 않는 행위'라고 설명한다. 부족하지만, 그 차이를 잘 드러내주는 설명이다. 도리나 하나님의 뜻이 양심이나 도덕에 어느 정도 부합하는 측면이 있기에 전체적으로는 인간이 해서는 안 될 행위라는 의미가 공통적으로 깔려 있지만, 각각의 종교에서는 그 나름의 교리나 가르침에 의거해 그 의미를 확장했다.

죄란 기본적으로 인간으로서 해서는 안 되는 행위를 의미한다. 그러한 행위는 불교적 입장에서는 괴로움의 과보를 받는 악업(惡業)이기도 하다. 여기 까지는 특별한 종교적 배경을 가지지 않고도 충분히 납득 가능하며 받아들일 수 있다. 악업이라는 개념도 결국 모든 행위에는 그 결과와 영향이 있다는 일반적인 인과론의 범주에서 이해 가능하기 때문이다.

그러나 기독교의 죄 설명은 하나님이라는 신적인 존재를 전제하지 않는 한 일반적으로 받아들이기 쉽지 않다. 하나님의 계명과 그의 명령을 거역하는 것이 죄라는 생각은 기독교처럼 인격신을 상정하는 종교를 받아들이지 않는 한 일반적으로 받아들이기 쉽지 않기 때문이다. 극단적으로는 '인샬라'(알라의 뜻대로 하옵소서!)나 '알라 후 아크바르'(알라는 위대하다!)를 외치며 자살폭탄을 터뜨리는 행위를 아무렇지 않게 하기도 하지만, 그 문화권에 속하지 않은 사람들은 이를 이해하거나 받아들이는 것은 쉽지 않다. 그러나 그 문화권에 있으면 비록 동의하지는 않더라도 그 심리 자체를 어렵지 않게 이해할 수는 있다.

2차 대전 때 독일과 싸우는 미군의 허리띠 버클에는 'God With Us'라고 쓰여 있었다고 한다. 그리고 그에 대항하는 독일군은 'Gott Mit Uns'라고 쓰인 허리띠를 매고 있었다고 하고.

둘 다 '하나님이 우리와 함께'라는 뜻이다. 물론 확인된 것은 아니지만 충분히 그럴만한 개연성이 있는 이야기다. 일종의 부적처럼 사용되었지만, 그 안에 담긴 의미는 각자 자신이 수행하는 전쟁은 하나님의 뜻이며, 하나님이 우리 편이다, 라는 자기 확신과 위안, 자기 정당화의 논리를 담고 있다.

따라서 (국어사전에서 봤던 것처럼)우리는 비록 사람을 죽이며 문명을 파괴하는 전쟁을 하지만 죄를 짓는 것이 아니라 오히려 신의 뜻을 실천하는 것이라는 의미가 담겨 있다. 따라서 아무 죄의식 없이 동료 인간을 향해 총을 쏠 수 있는 심리적 방어기제로 작동했을 것이고, 최소한 각국 상층부에서는 그것을 바랐을 것이다.

인간은, 특히 유신론적인 종교적 배경을 가진 '국가'는 신의 뜻, 신의 이름으로 쉽게 사람을 죽이고 전쟁을 한다. 그러나 그것이 진정 하나님의 뜻인가? 대개는 인간의 욕망을 하나님의 뜻으로 포장하여 사람을 속이는 것에 지나지 않는다. 거기 어디에 하나님의 뜻이 있는가? 최소한 신약시대, 즉 예수로부터 비롯된 기독교에서 십자군이라는 개념이 과연 존재할 수 있는가? 전쟁은 그저 전쟁일 뿐이다. 전쟁을 통해 자신의 욕망을 실현하려는 사람들이 있을 뿐이다. 전쟁은 신의 뜻을 따르는 것이 아니라 명백하게 신의 뜻을 거역하는 '죄'다.

다시 돌아와서, 과연 죄란 무엇인가? 이 문제에 대해 깊게 고민해야 한다. 그럴 때 우리가 하는 회개, 혹은 예수가 우리에게 요구한 회개의 깊은 뜻을 이해할 수 있기 때문이다. 죄는, 그것이 중하든 경하든, 흔히 우리가 생각하는 범죄적 행위나 잘못된 행위들에 국한되는 것인가?

이 문제를 생각하는데 있어서 지침이 될 수 있는 성서구절이 있다.

웃시야 왕이 죽던 해에 나는 높이 들린 보좌에 앉아 계시는 주님을 뵈었는데, 그의 옷자락이 성전에 가득 차 있었다. 그분 위로는 스랍들이 서 있었는데, 스랍들은 저마다 날개를 여섯 가지고 있었다. 둘로는 얼굴을 가리고, 둘로는 발을 가리고, 나머지 둘로는 날고 있었다. 그리고 그들은 큰소리로 노래를 부르며 화답하였다. "거룩하시다, 거룩하시다, 거룩하시다. 만군의 주님! 온 땅에 그의 영광이 가득

하다." 우렁차게 부르는 이 노랫소리에 문지방의 터가 흔들리고, 성전에는 연기가 가득 찼다.

나는 부르짖었다. "재앙이 나에게 닥치겠구나! 이제 나는 죽게 되었구나! 나는 입술이 부정한 사람인데, 입술이 부정한 백성가운데 살고 있으면서, 만군의 왕이신 주님을 만나 뵙다니!"

그 때에 스랍들 가운데서 하나가 제단에서 타고 있는 숯을 부집게로 집어 손에 들고 나에게 날아와서 그것을 나의 입에 대며 말하였다. "이것이 너의 입술에 닿았으니, 너의 악은 사라지고, 너의 죄는 사해졌다." (이사야 6:1~7)

이사야가 하나님을 만나는 장면이다. 하나님을 만났을 때, 그는 어떤 반응을 보였는가? 영광된, 거룩한 신을 만났을 때 그 영광과 권위에 찬탄했을까? 아니다. 그때 그가 보인 반응은 자기 자신이 어떤 존재인지를 보게 된 후에 나오는 절망이었다. "재앙이 나에게 닥치겠구나! 이제 나는 죽게 되었구나!" 신 앞에 섰을 때 인간이 보이는 반응은 이러할 뿐이다. 이 부분은 개역성서가 조금 더 실감나게 번역하였다. "화로다, 나여! 망하게 되었도다!"

하나님이 모세를 부를 때도 비슷하다. 다음의 인용구를 보자.

하나님이 떨기 가운데서 "모세야, 모세야!"하고 그를 부르셨다. 모세가 대답하였다. "예 제가 여기 있습니다." 하나님이 말씀하셨다. "이리로 가까이 오지 말아라. 네가 서 있는 곳은 거룩한 땅이니, 너는 신을 벗어라." 하나님이 또 말씀하셨다. "나는 너의 조상의 하나님, 곧 아브라함의 하나님, 이삭의 하나님, 야곱의 하나님이다." 모세는 하

나님을 뵙기가 두려워서 얼굴을 가렸다. (출애굽기 3:4~6)

인간이 하나님을 만날 때, 어떤 반응을 보이는가? 모세는 하나님 뵙기가 두려워서 얼굴을 가렸고, 이사야는 "화로다, 나여! 망하게 되었도다!"라고 한탄하였다. 이런 반응을 보인 이유는 무엇인가? 두 사람 모두 '거룩하신 하나님' 앞에 서 있었기 때문이다. 하나님의 다양한 특성들이 있을 것임에도 불구하고, 모세와 이사야는 다른 어떤 모습보다도 하나님의 '거룩함' 앞에 서 있었던 것이다.

사전적인 의미로 거룩하다는 말은 '성스럽고 위대하다'는 뜻이다. 그러나 이것이 성서에서 말하는 거룩함의 의미는 아니다. 성서에서의 거룩함은 죄와 그 결과인 죽음의 반대편에 있는 그 무엇이다. 두 사람 모두 신의 위대함과 거대함, 그 힘에 압도되었기 때문에 저런 반응을 보인 것이 아니었다.

그들은 신의 거룩함, 즉 죄와 대응하는 그 무엇 앞에서 자신이 죄인임을 깨달았기 때문에 저런 반응을 보인 것이었다. 죄로 얼룩지거나 더럽혀지지 않은 완전한 그 무엇, 죄의 결과로 닥칠 '죽음', 따라서 이미 죽어있는 존재인 자기가 아닌 살아있는 그 무엇 앞에서 느끼는 절망이었던 것이다. 그 거룩함 앞에 설 때 인간은 절망하고 탄식하고 두려워하고 얼굴을 가릴 수밖에 없다.

우리는 일상적으로 죄를 짓고 산다. 사소한 범법행위, 사소한 시기와 질투, 사소한 거짓말, 자신을 다잡지 못하는 것부터 시작해서 살인 같은 큰 범죄에 이르기까지 수많은 행위들 속에서 끝없이 죄를 범하고 산다. 이런 죄들을 양(量)적인 죄, 표면적인 죄라고 할 수 있다. 하나하나의 행위들을 계수할 수 있고 누적할 수도 있는 그런 죄들 말이다.

인간이 육신으로 있는 한 이런 행위와 그에 따른 과보들에서 벗어날 길은 없다. 내가 인식하지 못하는 행위들도 분명히 있을 것이고, 비록 내가 의도하지도 않았고 인식하지 못하였다고 하더라도 그 결과 즉 과보는 있게 마련이다. 여기서 벗어날 길은 없다.

그러나 이사야와 모세가 경험했던 거룩함 앞에서의 절망은 단지 이런 양적이고 표면인 죄 때문은 아니었다. 보다 근원적이고 본원적인 어떤 절망이다. 그것은 신성(神性) 앞에 섰을 때 경험할 수 있는 자신의 죄성(罪性), 자신의 죄인 됨에 대한 절망이었던 것이다.

이를 양적이고 표면적인 죄에 대비하여 근원적인 죄, 혹은 근원적인 죄성(罪性)이라고 할 수 있다. 사람으로서는 어찌할 수 없는 자신의 죄인 됨이라고도 할 수 있을 것이다. 어쩌면 이런 관점에서 봤을 때 내가 선한 일이라고 하는 것조차도 죄일 수 있다. 마치 불교에서 괴로움(苦, dukkha)은 물론이고 즐거움(樂, sukha)조차 모두 큰 괴로움(Maha Dukkha)인 것처럼 말이다.

2. 회개(悔改 μετάνοια)

죄가 이러하다고 할 때, 회개는 무엇인가? 어원적으로 봤을 때 신약성서에서 주로 사용되는 회개($\mu\varepsilon\tau\acute{\alpha}\nu o\iota\alpha$)라는 말은 '(마음의)돌아섬'을 의미한다. 한자어로는 뉘우치고, 고치거나 바꾼다는 뜻이기 때문에 적절한 번역이라고 할 수 있다.

이런 어원적, 혹은 언어적 분석을 넘어서 앞서 살펴본 죄의 의미 속에서 회개라는 말을 살펴보면 두 가지로 설명할 수 있다. 양적이고 표면적인 죄라고 했을 때 회개는 그런 행위들을 뉘우치고, 그런 행위들을 하지 않도록 바꾼다는 뜻이다. 그렇게 되면 우리는 보다 도덕적이고 윤리적인 인간이 될 수 있다. 회개하라는 말 속에는 분명 그런 의미가 포함되어 있을 것이다. 모든 가르침은 윤리적인 인간이 되는 것을 출발점으로 놓기 때문이다.

불교에서는 자기 수련을 위해 닦아 나가야 할 과정을 계(戒)·정(定)·혜(慧) 삼학(三學)이라고 정리했는데, 그 첫 번째 과정이 계-지킴이다. 계는 기본적으로 사람을 윤리적이게 한다(물론 윤리적인 인간이 되는 것이 계의 목적인 것은 아니지만, 그 파생된 결과는 윤리적 인간이고, 윤리적 인간이 될 때, 다음 단계로 넘어가는 것이 쉽다는 의미에서 윤리적 인간이 되는 것은 매우 중요한 덕목이다.).

그러나 질적이고 근원적인 죄인 인간의 죄성과 죄인-됨의 관점에서 봤을 때 회개하라는 예수의 선포는 보다 빛을 발한다. 개개의 낱낱의 죄된 행위도 물론 고쳐야 하겠지만, 현실의 인간, 즉 인간 현존재는 그것으로부터 자유로울 수 없다. 인간은 늘 무엇인가를 하거나 혹은 하지 않는 과정에서 죄된 행위를 할 수 밖에 없기 때문이다.

죄성, 혹은 죄인-됨의 관점에서의 회개는 그것 자체를 여실히 깨

닿는 것에서 출발한다. 마치 모세와 이사야가 거룩함 앞에 섰을 때 벌거벗은 자신을 정직하고 정확하게 보았듯, 자신의 죄성과 죄인-됨을 그렇게 보는 것이다. 정직하게 자신을 성찰하는 것이며, 그럴 수밖에 없는 존재라는 그 한계를 절실히 깨닫고, 그 앞에서 절망하며 탄식할 때 비로소 생명의 길, 즉 용서의 가능성이 열린다. 이 역설이자 신비를 깨닫고 경험하는 것이 회개이다.

예수는 행위의 무오(無誤)를 얘기하는 것이 아니다. 우리의 일상의 삶에서 한없이 무오(無誤)로 수렴해가야 한다고 말하지 않는다. 양적이고 표피적인 의미에서의 죄는 날마다 짓고 날마다 성찰하고 날마다 뉘우치고 날마다 고쳐나가야 한다는 점은 분명하다. 그런 과정을 통해 우리의 삶은 보다 도덕적이고 윤리적이 되어 간다. 그러나 그것이 목표도, 도달할 지점도 아니다.

회개하라는 예수의 선포는 더 이상 죄 짓지 말라는 것이 아니다. 오히려 그런 죄된 행위들을 할 수밖에 없는 현존재의 한계를 깨닫고, 그것을 넘어가라는 가르침이다. 회개는 자신을 돌아보는 것이다. 한없이 돌아보는 과정이다. 첫 출발은 양적인 것에서부터 시작할 수밖에 없겠지만, 그 과정이 깊어지면서 자신의 깊이에 숨어있는 죄성을 발견하는 것이다. 자신의 죄인-됨을 여실히 깨닫는 것이다. 그리고 그 결과로 지금 살아 숨 쉬고 있으나, 사실은 이미 죽은 존재임을 깨달아 아는 것이다.

자신이 그런 존재라는 것을 여실히 깨달아 알 때 비로소 그 죄성 아래 숨겨져 있던 신성(神性, 혹은 神聖)이 드러난다. 내가 악(惡)임을 깨달아 알 때 내 안에 있는 선성(善性)이 살아 움직이기 시작한다.

3. 네 손이 너를 죄짓게 하거든, 그것을 찍어버려라!

해석하기 어려운 구절 중에 하나가 아래에 인용하는 구절이다. 마가복음에는 의외로 죄에 대해서 말하는 구절이 적다. 그리고 회개라는 말 자체도 거의 나오지 않는다. 그러나 마가복음 9장에서는 죄라는 말이 여러 번 나오면서 이 소제목과 같은 극단적인 표현들이 등장한다.

> "또 나를 믿는 이 작은 사람들 가운데서 하나라도 죄짓게 하는 사람은, 차라리 그 목에 큰 맷돌을 달고 바다에 빠지는 편이 낫다. 네 손이 너를 죄짓게 하거든, 그것을 찍어 버려라. 네가 두 손을 가지고 지옥에, 곧 꺼지지 않는 불 속에 들어가는 것보다, 차라리 한 손을 잃은 채로 생명에 들어가는 것이 낫다. 네 발이 너를 죄짓게 하거든, 그것을 찍어버려라. (중략) 또 네 눈이 너를 죄짓게 하거든, 그것을 빼어 버려라. (후략)" (마가 9: 42~49)

좀 난감하다. 죄를 양적이고 표피적인 차원에서만 이해하여서는 지금 당장 멀쩡한 몸으로 살아 있을 사람이 몇 없다. 그러나 이 본문은 회개와 믿음의 관계에 대해 깊게 생각해 볼 중요한 계기를 마련해 주고 있다.

살아가면서 우리에게 가장 소중한 것은 무엇일까? 사람들은 도대체 무엇을 가장 귀중하게 여기는가? 그것이 무엇이든 그것을 '자신'이라고, '자기'라고 여기는 것이다. "이것이 곧 나다"라고 말할만한 것을 사람은 가장 소중하게 여긴다. 아니 가장 소중하게 여기는 것을 곧 자신이라고 말한다. '자기라고 할 만한 것', '나라고 할 만한 것'의 대표가 바로 자기의 '목숨'이다. 그리고 그 목숨이 붙어있는 자신의 육체다.

예수는 여기서 과연 그 목숨과, 목숨이 붙어있는 신체가 '너 자신'이라고 할 수 있는가를 묻고 있다. 내 목숨과 내 몸이 과연 나인가? 더 나아가 내 이름과 명예, 혹은 내 지식과 부와 권력, 혹은 나의 가족 같은 것은 과연 나라고 할 만한 것인가? 아니면 그것은 혹시 '나의 일부'이기는 한 것인가?"

본문에서 예수의 대답은 명확하다.
① 그것들은 내가 아니다.
② 또한 그것들은 나의 일부분도 아니다.

즉, 그것들은 나와는 아무런 상관이 없으며, 그것들 속에 '나'라고 할 만한 것이 없다. '나의 요소'가 조금도 그 속에 들어있지 않다. 그것은 이분법적으로 말한다면 나의 외물들일 뿐이다. 극단적으로 생명 까지도, 더 나아가 나의 마음까지도 내가 아니다.

한쪽 팔이 스스로 죄를 짓지는 않는다. 마찬가지로 한쪽 눈도, 한 쪽 발도 스스로의 의지로 더럽혀져서 나 전체를 더럽히지 못한다. 결국 죄를 짓는 것은 마음이다. 마음의 뜻으로 손과 발이 죄를 짓는 것이다. 본문은 역설적으로 손이 도둑질을 했다고 잘라버리는 것만큼 어리석은 일도 없음을 얘기한다. 중요한 것은 죄를 짓게 하는 마음이다. 결국 그것이 없어져야 한다. 그리고 그럴 때 다른 모든 것은 내가 된다. 신체도, 생명도, 그리고 나아가 내 몸의 바깥에 있는 모든 만물도.

그렇다면 정말 중요한 것은 무엇인가? 마찬가지로 '내'가 가장 중요하다. 그러면 무엇이 '나'인가? 42절 첫머리에서 그 단서를 찾을 수 있다. '믿음'이 나다. 믿음 이외의 어떤 것도 내가 아니다. 믿음에 들 때, 나는 비로소 내가 된다. 그 '믿는 자'만이 진정한 자기다. 세상에는 그것만이 실재한다.

본문은 '믿는 자', 혹은 '믿음'이 무엇인가에 대해서 말하지는 않는다. 성서 어디에도 도대체 믿음이란 것이 무엇인지, 믿는다는 게 무얼 말하는지 설명하지 않는다. 다만 믿음을 가졌던 사람들의 삶만 기록되어 있다.

히브리서 11장에 그런 믿음의 삶들을 모아놓았다. 다만 1절에 믿음에 대해서 아주 추상적으로 정의해 놓고 있을 뿐이다. 그러나 너무 추상적이라서 그냥 그 말만으로는 이해하기가 쉽지 않다. 추상적이기는 하지만 이를 근거로 믿음이 무엇인지 탐구해보도록 하자.

믿음은 바라는 것들의 확신이요, 보이지 않는 것들의 증거입니다. (중략) 보이는 것은 나타나 있는 것에서 된 것이 아닙니다. (히브리서 11:1~3)

믿음은 보이지 않는 세계를 보는 것이다. 눈에 보이는 것들 너머의 전혀 다른 세계를 보는 것이다. 그런 눈으로, 즉 믿음으로 볼 때 "세상이 하나님의 말씀으로 지어졌다는 것을 깨닫는다." 그리고 노아처럼 "하나님이 아직 보이지 않는 일에 대해 경고하셨을 때" 방주를 만들 수 있다.

눈에 보이는 것들 너머의 다른 세계를 본다는 것은 모든 것을 있는 그대로 본다는 것과 동의어이다. 있는 그대로 보지 못하기에 눈에 보이는 것들에 현혹된다. 사람은 자기의 마음과 욕망과 편견과 가치와 호오와 선악의 기준으로 본다. 자기 판단 기준으로 본다. 그렇기 때문에 있는 그대로 정직하고 평등하게 보지 못한다. 심지어 자기 자신까지도 있는 그대로 보지 못한다. 두려움 때문이다.

그러나 믿음을 가지면 자신을 포함해 모든 것을 있는 그대로 보게 된다. 그렇게 되면 눈에 보이지 않는 전혀 다른 실상, 하나님의 나라를 보게 된다. 그것이 최고조에 다다를 때 자신이 어떤 존재인지, 그리고 하나님은 어떤 분인지에 대한 깨달음에 이르게 된다. 성서에서는 그 모든 과정을 '믿음'이라는 한마디로 표현한다.

이 믿음의 출발이 '회개悔改'다. 회개는 자기 자신을 있는 그대로 보는 것이다. 그렇게 자기 자신을 있는 그대로 보면 현실의 자기가 보인다. 현실의 내가 '죄인'임을 깨닫게 된다. 회개는 바로 자신이 죄인임을 인식하고, 거기서 돌아서는 것까지를 포함하는 말이다.

자신이 죄인임을 보게 된다는 것은 살아오면서 잘못을 저질렀던 낱낱의 행위들이 생각난다는 것을 의미하는 것이 아니다. 거기서 출발할 수는 있겠지만, 그것을 넘어서서 자기 자신이 누구인지 바르게 알지 못한 것에 대한 깨달음인 것이다. 물론 그렇게 안다고 해서 곧바로 자신이 누구인지 온전히 아는 것은 아니다. 그러나 지금의 나, 지금까지 나라고 생각해왔던 것이 실은 내가 아니라는 깨달음, 곧 자신의 죄성(罪性)에 대한 깨달음은 더 큰 깨달음, 곧 자신의 본성을 보게 되는 구도의 길의 출발점이 된다. 따라서 자신이 죄인이라는 것과 자신의 죄성을 깨닫는 것은 곧바로 내가 하나님의 형상을 입은 존재라는 신성(神性)의 깨달음으로 이끄는 입구이다.

믿음은 이 회개에서 출발해서 하나님 나라, 혹은 하나님 자신에게서 끝이 난다. 야곱의 사다리를 타고 그 끝까지 오르는 것이다. 하나님은 사다리를 타고 이 땅으로, 곧 나 자신에게로 내려오고, 나는 그 사다리를 타고 하나님에게까지 오르는 것이다. 사다리를 타고 하나님이 내려오시는 것이 은혜요, 그 은혜에 근거해서 사다리를 타고 내가 오르는 것이 믿음이다.

본문에서 '죄', 혹은 '죄짓게 한다'는 것은 이 믿음의 과정에서 떨어져 나가는 것을 말한다. 이 믿음의 사다리에서 떨어지는 것이 죄다. 혹은 이 사다리를 오르지 않는 것이 죄다. 더 나아가 이 사다리가 있다는 것을 알지도 못하는 것이 죄다.

자신의 신체보다도, 그리고 목숨보다도 소중한 것이 믿음이다. 설령 신체의 일부를 잘라내고, 심지어 목숨을 버리기까지 하더라도 지켜야 할 것이 믿음이다. 그러나 앞서도 말했듯이 신체의 일부를 잘라내는 것과 죄는 아무런 상관이 없다. 자기 자신이라고 생각하는 그런

것들까지를 포기해야만 비로소 믿음에 들 수 있다는 것의 역설적인
표현이다.

4. 불이과(不貳過)

성서의 죄에 해당하는 논어의 개념은 과(過)나 악(惡)라고 할 수 있
다. 과(過)는 잘못이나 실수이고 악은 말 그대로 착하거나 올바르지
않음을 일컫는 말로 양심을 따르지 않고 도덕적으로 문제가 있는 것
을 말한다. 공자는 선의 대응으로서의 악이라는 개념보다는 누구나
언제든 범할 수 있는 잘못이라는 의미에서 과(過)를 많이 썼다. 사람
은 무과(無過)하거나 무오(無誤) 혹은 무결(無缺)한 존재가 아니라 항상
잘못을 범할 수 있고, 실제로 많은 잘못을 저지르며 흠이 있는 존재다.
문제는 잘못을 저지른 후에 어떻게 하느냐 하는 것이다. 누구든
언제라도 잘못을 저지를 수 있고, 그것이 바로 인간(의 한계)인데, 한
번 잘못한 이후의 문제는 자신의 선택의 문제이기 때문이다. 이 문제
와 관련하여 공자는 안회를 전범(典範)으로 삼았다. 다음의 인용구를
보자.

哀公問 弟子孰爲好學? 孔子對曰 有安回者好學, 不遷怒, 不貳過,
애 공 문 　제 자 숙 위 호 학　　공 자 대 왈　유 안 회 자 호 학　　불 천 노　　불 이 과

不幸短命死矣. 今也則亡, 未聞好學者也.
불 행 단 명 사 의　금 야 즉 망　미 문 호 학 자 야

애공이 물었다. "제자 중에서 누가 배우기를 좋아합니까?" 공자께서 대답하셨다. "안회라는 자가 있어서 배우기를 좋아했습니다. 그는 노를 옮기지 않았고 잘못을 이중으로 하지 않았는데, 불행히도 단명하여 죽고 말았습니다. 지금은 아무도 없어 배우기를 좋아한다는 자를 들어 보지 못했습니다." (옹야편)

애공은 공자의 말년에 노나라를 다스렸던 군주다. 애공 11년에 공자가 노나라로 귀환했으니, 이 단편은 공자의 죽음을 앞두고 한 대화일 것이다. 애공이 제자 중에 호학하는 자가 누구인가를 물은 이유는 정확히 알 수는 없다. 당시 노나라의 실권은 계강자(季康子)에게 있었기 때문에 공자의 제자 중 유능한 제자를 발탁하여 계강자를 견제하려고 했는지, 아니면 단지 호학을 강조하는 공자의 가르침을 떠올리면서 그에 적합한 제자가 있는지에 대한 호기심이었는지는 알 수 없다.

어쨌든 논어 위정편에 애공과 계강자가 정치에 대해 공자에게 물었던 단편이 나란히 실려 있을 것을 봤을 때 애공이 공자의 유능한 제자를 등용하려고 했을 가능성을 배제할 수는 없다. 애공은 공자에게 "어떻게 하면 백성이 따르겠습니까?"라고 물었고, 계강자는 "권장하여 백성들로 하여금 공경스럽고 충성스러워지도록 하는 것이 어떻겠습니까?"라고 물었다.

어쨌든, 누가 호학(好學)하는 제자인가라는 물음에 공자는 단호하게 대답한다. 안회가 유일하게 있었는데, 불행히 단명하고 말아 지금은 아무도 없다는 것이 그것이다. 만약 자로가 죽기 전이었다면 자로를 포함하여 자공, 자유, 유자, 염유 등 쟁쟁한 제자들이 많이 있었고, 당장 자공과 염유 등은 그 능력 때문에 계강자에게 발탁되어 그의 가재(家宰)로 일하고 있었다. 그럼에도 불구하고 공자는 단호하게 "지금은 아무도 없다"고 말한다. 공자 본인은 물론이고, 제자들에 대한 기대수준이 어느 정도나 높았는가를 잘 보여주는 대목이다.

여기서 공자는 안회가 배우기를 좋아하는 사람임을 나타내는 증표로 두 가지 덕목을 제시한다. 불천노(不遷怒), 불이과(不貳過)가 그것이다. 안회는 "화를 옮기지 않았고, 잘못을 이중으로 하지 않은" 사람이었던 것이고, 공자는 이러한 안회를 보면서 배우기를 좋아하는 사람이라고 당당하게 말할 수 있었다.

이 구절의 번역은 그리 쉽지 않다. 번역이야 글을 그대로 옮기면 되는 일이기 때문에 쉬울 수 있지만, 그 의미를 담기가 어렵기 때문이다. 그래서 흔히 다음과 같이 옮기고 해석한다. "그는 이곳에서의 화(怒)를 저곳에 옮기지 않았고, 한 번 저지른 잘못을 다시 저지르지 않았다."

그러나 생각해보면 이 번역처럼 옮기는 것은 불가능하다. 특히 불이과(不貳過)와 관련하여서는 더욱 그러하다. 두 가지 측면에서 그러한데, 인간에게 한 번 저지른 잘못을 다시 저지르지 않을 가능성이 얼마나 있는가 하는 점과 공자가 과연 그런 인간상을 추구했는가 하는 점이다.

공자는 배우기를 좋아하는 사람(好學者)을 가장 이상적인 인간상으로 여겼다. 그런데 그 호학자가 같은 잘못을 두 번 다시 저지르지 않는 인간이라고 한다면, 과연 가능한 인간상인가? 인간에게 그럴 가능성이 있는가? 이러한 해석, 혹은 옮김은 공자의 사유를 너무 쉽게, 너무 헤피 본 결과이다. 공자의 삶과 사유를 너무 상식적인 수준으로 국한시켜버린 오류를 범하는 것이다.

불천노(不遷怒)에 대한 것도 마찬가지다. 노를 옮기지 않았다는 말을 '이곳에서 저곳으로'라고 풀어서 일견 쉽게 이해가 되기는 한다. 이를테면 공자의 가르침과 그 정수를 온전히 이해하고 체화한 안회의 성취를 '종로에서 뺨 맞고 영등포에서 화풀이하지 않았다'는 상식적인 수준으로 격하시키지 않는 한 말이다.

여기서 우리가 간취(看取)해야 할 지점 중 하나는 공자든 안회든 노하지도 않고 잘못을 하지도 않는 존재가 아니라는 것이다. 그들 역시 분노에 휩싸이기도 했고 잘못을 범하는 존재이기도 했다. 그리고 더 나아가 똑같은 상황에서 노하기도 했고, 똑같은 잘못을 범하기도 하는 존재였다는 것을, 그럴 가능성을 얼마든지 가지고 있는 존재였고, 그들 스스로도 그렇게 인식하고 있었다는 점도 알아차려야 한다. 그들은 평범한 일상을 살고 있는 우리와 하등 다를 것이 없는 존재, 즉 항상 약하고 어리석은 존재였던 것이다.

그러나 스스로 호학하는 자라고 말했던 공자나, 그 공자가 유일하게 인정했던 호학하는 제자인 안회와 우리가 다른 점이 있다면, 우리는 노를 옮기고(遷怒), 이중으로 잘못을 범하는(貳過) 세계 속에 살고 있다는 점이다.

노를 옮기지 않는다는 말은 노를 해소할 다른 대상을 만들지 않는다는 뜻이라고 이수태 선생은 해설하고 있다. 그 노는 특정한 상황 속에서 발생하는 구체적 분노라기보다는 인간이라는 불완전한 존재의 근원적인 감정 중 하나로서의 노다. 따라서 그것은 단지 분노뿐만 아니라 기쁨과 슬픔, 두려움과 원망, 좋음과 싫음 같은 인간이 겪게 되는 모든 감정들 역시 밖으로 투사하여 해소하지 않았다는 점이다.

그러면 안회는 노를 어떻게 해소했을까? 노를 다른 대상, 혹은 타인에게 투사하는 것이 아니라 자기 성찰과 성숙의 기회로 삼았다고 보는 것이 타당할 것이다. 안회는 늘 그런 사람이었다. 감정은 외물을 대할 때 드러나는 마음의 작용이다. 그 마음의 작용을 물화(物化)하거나 외화(外化)시키지 않고, 그것이 일어나고 움직이며 사라지고 해소되는 과정을 자신 안에서 풀어냈다는 것이다. 이것이 공부다. 공자의 관점에서는 이것이, 이러한 전 과정이 배움이다. 글줄이나 읽고 아는 것이 공부요 배움이 아니라 이처럼 스스로를 성찰하는 가운데 성숙해가는 것이 공부요 배움이었다.

불이과 역시 마찬가지다. 한 번 저지른 잘못을 다시 저지르지 않았다는 그럴듯하지만 불가능한 엉터리 해석에 머물러서는 이 구절을 이해할 수 없고, 공자의 진의에 한 걸음 다가갈 수 없다. 이수태 선생은 이 구절을 '잘못을 이중으로 하지 않았다'라고 옮겼는데, 전적으로 공감하는 바이다.

"한계를 지닌 인간이 어쩔 수 없이 저지르는 과오는 일과(一過)다. 그런 차원에서 일과는 공자도 요순도 피할 수 없는 인간적 조건이다. 그러나 그 과오를 저지르고도 고치지 않고 오히려 합리화하거나 꾸미려 들 때, 과오는 이과(貳過)가 되면서 비로소 '진짜 과오(過)'가 되는 것이다. 안연에게도 당연히 일과는 있었을 것이다. 그러나 그는 그것을 고치려 하였고 합리화하려 들지 않았기 때문에 이과가 되지 않았고(不貳過), 그래서 결과적으로 과오를 넘어설 수 있었던 것이다."(이수태, 『공자의 발견』)

그럼 공자는 무엇을 잘못이라고 보았는가? 아래의 단편이 그것을 단적으로 보여준다.

子曰 過而不改, 是謂過也.
자 왈 과 이 불 개 시 위 과 야
선생님께서 말씀하셨다. "잘못이 있음에도 고치지 않는 것을 바로 잘못이라고 한다." (위령공편)

일과는 근원적인 의미에서의 잘못이 아니다. 분명 잘못인 것은 맞지만, 그것이 사람을 망가뜨리는 것은 아니다. 그것은 인정하고 고치면 되는 것이다. 책임 질만큼 책임지면 된다. 그것조차 인정하지 않는다면, 인간은 구덩이에서 빠져나올 길이 없기는 하지만, 능히 고칠 수 있는 잘못이다. 그러기에 일과는 근원적인 잘못이라고 하지 않는다.

진짜 잘못은 잘못이 있고, 그것을 인식함에도 불구하고 고치지 않는 것이다. 그것이 바로 잘못이다. 성서의 바리새인들이 빠졌던 오류고, 지금 우리가 날마다 겪는 오류다. 잘못을 인정하고 그것을 고치려는 노력 자체가 불이과의 지름길이다.

공자의 비밀은 여기에 있다. 인간이라면 누구나 과오를 범하지만,

동일한 과오를 다시 범하지 않는 방법이 아니라 불이과(不貳過)를 통해 결과적으로 과오를 넘어설 수 있다는 것이다. 과오 자체를 넘어서는 것은 과오를 범하지 않거나(無誤), 같은 잘못을 두 번 범하지 않음을 통해서가 아니다. 오히려 과오를 범할 수밖에 없는, 한계를 가진 인간이라는 점을 적극적으로 인정하고 이중으로 잘못을 저지르지 않는 방식으로 스스로를 향상시켜나가는 과정을 통해 도달해가는 것이다.

인간은 잘못을 저지르면 본능적으로 자기 방어를 하게 된다. 그 방어기제의 작동에 대해 논어에서는 이렇게 말한다.

子夏曰 小人之過也必文.
자 하 왈   소 인 지 과 야 필 문

자하가 말하였다. "소인은 잘못이 있으면 반드시 꾸민다." (자장편)

소인은 잘못이 있으면 반드시 변명하기 마련이다. 어떤 방식으로든 자신의 잘못을 축소시키려고 한다. 어쩔 수 없었다고, 거기까지가 한계라고, 본의가 아니었다고, 그럴 의도는 없었다고 하는 말은 그래도 자신의 잘못을 어느 정도는 인정하는 말들이다. 내 탓이 아니라고, 저 사람 때문이라고, 상황 상 그럴 수밖에 없었다고, 애초에 무리한 요구였다고 말하는 것은 내가 잘못했다는 것 자체를 인정하지 않는 말들이다. 있는 그대로 자신의 잘못을 인정하고, 그 현실을 받아들이고, 그 책임을 다하며, 꾸미지 않는 사람이 있다면 우리는 그런 사람을 대단한 사람이라고 치켜세울 것이다.

이런 세태 속에서 공자는 우리에게 이렇게 가르친다.

子曰 過則勿憚改.
자 왈 과 즉 물 탄 개

선생님께서 말씀하셨다. "잘못이 있다면 고치기를 꺼리지 말아라." (학이편)

'잘못이 있다면 고쳐라', 혹은 '잘못을 했다면 다시는 잘못을 저지르지 말아라'가 아니라 '고치기를 꺼리지 말라'라고 말한 이유는 무엇일까? 과오의 극복은 과오의 완전한 극복이나 무오로의 수렴을 통해서 가능한 것이 아니라 고치려고 하는 마음의 태도에 있다는 말이다. 그 자세를 유지하는 한 우리는 날마다 향상할 수 있다.

5. 과(過)와 죄(罪), 불이과(不貳過)와 회개(悔改)

예수나 공자나 동일하게 서 있는 지점이 있다. 그것은 인간은 약하고 어리석고 무지하다는 인간인식, 혹은 인간이해다. 따라서 인간은 잘못을 범하고 죄를 저지른다. 그리고 두 스승이 서 있는 또 다른 공통의 지반이 있다. 그것은 그러한 표피적이고 양적인 잘못, 혹은 죄가 문제되는 것이 아니라 근원적이고 심원한 그 무언가가 있다는 점이다.

예수는 그것을 인간의 죄성, 혹은 죄인-됨이라고 했고, 공자는 이과(貳過)라고 한다.

세 번째로 두 스승이 서 있는 공통된 지반은 인간이 처한 이러한 실존의 문제를 극복할 수 있다는 것이다. 인간의 죄성을 알게 될 때 비로소 신성으로 가는 길이 열리며, 무오가 아니라 불이과라는 과정을 통해 과오 자체를 넘어설 수 있다는 것을 가르치고 있다.

수많은 공자의 제자 중에 유일하게 안연만 불이과를 달성한 존재라는 점은 이과를 넘어서는 것, 인간 본연의 깊은 심성으로 들어가는 것이 얼마나 어려운 일인가를 단적으로 보여준다. 예수의 제자 중에는 있었을까? 없었다. 그러나 제자라고 특정되는 사람들은 아니지만, 종종 뜻밖의 사람들이 예수로부터 인정받았다.

마가복음에 따르면 "네 죄가 사함을 받았다"라고 했던 중풍병자(마가 2:5), "네 믿음이 너를 구원하였다."라고 말해줬던 혈루증 앓던 여인(마가 5:34)과 소경 바디매오(마가 10:52) 정도를 꼽을 수 있다.

공자는 우리에게 불이과의 과제를 던져준다. 그리고 예수는 우리에게 회개하라고 선포한다. 그런 과정을 통해 인간 현존재를 넘어가라는 격려요 가르침이다.

약간씩 다르지만 우리가 가야 할 길이다.

8

恕，己所不欲勿施於人

恕, 己所不欲勿施於人

1. 유사한 두 구절, 그 오해의 역사
己所不欲勿施於人, 남에게 대접받고자 하는 대로

　논어와 성서에 함께 등장하는 거의 유사한 구절이 있다. 바로 己所不欲勿施於人과 "남에게 대접을 받고자 하는 대로 너희도 남을 대접하여라."라는 구절이다. 논어 구(句)는 "자기가 하고자 하지 않는 바를 남에게 베풀지 말라."로 번역된다. 얼핏 보면 굉장히 유사해 보이나 자세히 보면 성서는 긍정어법으로 논어는 부정어법으로 표현하고 있다.

　이 두 구절은 내용과 형태가 유사할 뿐만 아니라 그 내용이 곡해되어왔던 역사도 비슷하다. 먼저 성서 구를 살펴보자.

남에게 대접을 받고자 하는 대로 너희도 남을 대접하라는 구절에 대한 가장 상식적이고 세속적인 오해는 인간관계에서의 거래문제로 보는 것이다.

예를 들면 이런 것이다. "너도 남에게 존중받고 인정받고 싶지? 그럼 네가 그 사람을 먼저 존중하고 인정해 줘." 같은. 틀린 말이 아니다. 다만 지극히 상식적일 뿐이다. 예수께서 이런 상식을 가르치기 위해 산상수훈의 말미에 "율법과 예언서의 본뜻"이라고 하면서까지 이야기 했을까 하는 의문이 드는 것은 어쩔 수 없다. 이런 해석이 예수가 하고자 하는 말의 진의였을까? 이런 해석은 그 자체가 가지는 긍정성에도 불구하고 상식의 수준으로 예수의 가르침을 격하시켜버리는 우를 범한 것으로 볼 수 있다.

좀 더 기독교적인 오해도 있다. 이 구절의 바로 앞에 나오는 구절과의 연관성 속에서 이해하는 종교적인 해석이다. 전체 구절을 살펴보자.

"구하여라, 그리하면 하나님께서 너희에게 주실 것이다. 찾아라, 그리하면 너희가 찾을 것이다 문을 두드려라, 그리하면 하나님께서 너희에게 열어주실 것이다. 구하는 사람마다 얻을 것이요, 찾는 사람마다 찾을 것이요, 문을 두드리는 사람에게 열어주실 것이다. 너희 가운데서 아들이 빵을 달라고 하는데 돌을 줄 사람이 어디에 있으며, 생선을 달라고 하는데 뱀을 줄 사람이 어디에 있겠느냐? 너희가 악해도 너희 자녀에게 좋은 것을 줄 줄 알거든, 하물며 하늘에 계신 너희 아버지께서 구하는 사람에게 좋은 것을 주시지 아니하시겠느냐?"
"그러므로 너희는 무엇이든지, 남에게 대접을 받고자 하는 대로 너희

도 남을 대접하여라. 이것이 율법과 예언서의 본뜻이다." (마태
7:7~12)

앞 구절은 주로 기도에 대해서 말하는 것으로 해석한다. 구하라,
찾으라, 문을 두드리라, 그러면 주실 것이고, 찾을 것이고, 열릴 것이
다, 라는 구절에 이어 "하나님께서는 구하는 사람에게 좋은 것을 주
시지 아니하시겠느냐?"라는 반문으로 끝난다. 그리고 이어서 '그러
므로' 라는 접속사와 함께 본문이 나온다.

이런 맥락에서 해석의 열쇠가 되는 구절은 제일 마지막에 나오는
'율법과 예언서의 본뜻'이라는 구절이다. 이 구절의 의미를 새겨보려
면 방금 인용한 것 이외의 다른 구절도 살펴봐야한다. 마태, 마가, 누
가복음 모두에서 다른 구절에도 '율법과 예언서의 본뜻'이 라는 말이
등장한다. 그 중 마태복음 구절을 인용하면 다음과 같다.

그들 가운데 율법교사 하나가 예수를 시험하여 물었다. "선생님, 율
법가운데 어느 계명이 중요합니까?" 예수께서 그에게 말씀하셨다.
"'네 마음을 다하고, 네 목숨을 다하고, 네 뜻을 다하여 주 너의 하나
님을 사랑하여라.' 하였으니, 이것이 가장 중요하고 으뜸가는 계명이
다. 둘째 계명도 이것과 같은데, '네 이웃을 네 몸과 같이 사랑하여
라.' 한 것이다. 이 두 계명에 온 율법과 예언서의 본뜻이 달려있다."
(마태 22:34~40)

율법과 예언서의 본뜻이라는 연결고리를 사용하면 소위 황금률이
라고 불리는 "남에게 대접을 받고자 하는 대로 너희도 남을 대접하

라."는 말은 '하나님 사랑, 이웃 사랑'이라는 가르침과 같은 의미맥락을 가지고 있다고 볼 수 있다는 것이다.

여기에서 앞의 해석과는 전혀 다른 해석이 나온다. '하나님은 우리가 구하는 것을, 심지어 더 좋은 것으로 넘치도록 주시는 분이시다. 그런데 우리는 그 하나님을 우리 인간의 욕망을 충족시키는 도구로 '대접'하고 있다, 하나님을 도구로 대접할 것이 아니라 하나님으로 대접하면, 즉 마음과 목숨과 뜻을 다하여 사랑하면, 하나님도 우리에게 좋은 것으로 차고 넘치게 주실 것이다, 더불어 이웃을 하나님의 형상을 가진 존재로 대접하라.'라는 해석이다. 그럴듯하게 들릴 뿐만 아니라, 그 나름대로 의미가 있다.

그러나 역시 통속적인 차원의 신앙수준을 넘어서지 못한다. 동어반복일 뿐이다. 마음과 목숨과 뜻을 다하여 하나님을 사랑하면, 그렇게 하나님을 하나님으로 대접하면, 하나님도 우리에게 풍성하게 주실 것이라는 기복신앙, 혹은 거래신앙을 벗어나지 못한다. 설교자의 입장에서는 하나님을 하나님답게 대접하는 것에 중점을 두었을지 모르지만, 청중의 입장에서는 뒷부분, 즉 구하는 것을 풍성히 받는 것에 방점을 찍고 듣기 마련이다. 그렇게 하나님과의 또 다른 거래가 성립된다.

그러나 이 해석은 치명적인 약점을 가지고 있다. 그것은 우리가 구하고 찾고 두드리는 것이 과연 무엇인지에 대한 답을 하지 않는다는 것이다. 아들이 떡을 달라고 할 때 돌을, 생선을 달라고 할 때 뱀을 줄 아버지는 없다. 그러나 만약 아들이 먹고 배부를 것으로 돌을 달라고 하거나 뱀을 달라고 하면? 만약 우리가 구하고 찾고 두드리는 것이 많은 사람이 몰려가기는 하지만 멸망으로 인도하는 넓은 길이라면? 즉, 지금까지의 해석은 우리가 구하는 것이 무엇인지에 대한 고찰을 하지 않는 것이다.

더불어 이 두 가지 해석 모두 기본적으로 거래관계를 넘어서지 못한다는 한계와 문제를 가진다. 그것이 인간과의 관계이든 하나님과의 관계이든 거래관계일 뿐이다. 예수는 "남에게 대접받고자 하는 대로 너희도 남을 대접하라."라고 말했을 뿐인데, 우리는 여기에 첨언을 한다. "남에게 대접받고자 하는 대로 너희도 남을 대접하라 '그리하면 너희도 그렇게 대접을 받을 것이다.'"라고 말이다.

예수의 가르침을 읽으면서 인간은 예수가 하지 않은 말, 하면 본뜻이 왜곡되는 말을 거의 반드시 첨언하여 읽는다. 예수는, 그것이 하나님과의 관계이든 인간과의 관계이든 간에, 거래관계를 말했던 것이 아니다. 단지 우리의 관점과 시야가 '그래서 내가 받을 건?'을 넘어서지 못하기 때문에 이런 해석상의 오류를 빚는 것이다.

기소불욕물시어인(己所不欲勿施於人)이라는 구절 역시 오역의 역사를 가지고 있다. 논어에는 이 구절이 두 번 나오는데, 하나는 자공에게 해준 말이고 또 하나는 중궁에게 해준 말이다.

원문을 읽어보자.

중궁에게 해준 안연편의 구절은 중궁이 어짊에 대해서 묻자 몇 가

지 말을 엮어서 해준 것인데, 전체적으로 한자리에서 말했다기보다
는 여기저기서 했던 말을 편집한 느낌이 강하다. 따라서 자공과의 대
화를 중심으로 살펴보는 것이 더 유익할 것이기에 위령공편에 나오
는 구절을 인용한다.

子貢問曰 有一言而可以終身行之者乎? 子曰 其恕乎! 己所不欲, 勿
자공문왈 유일언이가이종신행지자호   자왈 기서호   기소불욕 물

施於人.
시 어 인

자공이 물었다. "한 마디 말로서 일생동안 행할만한 것이 있습니까?" 선생님
께서 말씀하셨다. "그것은 서(恕)다. 자기가 하고자 하지 않는 바를 남에게 베
풀지 말라." (위령공편)

"자기가 하고자 하지 않는 바를 남에게 베풀지 말라."는 구절은 흔
히 "자기가 하고 싶지 않은 것은 남에게 시키지 말라."로 번역한다.
이는 중용(中庸)에서부터 보이는 오해와 오역이다. 중용 13장에서 위
령공의 단편과 연관하여 施諸己而不願, 亦勿施於人 이라고 풀이했
                        시 기 이 불 원   역 물 시 어 인

는데, "자신에게 베풀어지기를 원하지 않는 것은 또한 남에게도 베
풀지 말라." 정도로 번역한다. 중용의 해석에서는 그나마 시(施)를 남
에게 '베풀다'는 뜻으로 썼는데, 후대로 갈수록 남에게 '시키다'는 뜻
으로 변모했다.

　그러나 시(施)는 나쁜 것, 혹은 원치 않는 것을 시키는 것처럼 모종
의 강제를 동반한 사역의 의미를 가지지 않는다. 오히려 보시(布施)의

용례처럼 좋고 긍정적인 것을 널리 퍼뜨리거나 베푼다는 뜻을 가진 글자다. 그리고 이런 해석이 평생 행할 만한 것인 서(恕)와 결합하여, 공자가 그토록 강조했던 恕의 내용을 너무 평이하게 바꾸고 말았다. 또한 앞서 성서의 구절의 경우와도 유사하게 세속적인 이해타산과 그에 기반 한 인간관계에서의 상식적이고 도덕적이지만, 지극히 소극적인 행위 정도로 추락시켜 버렸다.

2. 修己: 己所不欲 勿施於人

공자 가르침의 핵심을 한마디로 요약하면 修己라고 할 수 있다. 공자는 자기를 닦는 것 이외의 것을 가르치지 않았다. 흔히 공자에 대해 가장 많이 오해하는 것은 끊임없이 등용의 기회를 찾아 정치판을 기웃거리는 사람이라는 것이다. 물론 공자는 정치에 지대한 관심을 가졌다.

그러나 그것은 자신의 등용이나 벼슬자리에 대한 관심이 아니라 세상을 바꾸고 백성을 편안하게 하는 유력한 방법으로서의 정치에 대한 관심이었을 뿐이다. 더 나아가 그러한 정치, 즉 안인(安人), 안백성(安百姓)하는 정치라고 하더라도 그 자체가 목적이 아니라 修己의 결과물로서의 안인(安人), 안백성(安百姓)인 것이다. 앞선 강의에서도 살펴본 다음의 단편은 공자의 그러한 면모를 잘 보여준다.

子路問君子. 子曰 修己以敬. 曰 如斯而已乎? 曰 修己以安人. 曰
자로문군자 자왈 수기이경 왈 여사이이호 왈 수기이안인 왈

如斯而已乎? 修己以安百姓. 修己以安百姓, 堯舜其猶病諸.
여사이이호 수기이안백성 수기이안백성 요순기유병

자로가 군자에 대해 묻자 선생님께서 말씀하셨다. "경으로써 자신을 닦는
다." 자로가 말했다. "그러할 뿐입니까?" 선생님께서 말씀하셨다. "자신을 닦
아 세상을 편안케 한다." 자로가 말했다. "그러할 뿐입니까?" 선생님께서 말
씀하셨다. "자신을 닦아 백성을 편안케 한다. 자신을 닦아 백성을 편안케 하
는 것은 요임금과 순임금도 오히려 부심했던 것이다." (헌문편)

자로는, 다른 제자들도 마찬가지였겠지만, 특히 가시적인 무언가
를 성취하고자 하는 욕구가 강했다. 그래서 큰마음을 먹고 공자에게
군자에 대해서 묻는다. 이 물음의 이면에는 아마 이런 물음이 숨겨져
있지 않았을까? '선생님, 당신은 군자에 대해서 늘 말씀하십니다. 그
리고 내가 보기에 당신은 군자입니다. 군자가 완성된 인격이든 아니
면 정치지도자든 도대체 그게 뭡니까? 당신이 군자라면 세상에 당신
의 뜻을 펴야 하지 않겠습니까? 이제 때가 되어가지 않습니까? 언제
까지 미적미적 하실 요량입니까? 자, 이제 나에게 당신의 군자 상을
현실적으로 보여주시오. 당신도 세상에 뭔가 화끈하게 보여줘야 할
때가 되지 않았습니까?'

그리고 거기에는 자로의 속마음도 있다. 나도 세상에 나가 큰일을
한 번 해야 할 것 아니겠습니까, 라고 하는. 물론 추측이지만, 자로의
성격과 특징을 감안할 때 충분히 상상 가능한 물음이다. 자로는 공자
가 답답했던 것이다. 그의 가르침은 종내 뜬구름 잡는 것 같았고, 세

상에 뭔가 보여줘야 할 때라고 생각하는데 도대체 보여주지 못한다고 생각했기 때문이다.

공자는 자로를 알았다. 그가 답답해하고, 그가 원하는 것이 무엇인지 잘 알았다. 더불어 지금 그가 빠져있는 사고의 한계도 잘 알았고, 그가 나아갈 길과 과제도 잘 알았다. 그러나 공자는 제자와 타협하지 않는다. 마치 예수와 베드로의 경우처럼 이 단편에는 공자와 자로의 긴장이 너무나 잘 드러난다. 공자는 단호하게 말한다. 修己以敬! 경으로써 자신을 닦는다는 이 한마디를 건넨다. 바로 이것이 자로가 이르러야 할 경지였고, 자로가 가야 할 길이었기 때문이다.

자로는 반문한다. "그러할 뿐입니까?" 자로는 못내 실망한다. 겨우 자신을 닦는 것이라니! 평천하를 위한 계책을 기대했는데 대답은 修己였으니, 자로로서는 답답할만하다.

공자는 조금 더 풀어준다. "자신을 닦아 사람을 편안케 한다." 자로는 다시 반문한다. 역시 실망한 말투다. 어쩌면 더 실망했을 것이다. "그러할 뿐입니까?"

수기이경. 공자의 가르침은 그것 하나였다. 자신을 닦는 것, 자신을 세우는 것, 공자는 오로지 그것에만 관심이 있었다. 나머지는 수기의 결과일 뿐이다. 안인이나 안백성은 수기의 결과일 따름이다.

아니 보다 엄밀하게 말해 사람들을, 백성을 편안케 하는 길은 수기를 통하지 않고는 결코 가 닿을 수 없는 길이었다. 백성을 편안케 하고, 그것을 위해 권력을 잡고 나라를 다스리는 것을 우선하거나 그것을 목적으로 하여서는 결코 거기에 이를 수 없다.

최소한 공자는 그렇게 믿었고, 그렇게 행동했다. 그것을 단적으로 보여주는 것이 안연과의 대화이다. 자로와의 대화에 나오는 관점에서 살펴보자.

顔淵問仁. 子曰 克己復禮爲仁. 一日克己復禮, 天下歸仁焉. 爲仁
안연문인   자왈 극기복례위인   일일극기복례   천하귀인언   위인

由己, 而由人乎哉?
유기 이유인호재

안연이 어짊에 대해 묻자 선생님께서 말씀하셨다. "자신을 이겨내고 예를 되찾는 것이 어짊을 도모하는 것이다. 어느 하루 자신을 이겨내고 어짊을 되찾는다면 천하가 어짊에 돌아올 것이다. 어짊을 도모하는 것이 자기에게서 비롯되지 남에게서 비롯되겠느냐?" (안연편)

여기서 주목할 대목은 "어짊을 도모하는 것이 자기에게서 비롯되지 남에게서 비롯되겠느냐?"는 구절이다. 하루라도 자기를 이기고 예로 돌아가는 것이 천하를 어짊에 돌아오게 하는 유일한 방법이다. 자로와의 대화에서 修己以安人, 修己以安百姓의 구조와 동일하다. 자로에게는 修己라는 말로 말하였고(修己以敬), 안연에게는 克己復禮라고 말하였을 뿐이다. 자꾸 밖으로 뻗어나가려고 하는 자로에게는 다른 일체의 말없이 단지 '너 자신을 닦아라.'라는 말로 자기 자신에게 집중할 길을 보여줬다.

반면 공자의 이 말을 너무 잘 따르는 과정에서 점차 세상과 단절하여 자신의 내면으로 침잠해 들어가는 단계에 있던 안연에게는 자신을 닦는 것은 중요하지만 그 안에 함몰되지 말고 타인에게로, 혹은

세상으로 한 걸음 나갈 것을 주문하면서 禮라는 길을 보여주었다. 그것이 다를 뿐이다.

그럼에도 불구하고 다시 한 번 강조하는 중요한 지점은 어짊을 도모하는 것이 '자기에게서 비롯되지 남에게서 비롯되지'는 않는다는 것이다. 항상 출발은 자기다. 자기에게서 비롯되어야, 자기의 이유, 자기의 까닭(由)이어야 비로소 인을 도모할 가능성이 열리는 것이다.

한자로 자유(自由)라는 말의 문자적인 뜻은 아마 '자신의 이유로, 자기 까닭으로' 정도가 될 것이다. 이런 맥락에서 자유의 반대는 억압이 아니라 인유(人由), 혹은 타유(他由)정도가 되지 않을까? 좀 더 확장하면 세유(世由)가 될 수도 있을 것이다. 생각해보면 나의 이유가 아니라 나의 바깥에 있는 이유와 까닭으로 나의 행위의 동기를 삼는다는 것 자체가 얽매임이고 부자유이기도 하다.

선하고 정의감을 가진 사람들이 가지는 공통된 바람은 세상과 그 안에 사는 사람들이 정의롭고 선하기를 바라는 것이다. 개중에 행동파는 적극적으로 나서서 세상을 바꿀 행위를 한다. 세상의 정의와 공공선을 위하여 많은 노력을 하는 것이다. 공자 시대에도 그러했다. 자로가 그랬고, 자공이 그랬다. 그들의 의도는 분명 칭찬받을 만한 것이었을 터이다.

그러나 공자는 그 길을 제시하지 않는다. 세상의 변화는 수기를 통해서만 가능하다는 것이 공자의 일관된 입장이었다. 그리고 '내가' 하루라도 극기복례한다면, 천하가 바뀔 것이라고 말한다. 안연편에는 공자가 말년에 노나라로 돌아온 이후 노나라의 실권자인 계강자의 자문에 응하는 세 단편이 연속하여 나온다. 거기서도 공자는 분명하게 이런 입장을 천명한다.

季康子問政於孔子. 孔子對曰 政者, 正也. 子帥以正, 孰敢不正.
계 강 자 문 정 어 공 자   공 자 대 왈 정 자   정 야   자 솔 이 정   숙 감 부 정

계강자가 공자에게 정치에 대해 묻자 공자께서 대답하셨다. "정치란 바로잡는 일입니다. 당신이 올바름으로써 앞장선다면 누가 감히 올바르지 않겠습니까?"

季康子患盜 問於孔子. 孔子對曰 苟子之不欲, 雖賞之, 不竊.
계 강 자 환 도   문 어 공 자   공 자 대 왈   구 자 지 불 욕   수 상 지   부 절

계강자가 도둑을 걱정하여 공자에게 묻자 공자께서 대답하셨다. "단지 당신께서 욕심 부리지만 않는다면, 설혹 상을 준다 하더라도 훔치지 않을 것입니다."

季康子問政於孔子曰 如殺無道以就有道, 何如? 孔子對曰 子爲政,
계 강 자 문 정 어 공 자 왈   여 살 무 도 이 취 유 도   하 여   공 자 대 왈   자 위 정

焉用殺? 子欲善以民善矣. 君子之德風, 小人之德草. 草上之風必偃.
언 용 살   자 욕 선 이 민 선 의   군 자 지 덕 풍   소 인 지 덕 초   초 상 지 풍 필 언

계강자가 공자께 정치에 대해 물었다. "만약 무도한 자를 죽여 백성들로 하여금 유도한 데로 나아가게 한다면 어떻겠습니까?" 공자께서 대답하셨다. "당신은 정치를 하신다면서 어떻게 죽이는 방법을 쓰십니까? 당신이 선하고자 하면 백성들도 선해집니다. 군자의 덕은 바람이고 소인의 덕은 풀이라서 풀 위로 바람이 불면 풀은 반드시 눕게 됩니다."

계강자는 집권자로서 자신이 다스리는 나라가 올바르고, 도둑도 걱정하지 않고, 백성이 무도해지지 않기를 바랐다. 물론 그가 바란

올바름이나 무도해지지 않음이 무엇을 의미하는지는 알 수 없다. 단지 백성이 자신의 지배를 잘 따르기를 바랐던 것일 수도 있다.

계강자의 의도가 무엇이든 공자의 대답은 한결같다. "당신이 올바르다면", "당신이 욕심을 부리지 않는다면", "당신이 선하고자 한다면" 백성들도 그렇게 될 것이라는 조언이다. 물론 계강자는 이것을 실천하지 않는다. 실천하였다면 똑같은 질문을 세 번 반복하지 않았을 것이기 때문이다. 위정편에 있는 물음까지 합하면 네 번 반복한다.

세상을 바르게 하고 싶은가? 세상을 선하게 하고 싶은가? 도대체 그 욕망은 어디서 나오는 것인가? 공자는 그것을 묻고 있다. 진지하게, 그리고 정직하게 자신을 돌아볼 것을 권한다. 그리고 우리에게 그 대답을 보여준다. "당신이 먼저 올바르다면 세상은 올바르게 될 것이다." "당신이 욕심 부리지 않는다면 세상도 욕심 부리지 않을 것이다." "당신이 선하고자 하면 세상도 선해질 것이다."

불가능한 얘기를 하는 것 같다. 그러나 그것 외에는 방법이 없다. 다시 처음 살폈던 구절로 돌아가 보자. 기소불욕 물시어인(己所不欲勿施於人), "자기가 하고자 하지 않는 바를 남에게 베풀지 말라."는 이 말을 직설적인 표현으로 바꾸면 '자기가 하고자 하는 바만을 남에게 베풀어라.'는 말로 바꿀 수 있다. 무엇인가를 베풀고 싶은가? 세상을 선하고 정의롭게 바꾸고 싶은가? 오로지 그 길은 내가 선하고 정의로워지는 것에 있을 뿐이다. 자기 변혁만이 세계의 변혁으로 나아갈 수 있는 길이다. 남에게 베풀 무언가를 먼저 생각할 것이 아니라 내가 바라는 것을 명확하게 하고, 그것이 나 자신에게 먼저 이루어지도록 노력하라는 것이 공자의 뜻이다. 이 순서가 뒤바뀌는 순간 계강자의 길을 걷는 것이 되고, 세상은 질곡에 빠진다.

어떻게 그럴 수 있는가? 나와 타인, 나와 세계는 그렇게 얽혀있기 때문이다. 데카르트 이후 서양철학은 주-객 이분법에 근거하여 나 아닌 모든 것을 객체로 대상화시킨다. 주체와 객체가 만나는 길은 영원히 없다. 모종의 접점을 찾을 수는 있겠지만, 그것은 서로 대상화된 전적인 타자들 간의 잠깐의 만남일 뿐이다. 그러나 공자에게 있어서 나와 타인, 나와 세계는 서로 다름에도 불구하고 그 심연에서는 깊이 연결되어 있어서 분리할 수 없는 관계를 설정하고 있다. 이는 단지 '나는 세계에 속해 있다'는 언술로는 설명되지 않는 관계이다.

어쩌면 나와 타인, 나와 세계의 관계를 가장 잘 설명한 말이 성서에 있는지도 모른다. 바울이 말한 대로 "그리스도가 내 안에, 내가 그리스도 안에"있는 관계인 것이다. 나는 타인 안에 있고, 타인 역시 내 안에 있다. 나는 세계 안에 있고, 세계는 내 안에 있다. 적절한 표현인지는 모르겠으나 이러한 이중동심원구조 속에서 존재하고 있기에 나의 변화가 세계의 변화일 수 있으며, 심지어 하루라도 내가 어짊에 돌아간다면 천하가 어짊에 돌아가는 신비를 경험할 수 있는 것이다.

기소불욕 물시어인을 해석함에 있어서 가장 경계해야 하는 점은 기(己)와 인(人)의 관계문제이다. 양자를 결합할 수 없는 타자로 대상화시켜 놓는 한, 이 구절을 해석하기는 어렵고, 공자의 진의에 다가

설 가능성은 영으로 수렴한다. 그동안 이와 유사한 구절들을 도무지 이해할 수 없어서 평이하고 평면적이고 상식적인 도덕 수준으로 격하시켜왔던 것이다. 이제 한 걸음 더 나아갈 필요가 있다.

3. 남에게 대접을 받고자 하는 대로, 남을 대접하라

공자의 이러한 기(己)-인(人)의 관계는 놀랍게도 예수에게서 그대로 드러난다. 그 대목을 잘 보여주는 것이 바로 "남에게 대접을 받고자 하는 대로 너희도 남을 대접하라."는 본문 구절이다. 이 구절을 이해하기 위해서는 앞서 인용한 7절부터가 아니라 1절부터 살펴볼 필요가 있다.

> "너희가 심판을 받지 않으려거든 남을 심판하지 말아라. 너희가 남을 심판하는 그 심판으로 하나님께서 너희를 심판하실 것이요, 너희가 되질하여 주는 그 되로 너희에게 되어서 주실 것이다. 어찌하여 너는 남의 눈 속에 있는 티는 보면서 네 눈 속에 있는 들보는 깨닫지 못하느냐? 네 눈 속에는 들보가 있는데, 어떻게 남에게 말하기를 '네 눈에서 티를 빼내 줄테니 가만히 있거라' 할 수 있겠느냐? 위선자야, 먼저 네 눈에서 들보를 빼내어라. 그래야 네 눈이 잘 보여서 남의 눈 속에 있는 티를 빼줄 수 있을 것이다. 거룩한 것을 개에게 주지 말고, 너희의 진주를 돼지 앞에 던지지 말아라. 그들이 발로 그것을 짓밟고, 되돌아서서, 너희를 물어뜯을지도 모른다." (마태 7:1~6)

유명한 구절이다. 그러나 이 구절 역시 오해되기는 마찬가지였다. 이 구절을 오해하게 된 계기는 바로 본문 안에 있다. "위선자야, 먼저 네 눈에서 들보를 빼내어라. 그래야 네 눈이 잘 보여서 남의 눈 속에 있는 티를 빼줄 수 있을 것이다."라는 구절이다. 이 구절을 중심으로 인용구 전체를 보면 오해하기 쉽다. 목적은 남의 눈 속에 있는 티를 빼내는 것이다. 그러기 위해서는 먼저 내 눈 속의 들보를 빼내어야 한다. 그렇지 않으면 그것은 위선에 불과할 뿐이다, 남의 잘못을 지적하고 남의 죄를 정죄하기 위해서는 나 자신을 먼저 깨끗하게 해야 한다, 그래야 비로소 남의 죄를 물을 수 있다, 그렇지 않으면 위선자일 뿐이다, 라는 해석이다.

얼핏 보면 맞는 말 같다. 아니, 일상의 도덕적 관점에서 봤을 때 상당히 도덕적이고 윤리적이다. 세상에는 이 정도 되는 사람도 없으니, 능히 이 구절을 이 정도로 이해할, 혹은 오해할 가능성이 있다. 그리고 그리 잘못된 가르침도 아니다.

그러나 보다 심원한 의미에서는 예수의 진의를 왜곡하고 평면적이고 상식적인 수준으로 격하시켰다는 비판을 피할 수 없다. 몇 가지 물음을 던져보자.

① 내 눈에서 들보를 빼내었음에도 불구하고 형제의 눈 속에서 티를 발견할 수 있을까? 혹은 형제의 눈 속에는 티가 있는가?

② 내 눈 속에 있는 들보는 무엇이고, 형제의 눈 속에 보이는 티는 무엇인가?

③ 왜 남의 눈 속의 티는 그렇게 잘 보이는데, 내 눈 속의 들보는

보이지 않는가? 혹은 알아차릴 수 없는가?

앞서의 상식적인 해석 속에서는 이 문제들이 해결되지 않는다. 그렇다면 예수의 진의는 무엇인가?

우선 생각할 수 있는 것은 들보와 티의 정체이다. 형제의 눈 속에 있는 티는 무엇인가? 원래 있는 것인가? 그렇지 않을 가능성이 높다. 내 눈에 보이는 형제의 눈 속에 있는 티는 어쩌면 내 눈에 있는 들보의 반영(反影), 즉 반사되어 비치는 그림자일 뿐인 것이다. 내 눈 속 들보의 반영이라고 한다면, 애초에 형제의 눈 속에는 티가 없다! 그저 티가 있는 것처럼 보일 뿐이다. 그저 내 눈 속의 들보 때문에 아무 것도 아닌 것이 티로 보일 뿐이다. 무엇인가 걸리적거리는 것은 그것이 객관적으로 걸리적거리는 것이기 때문이 아니라 나의 욕망이 투사되는데 방해가 되거나 내 기준에 따른 걸림돌뿐일 가능성이 높다.

형제의 눈 속의 티가 내 눈 속 들보의 반영이라고 한다면, 내 눈 속의 들보를 빼냈을 때 형제 눈 속에서는 더 이상 티를 발견할 수 없다! 그렇기 때문에 예수는 내 눈에 있는 들보를 먼저 빼 내라고 말하는 것이다. 그러면 세상은 달리 보인다. 내 욕망의 찌꺼기를 투사해서 보는 세상과 어느 날 문득 욕망을 여읜 채 바라보는 세상이 같을까? 내 판단기준을 내려놓고 형제를 바라보면 그가 어떻게 보일까? 늘 짙은 선글라스를 끼고 세상을 바라보다가 맨눈으로 맑고 밝은 하늘을 본다면 어떻게 보일까를 상상해보는 것만으로도 그 다름을 알 수 있다.

여기서 한 걸음 더 나가보자. 나는 내 눈 속에 들보를 가지고 있다. 그렇다면 형제는 어떨까? 형제 역시 자신의 눈 속에 자신의 들보를 가지고 있다. 그리고 그 눈으로 나를 바라본다. 모든 인간이 그렇다. 그럴 때 형제 역시 내 눈 속에서 티를 발견할 것이다. 이런 사실을 내가 명확하게 알 때, 내 들보의 반영으로서의 형제 눈 속의 티가 아니라 그가 본원적으로 가지고 있는 그 눈의 들보를 볼 수 있을 것이다. 사실 형제와 나 모두 각자 자신의 눈 속의 들보를 가지고 그것을 투영시켜서 서로를 바라보고 있었을 뿐이라는 것을 깨닫게 된다. 나와 형제 모두, 아니 세상사람 모두 각자 자신의 짙은 선글라스를 끼고 세상을 헤매고 다녔던 것이다. 소경이 소경을 인도하는 세상 속에서 살았던 것이다.

위에 인용한 단편은 인간이 모두 각자의 눈 속에 자신의 들보를 가진 존재라는 것, 그처럼 약하고 어리석은 존재라는 것, 그런 층위에서 모두 같은 모순을 가지고 고통 속에서 살아가고 있다는 것을 적나라하게 보여주고 있다.

논어식의 표현으로 하자면 비이부주(比而不周)의 세계, 즉 주-객 이분법의 도식 속에서, 자기(己)-타인(人)의 다름을 전제한 속에서 총체적 인식을 획득하지 못한 채 대비적(比) 인식을 가지고 살아가고 있다는 말이다. 내 눈 속의 들보를 빼낼 때 우리는 비로소 주이불비(周而不比)의 총체적 세계인식을 가지게 될 가능성이 열린다.

이 지점에서 한 가지 더 생각해야 할 예수의 진의는 내 눈에서 들보를 빼내는 것이 형제 눈 속에 있는 티를 빼기 위한 것이 아니라는 점이다. 즉 형제의 눈 속에서 티를 빼내거나, 혹은 티가 없다고 인식하거나, 혹은 형제는 형제 자신의 들보 속에서 고통 받고 있으며 그것으로부터 해방시켜주겠다는 것 자체가 목적이 아니라는 점이다. 그런 것들은 내 눈의 들보를 빼내는 작업의 자연스러운 결과일 뿐이다. 이런 면에서 볼 때 예수의 이 가르침은 공자가 말하는 修己以敬, 修己以安人, 修己以安百姓과 정확하게 동일한 가르침이다. 내가 먼저 내 눈의 들보를 빼고 그러한 比 의 세계에서 벗어나는 길 외에는 이 모순을 벗어날 길이 없다.

여기서 예수는 한 단계 더 나아간다. 모종의 독아론(獨我論)에 대한 경계이다. 모든 것이 '오직 나만이 문제였다.'라는, 따라서 '나만 고치면 된다.'라는 것으로 흐르는 것에 대해 경계하는 것이다. 그렇게 되는 것은 개에게 거룩한 것을 주는 것이며, 돼지 앞에 진주를 던지는 것이다.

오직 나만 문제고, 따라서 나만 고치면 된다는 생각은 순진하다. 내가 고친다면 세상 모든 것이 변하여 어짊으로 돌아올(歸仁) 계기가 만들어지기도 하지만, 동시에 단 하나만 변한 것일 수도 있다. 세상은 항상 그러하기 때문이다. 세상이 항상 그러함에도 불구하고, 나로부터 시작되는 변화가 세계를 바꾸는 유일한 길이다.

내가 서고자하여 남을 세우는 과정일 뿐이다. 남이 설 수 있는가 없는가는 중요한 것이 아니다. 그것은 그의 문제일 뿐이다. 내 눈 속에서 들보를 빼내는 것이 나의 문제였듯이, 형제 역시 자신의 눈 속에서 들보를 빼내는 것은 그의 과제이고 그가 걸어가 도달해야 할 지점이다. 다만 남을 세우기 위한다는 목적이 선행할 때, 즉 형제의 눈 속에서 티를 빼내고자하는 것이 목적이 될 때 모든 행위는 도로(徒勞)에 그칠 뿐이다. 중요한 것은 일단 내가 서는 것, 내가 도달하는 것, 내 눈 속에서 들보를 빼내는 것이고, 그렇게 될 때 타인 혹은 세계와의 관계는 변하게 된다.

앞에서 살폈던 구절을 처음부터 다시 해석해 보자.

"구하여라, 그리하면 하나님께서 너희에게 주실 것이다. 찾아라, 그리하면 너희가 찾을 것이다 문을 두드려라, 그리하면 하나님께서 너희에게 열어주실 것이다. 구하는 사람마다 얻을 것이요, 찾는 사람마다 찾을 것이요, 문을 두드리는 사람에게 열어주실 것이다. 너희 가운데서 아들이 빵을 달라고 하는데 돌을 줄 사람이 어디에 있으며, 생선을 달라고 하는데 뱀을 줄 사람이 어디에 있겠느냐? 너희가 악해도 너희 자녀에게 좋은 것을 줄 줄 알거든, 하물며 하늘에 계신 너희 아버지께서 구하는 사람에게 좋은 것을 주시지 아니하시겠느냐?" "그러므로 너희는 무엇이든지, 남에게 대접을 받고자 하는 대로 너희도 남을 대접하여라. 이것이 율법과 예언서의 본뜻이다." (마태 7:7~12)

구하고 찾고 두드리라, 그리하면 하나님께서 주셔서 얻을 것이고, 찾을 것이고 열릴 것이라고 한다. 이 말을 확정하기 위하여 자녀가 빵을 달라는데 돌을 주거나 생선을 달라는데 뱀을 줄 아비가 있느냐고 되묻는다. 그리고 "하물며 하늘에 계신 너희 아버지께서 구하는 사람에게 좋은 것을 주시지 아니하시겠느냐?"라고 확언한다.

예수의 이 말은 진리다. 그러나 여기서 생각해야 할 문제가 하나 있다. 도대체 우리는 무엇을 구하고 무엇을 찾고 무엇을 위해 문을 두드리는가 하는 것이다. 우리는 우리가 구하는 것이 무엇인지 알고 있는가? 혹시 우리 눈에 들보를 가진 상태에서, 즉 비이부주의 세계 속에서 욕망을 투사하고 있는 것은 아닌가? 우리가 구하는 것은 과연 빵과 생선인가, 아니면 돌과 뱀인가?

우리는 당연히 빵과 생선을 구하고 있다고 생각한다. 우리는 우리가 구하는 것이 '반드시' '필요'한 것이며, 이것이 있을 때 하나님의 뜻이 이루어진다고 믿는다. 우리는 우리가 구하는 것에 대해 추호도 의심하지 않는다. 그러나 과연 그러한가? 형제의 눈 속에 있는 티가 내 눈에 있는 들보의 반영이었듯이, 혹은 내 눈의 들보를 투영한 것에 지나지 않았듯이, 우리가 구한다고 하는 것은 사실은 돌덩이와 뱀이었을 가능성은 없는가? 우리가 구하는 것이 혹시 욕망의 투사였을 가능성은 없는가?

가능성이 없는가라고 물을 정도가 아니라 십중팔구는 우리 욕망의 투사였을 뿐이다. 우리는 배고프다고 하면서 그 필요를 충족시킬 빵과 생선이 아니라 돌과 뱀을 구해왔을 뿐이다. 우리는 우리가 구해야 할 것을 제대로 모를 뿐만 아니라, 지금 구하고 찾고 두드리는 것이 무엇인지도 모르고 있다.

무엇을 구하고 찾고 두드리는가의 문제에서 한 걸음 더 나가보자. 한 가지 물음을 더 던질 필요가 있다. '우리는 어떤 대접을 받고 싶은가?'

본문은 "남에게 대접을 받고자하는 대로 너희도 남을 대접하라." 고 말한다. 흔히 생각하듯, 만약 예수가 이 말을 하나의 '거래'개념으로 봤다면 뒤에 '그리하면 그렇게 대접받을 것이다.'라는 말을 덧붙였어야 한다. 그러나 예수는 네가 그렇게 하면 남도 너를 그렇게 대접할 것이라는 약속을 결코 하지 않는다. 예수는 거기서 그친다. 오히려 세상에서는 거래 없이 무조건 퍼주는 '호구'로 비춰질 수도 있다. 그럼에도 불구하고 예수의 가르침은 그저 '타인을 너 자신처럼 생각하여 그를 대접하라'일 뿐이다. 이어지는 거래가 없다. 애초에 거래를 생각하지 않았다.

그리하여 제일 마지막에 "이것이 율법과 예언자의 본뜻이다."로 말을 맺는다. 앞서 일반적인 해석에서 다룬 것처럼 율법과 예언자의 본뜻은 '마음과 뜻과 목숨을 다하여 하나님을 사랑하고, 네 이웃을 네 몸처럼 사랑하라.'는 것이었다. 이 구절을 해석하면서 마태복음 22장의 하나님사랑, 이웃사랑을 끌어들인 것은 타당하다. 그러나 그것이 하나님을 제대로 대접하면 하나님도 너를 대접해줄 것이다, 라는 뜻으로 해석해서는 곤란하다.

'남에게 대접받고자 하는 대로 남을 대접하라'는 말은 사람과의 관계를 다룬 '네 이웃을 네 몸처럼 사랑하라'는 말과 대응한다. 연결하여 풀어보면 '나와 내 이웃은 별개가 아니다.'라는 가르침으로 귀결한다. 똑같이 하나님의 형상을 가진 존귀한 존재이지만, 동시에 똑

같이 각자의 눈에 들보를 가지고 있는 약하고 어리석은 존재라는 것이다. 나와 형제, 나와 이웃은 논어에서 본 것과 마찬가지로 이중동심원구조로 되어 있어 심연의 차원에서 서로 연결되어 있다는 것이다. 그가 내 안에, 내가 형제 안에 있는 구조 말이다.

'그도 너와 같으니, 네가 대접받고자 하는 대로 그를 대접하라!' 단지 그 뿐이다.

4. 어떻게 대접할 것인가: 恕

그러면 우리에게는 형제를 어떻게 대접할 것인가, 하는 구체적 문제가 남는다. 그리고 이 말은 '나는 내 형제에게 어떻게 대접받고 싶은가? 아니 그 이전에 어떤 대접을 받아야 마땅한가? 혹은 어떤 대접을 받아야만 하는가?' 라는 문제로 이어진다. 내가 대접받고 싶은 것을 먼저 알아야 타인을 그렇게 대접할 수 있기 때문이다. 이것은 거래관계나 현재의 나의 욕망, 이를테면 인정받고 싶은 욕망 같은 것을 넘어서는 문제다. 이건 욕망 이전의 인간존재의 조건과 관련이 있다.

이 문제를 이해할 수 있는 열쇠가 7:1~2에 있다. 다시 인용해 본다.

> "너희가 심판을 받지 않으려거든 남을 심판하지 말아라. 너희가 남을 심판하는 그 심판으로 하나님께서 너희를 심판하실 것이요, 너희가 되질하여 주는 그 되로 너희에게 되어서 주실 것이다."

더불어 이번 강의에서 중점적으로 다뤘던 논어에도 그 열쇠가 있다. 논어구절도 다시 인용해본다.

子曰 其恕乎! 己所不欲, 勿施於人.
자왈 기서호   기소불욕   물시어인

선생님께서 말씀하셨다. "그것은 서(恕)다. 자기가 하고자 하지 않는 바를 남에게 베풀지 말라."

논어와 성서의 두 구절이 정초하고 있는 공통의 인간이해는 인간이 모종의 한계 속에 있는 불완전한 존재라는 점이다. 인간은 약하고 어리석으며, 심지어 악하기까지 한 존재다. 그런 존재조건 속에서 어떤 대접을 받아야만 하는가 하는 문제를 생각해보면 의외로 쉽게 그 해답을 찾을 수 있다. 우리는 심판받는 존재다. 심판을 받지 않으려면 남을 심판하지 말아야 한다. 그 심판의 기준, 혹은 타인을 심판하는 그 심판이 바로 나를 심판할 것이기 때문이다.

우리가 타인을 심판하지 않을 때, 우리가 우리의 형제, 같은 피를 이어받아 같은 존재조건을 가진 '형제'를 심판하거나 헤아리지 않을 때 우리도 비로소 그 심판으로부터 자유로울 수 있다. 우리가 형제로부터 받아야 할 대접은 바로 그 '심판과 헤아림으로부터의 자유'다. 이럴 때 우리는 비로소 우리의 인간조건을 넘어설 수 있는 단초를 발견할 수 있다.

평생에 걸쳐 행할 한 마디를 요청한 자공에게 공자가 던진 화두가 바로 恕였다. 자전에서 恕를 찾아보면 '용서하다, 어질다, 인자하다,

동정하다, 깨닫다, 헤아려 밝게 알다' 같은 뜻이 나온다. 파자(破字)를 통해 원 뜻을 찾아보는 것이 가지는 위험성에도 불구하고 恕를 파자하면 如+心이다. 같은 마음, 혹은 마음이 같다는 뜻이다. 거기서 동정하고, 헤아려 알고, 용서하며, 어진 마음이 생긴다. 같은 존재조건을 가지고 있기 때문에 같은 마음을 가질 수 있는 것이다.

이런 맥락에서 인간이 타인을 대할 때 기대하는, 혹은 받았으면 대접은 큰 틀에서 용서(容恕)가 된다. 내가 용서를 받고 싶기 때문에, 아니 용서 받아야만 비로소 존재할 수 있는 존재이기 때문에 우리는 먼저 타인을 용서해야 한다. 물론 그 대가로 타인이 나를 용서하는가 하는 문제는 전혀 별개의 문제다. 문제는 내가 어떻게 타인을 대접하는가 하는 점이다. 그리고 타인에 대한 나의 대접은 서(恕)가 되어야 하고, 그렇게 될 수밖에 없다.

이런 맥락에서 기소불욕물시어인(己所不欲勿施於人), 자기가 하고자 하지 않는 바를 남에게 베풀지 말라, 혹은 내가 하고자 하는 그것만을 남에게 베푼다는 가르침은 일평생 간직하고 실천해야 할 기준으로서의 '서(恕)'라는 가르침, 인간은 서로 같은 존재조건을 가지고 있다는 그 가르침의 기반 위에서 비로소 이해 가능한 가르침이다. 내가 서고 싶어서 남을 세우고 내가 자유롭고 싶어서 타인을 자유롭게 하는 방식으로, 즉 나로부터 출발하여 타인에 이르는 수기안인의 길을 제시하는 것이다. 그것이 공자는 자공에게 보여준 서(恕)의 길이다.

논어에서 말하는 恕와 성서에서 말하는 용서는 조금 결이 다르다. 하지만 인간과 인간의 존재조건에 대한 공통된 인식기반 위에서 나와 타인, 혹은 세계가 관계 맺는 방식과 그 내용을 상보적으로 보여주고 있다. 그 길에 대해서 예수는 내가 타인을 대접하는 방식으로의 용서로, 공자는 나로부터 시작해서 타인에게까지 연장될 수 있는 마음자리로서의 恕로 보여주고 있는 것이다. 이 두 길을 대비시키며 상보(相補)시킬 때 우리는 인간에 대한 확장된 이해와 더불어 한 인간으로서의 나 자신에 대해 조금 더 깊은 인식에 도달할 수 있을 것이다.

9

仁, 사람을 사랑하는 것

仁, 사람을 사랑하는 것

1. 仁則愛人

이번 강의에서 다룰 주제는 仁과 사랑이다. 인은 논어에서 다루는 여러 덕목 중 단지 하나의 덕목이 아니라 가장 중요하게 다루는 개념이자, 인간이 터 잡아야 하고 동시에 도달해야 할 어떤 경지로, 공자 가르침의 모든 것이다. 수기(修己)의 방법인 학, 또는 호학(好學)을 통해 이르러야 하는 목표지점이 인(仁)이고, 이를 구현한 인간이 군자(君子)다. 그럴 때 백성이 평안해지고 세상이 평안해진다.

따라서 공자의 관점에서, 인이 없으면 아무 것도 없다. 그러나 동시에 논어에서 仁만큼 설명하기 어렵고 까다로운 개념도 없다. 뜬구름을 잡는 것 같다. 논어 500여 장 중에 仁이 언급된 장은 모두 59개나 된다. 공자가 직접 말하기도 하고 제자들이 묻고 공자가 대답하기도 하였다. 결코 적은 숫자가 아니다. 오히려 공자의 학단에서는 늘 仁이라는 추상적인 개념이 마치 유령처럼 배회하고 있었다고나 할까?

그럼에도 불구하고 공자의 제자들은 선생님이 좀처럼 인에 대해서 말하지 않았다고 한다. 아래의 단편이 그것을 단적으로 보여준다.

子罕言, 利與命與仁.
자 한 언   이 여 명 여 인

선생님께서는 이익과 천명과 어짊에 대해서는 좀처럼 말씀하지 않으셨다.

(자한편)

한(罕)이라는 글자는 드물다는 뜻이다. 늘 공기처럼 말해지고 있던 仁이었음에도 불구하고 좀처럼 말하지 않았다는 것은 그것을 개념적으로 설명하지 않았다는 말이다. 마치 기독교에서 늘 사랑이나 믿음이라는 말을 쓰면서 도대체 그것이 무엇인지 잘 설명하지 않는(혹은 못하는) 것처럼. 이런 맥락에서 보자면 불교에서 말하는 비(悲) 역시 마찬가지다.

기독교를 사랑의 종교라고 하지만, 정작 마가복음을 비롯한 공관복음서에는 사랑이라는 말, 혹은 사랑하라는 말이 잘 나오지 않는다. 요한복음이나, 요한복음의 저자가 썼다고 여겨지는 요한 1, 2, 3서 정도, 그리고 고린도전서 정도가 되어야 사랑이 중요한 개념으로 등장한다. 사랑이라는 단어, 혹은 개념이 잘 등장하지 않음에도 불구하고, 예수와 제자들의 공간에는 사랑이라는 말이 공기처럼 흘렀을 것이라는 점은 의심할 여지가 없어 보인다. 그것이 아니면 예수의 가르침과 행동, 혹은 그 이전에 예수라는 존재 자체가 잘 이해되지 않기 때문이다.

이런 말들은 쉽게 개념화 할 수 없다. 오히려 개념화 하는 것이 바람직하지 않아 보인다. 그냥 몸으로, 분위기로, 공기로 익히는 것이다. 익숙하게 그 말을 쓰는 과정을 통해 체화되어야 한다. 삶의 경험이 풍성해지고 그 깊이가 깊어지는 만큼 새롭게 이해되고 더 깊어져 가는 것이다. 따라서 각 사람마다 이해하는 바가 다를 수밖에 없고, 그것이 지극히 정상적이다. 이런 방식이 아니라 그것을 개념화하는 순간 형해(形骸)화 되며 죽어버린다. 이것이 신학이 가지는 딜레마 중 하나이다. 설명을 해야 하는데, 설명하지 않아야 비로소 진의에 가까워지는 모순.

드물게 '어짊(仁)은 이것이다.'라고 말한 구절이 있다.

樊遲問仁. 子曰 愛人. 問知. 子曰 知人. 樊遲未達. 子曰 擧直錯
번지문인　자왈 애인　문지　자왈 지인　번지미달　자왈 거직

諸枉, 能使枉者直.
　　조
왕　능 사 왕 자 직

번지가 어짊에 대해 묻자 선생님께서 말씀하셨다. "사람을 사랑하는 것이다." 앎에 대해 묻자 선생님께서 말씀하셨다. "사람을 아는 것이다." 번지가 미처 이해하지 못하자 선생님께서 말씀하셨다. "곧은 것을 들어 굽은 것 위에 놓으면 능히 굽은 자를 곧게 할 수 있다." (안연편)

어짊에 대해 "사람을 사랑하는 것이다."라는 이 말은 어짊에 대한 가장 적극적인 개념규정이기는 하지만, 애매하고 추상적이기는 매한 가지다. 어쩌면 동어반복처럼 들리기도 한다. 우리는 사람을 사랑하는 것이라는 그 말 자체에서 어짊과 유사한 추상성과 애매함을 느끼기 때문이다. 도대체 '사람을 사랑한다는 것은 뭐지?'라는 물음이 곧바로 떠오른다. 이제 사랑에 대해 몇 가지 생각해보자.

2. 사랑은 주는 것 vs 받는 것

사랑은 주는 것일까, 아니면 받는 것일까? 그것도 아니면 주고받는 것일까? 유명한 가스펠송 중에 이런 가사가 있다. "사랑을 줄 수 없을 만큼 가난한 자도 없고요, 사랑을 받지 않아도 될 만큼 부유한 자도 없어요." 맞는 말이다. 누구나 사랑을 줄 수 있고, 누구라도 사랑을 받아야 한다. 사랑 없이는 한 순간도 살 수 없다.

그러나 정말 이 말이 맞을까? 사랑은 이처럼 주고-받는 것일까? 말장난 같지만 '사랑을 주고-받다.'라는 말을 분석해보면 놀라운 사실, 사랑에 대한 오해를 발견하게 된다. 물론 사랑이라는 말을 문장을 쓰면서 명사로 사용할 수 있지만, 이 가사에서는 마치 물건처럼 사랑이라는 것이 있어서 그것을 주고-받는 것으로 묘사한다. 그것은 누군가, 혹은 누구나 사랑을 '(마치 물건처럼) 소유'하고 있다가 주머니에서 동전 꺼내 주듯 타인에게 줄 수 있는 것으로 이미지화한다. 그리고 그것을 심지어 (비록 역설적인 표현이기는 하지만) 가난과 부유에 연결시킨다. 얼핏 들었을 때는 상당히 설득력 있는 가사처럼 여겨졌는데, 조금만 더 깊이 들어가면 이런 문제들이 드러난다.

사랑을 마치 물건처럼 여기는 것, 그것을 소유할 수 있다고 생각하는 것, 소유할 수 있으니 주고-받을 수 있다는 것, 주었으니 받아야 하는 거래관계라는 것이 이 가사가 노정(露呈)하고 있는 문제들이다.

애초의 문제로 돌아가 보자. 사랑은 주는 것일까, 아니면 받는 것일까? 그것도 아니면 주고-받는 것일까? 마치 그렇게, 혹은 그럴 수 있는 것같이 보이기는 하지만, 이 모든 것은 잘못된 것이다. 사랑은 주거나 받는 것이 아니다. 사랑은 하는 것이다. 사랑이라는 말은 명사기는 하지만, 그 말이 가지는 의미맥락 속에서 명사로서의 사랑은 아무런 의미가 없다. 사랑은 철저하게 동사다. 사랑은 하는 것이다. 그럴 때에만 비로소 사랑이라는 말이 가지는 의미가 살아난다.

사랑을 주고-받는 것은 일종의 거래관계다. 엄마가 어린아이에게 하는 모종의 보살핌과 따뜻한 행위들이, 혹은 그런 행위 이면에 있는 마음가짐이 사랑이라고 한다면, 그것 역시 사랑을 주는 것이라고 해서는 곤란하다. 주는 것은 받을 수도 있다는 것을 전제하고 있기 때문이고, 대부분의 경우 인간은 주었으면 받기를 기대하기 때문이다. 그것이 아이가 어느 정도 자라 어버이날에 접어온 종이카네이션이든, 말을 잘 듣는 것이든, 성적을 올리는 것이든, 효도하는 것이든 받는 것을 전제할 때 그것은 더 이상 사랑이 아니게 된다.

이는 카르마요가(karma-yoga)의 관점에서 보았을 때도 그러하다.

받는 것, 혹은 받을 수도 있는 것을 전제로 하거나 기대하는 사랑은 그냥 하나의 카르마를 쌓는 행위에 지나지 않는다. 행위 하지만 행위 하지 않는(노자 식으로는 爲無爲), 행위의 결과가 쌓이지 않는 아카르마 (a-karma)가 되지 않는다.

다시 말하지만 사랑은 그냥 하는 것이다. 그것도 사랑'을' 하는 것이 아니라 '사랑하는' 것이다.

3. 知人

사랑은 감정인가? 이 문제도 생각해봐야 한다. 사랑은 물론 감정이다. 일단은. 그리움, 뜨거움, 간절함, 애틋함, 연민, 안타까움, 먹먹함, 보고 싶고 만지고 싶음 같은 감정이 동반된다. 그리고 그런 감정에 따르는 자연스러운 태도나 마음들도 있다. 너그러움과 넉넉함, 아껴줌 같은 태도 말이다. 우리는 그런 태도를 어짊(仁)이라고 생각한다.

사랑은 모종의 감정상태에서 출발하기도 하고 그런 감정상태에 따라 타인에게 드러나는 태도나 마음의 상태를 포함하기도 한다. 하지만 거기에 머무르지는 않는다.

사랑 혹은 인은 그러한 감정 이전에 갖춰야 할 다른 인간존재에 대한 주체의 본원적인 태도이자 행동양식이라고 봐야 한다. 다른 인간을 어떻게 사랑할 수 있는가? 그 인간도 나와 동일한 한계와 약점을 가지고 있는 존재라는 깨달음 속에서 비로소 가능하다. 어린아이를 보면서 누구나 느끼는 보살핌과 안쓰러움과 애틋한 감정, 혹은 사랑의 마음은 어린아이가 가장 약한 존재를 표상하기 때문이다. 누구나 그런 시절을 겪었고, 그 시절에 가지는 무력함을 무의식적으로 인식하고 있기 때문이다. 혼자 힘으로는 아무 것도 할 수 없는 약하고 무력한 존재, 한계와 불완전함의 표본이 어린아이고, 그런 아이는 내 속에 있는 무력함과 약함과 한계와 불완전을 다시 인식시키기 때문이라고 한다면 과한가?

한 인간이 다른 인간을 사랑하고 용납할 수 있는 가능성은 서로가 약하고 무력하며 어리석고 한계투성이인 존재라는 공통의 인식 속에서 비로소 열린다. 자신을 완전하고 무결한 존재라고 여긴다면 다른 사람을 사랑할 수 없다.

> 예수께서 그의 집에서 음식을 잡수시는데, 많은 세리와 죄인들도 예수와 그의 제자들과 한 자리에 있었다. 이런 사람들이 많이 있었는데, 그들이 예수를 따라왔던 것이다. 바리새파의 율법학자들이 예수가 죄인들과 세리들과 함께 음식을 잡수시는 것을 보고, 예수의 제자들에게 말하였다. "저 사람은 세리들과 죄인들과 어울려서 음식을 먹습니까?" 예수께서 그 말을 들으시고 그들에게 말씀하셨다. "건강한 사람에게는 의사가 필요하지 않으나, 병든 사람에게는 필요하다. 나는 의인을 부르러 온 것이 아니라 죄인을 부르러 왔다.
> (마가 2:15~17)

스스로를 의인이라고 생각한다면, 스스로 완전하고 무결하다고 생각한다면, 다른 사람을 정죄하게 된다. 다른 이를 용납할 수 없다.

반면 스스로를 죄인이라고 생각할 때 비로소 구원의 길이 열린다. 아주 간단한 이치다. 마치 건강하다고 생각하는 사람들은 의사를 찾지 않고, 병들고 아프다고 생각하는 사람이 의사를 찾듯이. 사랑은 단순히 감정상태의 문제를 넘어서 그 근원에서는 이러한 인간이해의 문제인 것이다.

앞서 인용한 번지와의 대화에서도 이 부분이 잘 드러난다. 번지의 첫 물음은 어짊에 대한 것이었고, 두 번째 물음은 앎에 대한 것이었다. 이 두 질문이 번지가 한자리에서 연이어 물은 것인지 아니면 각기 다른 자리에서 물었던 것을 논어 편집자가 한 자리에 모아놓은 것인지는 알 수 없다. 그러나 어짊에 대해 물었을 때 "사람을 사랑하는 것(愛人)"이라는 대답 이후에 앎이 "사람을 아는 것(知人)"이라는 대답을 배치시킨 것은 탁월한 편집이다. 어짊, 즉 사람을 사랑하는 것과 사람을 아는 것 사이의 관계에 대한 탁월한 견해 속에서 가능한 편집인 것이다.

사람을 안다는 것은 무엇인가? 사람은 어떤 존재인가? 이어지는 논어의 구절에 따르면 "곧은 것을 들어 굽은 것 위에 놓으면 능히 굽은 자를 곧게 할 수 있"는 존재인 것이다. 사람은 기본적으로 '굽은 존재'(枉者)이다. 그러나 거기에 머무르지 않고 곧은 것을 위에 놓으면 '곧아지는 존재'(直者)이기도 하다. 다만 '스스로 곧아지기는 어려운 존재'이다. 사람은 그런 존재다. 굽어 있고, 스스로 그 굽은 것을 펴기는 어려우나, 곧은 사람 앞에서 곧아질 수 있는 그런 존재라는 말이다. 이것을 알아야 비로소 사람을 사랑할 수 있다. 知人이 되어야, 즉 그러한 변화와 성장의 가능성이 있는 존재임을 알아야 사람을 사랑할 수 있다. 그리고 역으로 愛人할 때 知人도 가능하다.

4. 사랑하는 사람의 범주

또 다르게 생각해야 할 부분도 있다. 그것은 사랑의 대상에 대한 것이다. 사람을 사랑한다고 했을 때, 그 대상은 누구인가 하는 문제다. 사랑은 소수의 특정 대상에 국한된 것인가? 사랑의 범주는 어디까지인가? 사람을 사랑하는 것이라는 공자의 인에 대한 언표에서 생각해볼 때 과연 사람의 범주는 어디까지인가?

논어의 맥락 속에서 '사람을 사랑하는 것'이라는 공자의 언표는 특정 대상에 대한 애정만을 의미하는 것은 아니다. 부모의 자식에 대한 사랑, 자식의 부모에 대한 사랑, 형제에 대한 사랑, 친우에 대한 사랑처럼, 나와 가까운 가족, 친지, 이웃에 국한하는 것은 아니다. 또한 남녀간의 애정처럼 특정 개인을 향한 애정의 문제를 넘어서 있는 것이기도 하다.

출발은 그것일 수 있다. 사랑하는 경험을 구체적으로 할 수 있는 범주이기 때문이다. 그러나 한 인간, 또는 주변의 인간'들'을 넘어서 인간이라는 존재, 혹은 유적존재(類的存在)로서의 인간을 사랑할 수는 없는가?

성장하면서 사랑을 배우고 익혀갈 때는 가장 가까운 사람들을 사랑하는 것을 통할 수밖에 없다. 즉 나를 중심으로 동심원을 그릴 때 가장 가까운 원이라고 할 수 있는 부모나 형제 같은 사람들을 사랑하는 것을 통해 좀 더 멀리, 좀 더 바깥으로, 좀 더 넓은 세계로 동심원의 원을 확대해 나가게 된다. 이는 성장 과정에서 자연스러운 일이다.

그리고 그 범주가 점차 확대되어 그 동심원의 가장 바깥의 원이 점점 더 넓어져야 한다. 인간이라고 한다면 나와 아무런 상관없는 존재들까지도 사랑하는 데까지 이르러야 한다. 공자시대에는 그런 개념이 필요 없었겠지만, 요즘의 세계에서는 이에서 더 나아가 사람을 넘어선 생태계까지 그 동심원의 원을 넓혀나가야 한다. 사람이 성장한다는 것은 이 동심원의 크기를 얼마나 크게 하느냐 하는 문제이기도 하다.

대개의 경우 그 동심원은 나와 안면이 있는 사람들, 나와 직간접적으로 관계를 맺는 사람들 선에서 더 이상 그 크기가 커지지 않는다. 가족, 친구, 친지, 동료 같은 범주다. 한일 축구전을 할 때에야 비로소 국가단위로 확장되기는 하지만, 이는 대단히 왜곡된 확장이어서 인간의 성장과는 무관하다. 다만 부분적으로라도 그 일체감을 경험 할 수도 있다는 측면에서 약간의 유의미성을 찾아 볼 수도 있을 것이다.

어느 순간 사람은 그 한계를 돌파해서 동심원의 가장 바깥 원이 우주로까지 확장되어야 한다. 그리고 그렇게 확장된 의식 속에서라야 내 옆에 있는 구체적인 사람들을 사랑할 수 있고, 어떻게 하는 것이 제대로 된 사랑인지에 대해서도 비로소 알 수 있게 된다. 이런 맥락에서 아래에 인용하는 논어의 구절은 사랑에 대한 우리의 고찰에 깊은 의미를 가지고 다가온다.

子曰 唯仁者, 能好人, 能惡人.
자왈 유인자 능호인 능오인

선생님께서 말씀하셨다. "오직 어진 자만이 능히 사람을 좋아할 수도 있고 능히 싫어할 수도 있다." (이인편)

돌려 말하면 어진 사람이 아니라면 사람을 좋아할 수도 싫어할 수도 없다는 말이다. 그러나 우리는 늘 누군가를 좋아하고 싫어하면서 산다. 그런데 이 구절은 우리가 일상적으로 누군가를 좋아하는 좋아함이나 싫어하는 싫어함이, 진정한 의미의 좋아함이나 싫어함이 아닐 수 있다는 점을 일깨운다.

사람을 좋아할 수도 있고 싫어할 수도 있는 어진 사람은 어떤 존재인가? 앞서의 이야기에 덧대보자면, 사랑의 동심원의 끝이 우주에까지 닿았던 사람이라고 할 수 있지 않을까? 그 상태에서 특정한 누군가를 사랑하게 되었을 때 비로소 사랑하는 것이라고 말할 수 있는 것은 아닐까? 그것이 공자가 말하는 仁則愛人인 것은 아닐까? 방금 인용한 唯仁者 能好人, 能惡人에 한 문구를 덧댈 수 있을 것 같다. 唯仁者 能愛人.

5. 사랑

방금 전까지 사랑의 대상과 범주, 그리고 그것의 확장에 대해 이야기했다. 그런데 여기서 한 걸음 더 나가보자. 과연 사랑은 대상에 대한 것인가? 나는 사랑하는 주체고, 내 사랑이 가 닿는 대상이 따로 있는 것인가? 혹시 이 생각에 문제는 없는가?

지난 강의에서 인용한 구절과 같은 내용의 구절을 마가복음에서 인용해보자.

> 율법학자들 가운데 한 사람이 예수께 물었다. "모든 계명 가운데서 가장 으뜸 되는 것은 어느 것입니까?" 예수께서 대답하셨다. "첫째는 이것이다. '이스라엘아, 들어라. 우리 하나님이신 주님은 오직 한 분이신 주님이시다. 네 마음을 다하고, 네 목숨을 다하고, 네 뜻을 다하고, 네 힘을 다하여, 너의 하나님이신 주님을 사랑하여라.' 둘째는 이것이다. '네 이웃을 네 몸 같이 사랑하여라.' (마가 12:28~31)

마음과 목숨과 뜻과 힘을 다해 하나님을 사랑하고, 이웃을 나의 몸처럼 사랑하라는 이 구절은 공관복음서에 공통으로 나오는 구절인데 각각 맥락이 다르다. 누가복음의 경우는 율법학자가 예수를 시험하여 물었고, 예수가 이처럼 대답했다. 그러자 율법학자는 '누가 내 이웃입니까?'라고 물었고, 예수는 이어서 선한 사마리아인의 비유로 대답했다. 그리고 마지막에 "너도 가서 이와 같이 하라."라고 말한다. 즉 누가 내 사랑을 받을 만한 이웃인가를 묻는 물음에, 네가 고통 받는 누군가의 이웃이 되라고 대답한 것이다.

각설하고, 사람을 사랑할 때 전제되어야 할 것은 내가 나를 사랑한다는 것이다. 결국 자신을 사랑하지 않는 사람은 타인을 사랑할 수 없다. 仁의 출발점 역시 마찬가지다. 인은 사람을 사랑하는 것이라고 한 공자는 동시에 군자에 대해 묻는 자로의 물음에 수기이경(修己以敬)을 말하였고, 인에 대해 묻는 안연에게 극기복례위인(克己復禮爲仁)이라고 대답하였다. 인의 출발점, 사람을 사랑하는 것의 출발은 修己이고 克己復禮인 것이다. 그것이 자기를 사랑하는 것이다.

사람을 사랑 하려면, 知人, 知己가 되어야 한다. 이웃을 사랑하려면, 곧 자신을 사랑해야 한다. 이를 통해서만 우리는 타인에게 가 닿을 수 있다. 두 스승은 우리에게 이 간명한 진리를 말씀하시고 있다.

6. 사람을 사랑하는 것보다 앞선 것이 있는가?

안식일에 예수께서 밀밭 사이로 지나가시게 되었다. 제자들이 길을 내면서 밀 이삭을 자르기 시작하였다. 바리새파 사람이 예수께 말하였다. "보십시오, 어찌하여 이 사람들은 안식일에 해서는 안 되는 일을 합니까?" (중략) 그리고 예수께서 그들에게 말씀하셨다. "안식일이 사람을 위하여 생긴 것이지, 사람이 안식일을 위하여 생긴 것이 아니다. 그러므로 인자는 또한 안식일에도 주인이다." (마가 2: 23~28)

예수께서 다시 회당에 들어가셨다. 거기에 한쪽 손이 오그라든 사람이 있었다. 사람들이 예수를 고발하려고, 예수가 안식일에 그 사람을 고쳐 주시는지를 보려고, 예수를 지켜보고 있었다. 예수께서 손이 오그라든 사람에게 말씀하셨다. "일어나서 가운데로 나오너라." 그리고 예수께서 그들에게 말씀하셨다. "안식일에 선한 일을 하는 것이 옳으냐, 악한 일을 하는 것이 옳으냐? 목숨을 구하는 것이 옳으냐, 죽이는 것이 옳으냐?" 그들은 잠잠하였다. 예수께서 노하셔서 그들을 둘러보시고, 그들의 마음이 굳어진 것을 탄식하시면서, 손이 오그라든 사람에게 말씀하셨다. "손을 내밀어라." 그 사람이 손을 내미니, 그의 손이 회복되었다. 그러자 바리새파 사람들은 바깥으로 나가서, 곧바로 헤롯 당원들과 함께 예수를 없앨 모의를 하였다. (마가 3:1~6)

예수에게 있어서 사람을 사랑하는 것보다 앞서는 것은 없었다. 그러나 사람은 뒷전이고 자신들의 율법과 전통과 규례를 앞세우는 사람들이 있었다. 두 인용구 모두 바리새파 사람들을 지목한다.

안식일이 사람을 위해 생긴 것이지, 사람이 안식일을 위하여 생긴 것이 아니라는 예수의 말은 당시 상황에서는 혁명적인 말이었다. 그런데 안식일이 생긴 유래를 살펴보면 이는 지극히 당연한 말이었다. 안식일 법은 출애굽 당시에 처음으로 나온다. 물론 창세기에 "일곱째 날에 쉬셨다."라는 구절이 있기는 하지만, 하나의 율법 혹은 규칙으로 안식일에 쉬라는 것은 시내산에서 십계명을 받으면서 처음 등장한다. 그들은 이집트에서 노예였다. 특히 이집트를 탈출하기 직전 얼마간은 혹독한 노역에 시달렸다. 휴식은 죽어서 눈을 감을 때에야 비로소 주어지는 것이었다. 그게 노예의 삶 아닌가? 출애굽기 20장에는 십계명을 받는 장면이 나온다. 십계명을 주시면서 하나님은 그 첫머리에 이렇게 말씀하셨다.

> "나는 너희를 이집트 땅 종살이하던 집에서 이끌어 낸 주 너희의 하나님이다." (출애굽기 20:1)

이 말이 대 전제다. '너희는 종이었다, 그리고 나는 거기서 너희를 해방시켰다, 나는 너희의 하나님이다.' 그리고 이 전제에 근거해서 십계명을 내리는데, 흔히 1~4의 네 계명과 5~10의 여섯 계명으로, 앞부분은 하나님에 대한 것이고 뒷부분은 인간사에 대한 것으로 나누어 생각한다. 그러나 이는 올바르지 않다. 4계명, 즉 안식일 계명은 기본적으로 사람에 대한 것이다. 사람이 어떻게 그 일상에서 벗어나 신적인 영역과, 거룩함과 접속할 수 있는지에 대한 것이기 때문이다. 그리고 예수는 바로 이 부분을 지적하는 것이다. 안식일 계명을 살펴보자.

> "안식일을 기억하여 그 날을 거룩하게 지켜라. 너희는 엿새 동안 모든 일을 힘써 하여라. 그러나 이렛날은 주 너희 하나님의 안식일이니, 너희는 어떤 일도 해서는 안 된다. 너희나, 너희의 아들이나 딸이나, 너희의 남종이나 여종만이 아니라, 너희 집짐승이나, 너희의 집에 머무르는 나그네라도, 일을 해서는 안 된다. 내가 엿새 동안 하늘과 땅과 바다와 그 안에 있는 모든 것을 만들고 이렛날에는 쉬었기 때문이다. 그러므로 나 주가 안식일을 복주고, 그 날을 거룩하게 하였다." (출애굽기 20:8~11)

안식일은 해방을 기념하는 날이다. 노예였던 사람이 자유를 되찾은 것을 기억하는 날이었기에 종에게도 쉼을 주는 날이었다. 그러기에 그 날은 아무도 일을 해서는 안 된다. 집주인도, 종도, 집짐승도, 나그네도 일을 하지 말고 안식(安息)하라는 것이 이 계명의 첫 번째 요구이자 전제이다. 안식이야말로 하나님이 축복하고 거룩하게 한 날이고, 그 날을 거룩하게 지키는 것이다.

거룩하게 지킨다는 것은 엿새 동안의 일상사로부터 떠나는 것이다. 일상사에서 떠나 하나님을 기억하는 날인 것이다. 거룩의 영역과 접촉하는 날인 것이다. 그럴 때 엿새 동안의 일상도 거룩하게 될 가능성이 열린다.

그러나 이처럼 휴식과 안식 속에서 거룩함과 접속해야 하는 날이 율법화 규례화 되면서 사람을 얽어매는 기제로 작동하게 되었다. 결국 21세기인 현대에도 웃지 못 할 촌극이 벌어진다. 엘리베이터의 층 버튼을 누르는 것은 일하는 것이니, 모든 층에 서도록 조작되어 매 층마다 엘리베이터가 서고, 자동으로 문이 열리는 안식일 전용 엘리베이터까지 등장하는 촌극말이다. 지금 이스라엘에서 실제로 있는 일이라고 한다.

안식일이 사람을 위해 만들어졌다는 예수의 선언은, 당시로서는 혁명적인 선언이었을 것이다. 성전에서 장사하던 사람들의 상을 뒤집어엎고 장사치들을 몰아냈던 사건과 비견될만하다. 그러나 이는 안식일의 원래 의미를 회복시키는 것이었다. 이런 면에 있어서 예수는 비타협적이었다. 사람보다 앞서는 것, 사람을 사랑하는 것보다 앞서는 것은 없었다.

두 번째 인용구에서도 마찬가지 생각을 읽을 수 있다. 예수를 고발하려는 바리새파 사람들은 예수가 안식일에 사람을 고치는 '일'을 하는지 여부를 지켜보았지만, 예수는 그 관점을 뒤집어버렸다. 일, 즉 노동의 여부가 아니라 선을 행하는 것과 악을 행하는 것, 죽이는 것과 살리는 것 중의 선택의 문제로 바꿔버린 것이다. 안식일이 하나의 율법과 규칙이 아니라 거룩에 접촉하는 날임을 명확하게 한 것이다. 예수는 바리새파 사람들의 관점, 그 프레임 자체를 인정하지 않은 것이다. 예수의 질문에 그들이 침묵하자 예수는 분노했다. 그리고 그들의 마음이 굳어진 것을 안타깝게 여기고 탄식하였다.

바리새파 사람들은 정말 율법을 제대로 지키는가에 관심을 두었을까? 3장 6절은 그렇지 않다는 것을 보여준다. "바리새파 사람들은 바깥으로 나가서, 곧바로 헤롯당원들과 함께 예수를 없앨 모의를 하였다."고 한다. 그들의 관점은 율법의 준수 여부가 아니었다. 그들은 제사장이나 사두개인, 성전 율법학자나 헤롯 당원들에 대해 가지고 있던 자신들의 권위와 이니셔티브가 예수에 의해 훼손당하는 것을 견디지 못했을 뿐이다. 그래서 우습게도 자신들이 가장 적대하고 있던 세력이었던 헤롯 당원들과 손을 잡는다. '밖으로 나가'서 '곧바로' '예수를 죽일 모의'를 시작한다.

그들에게 있어서 중요한 것은 사람이 아니었다. 사람에 대한 사랑은 없었다. 그들에게 중요한 것은 자신들의 명망과 권위와 이니셔티

브였을 뿐이다. 비록 세속에서의 실권은 없었지만, 그런 것들을 통해 확보된 자신들의 또 다른 기득권을 빼앗기기 싫었던 것일 뿐이다.

사람보다, 사람을 사랑하는 것보다 앞서는 것을 논어에서 과(過)라고 한다.

子曰 人之過也, 各於其黨. 觀過, 斯知仁矣.
자왈 인지과야 각어기당 관과 사지인의

선생님께서 말씀하셨다. "사람의 잘못이란 각자 자기 집단에 치우쳐 있는 것이다. 이 잘못을 보는 것이 곧 어짊을 아는 것이다." (이인편)

사람이 저지른 잘못의 근원에 대한 깊은 통찰이 있는 가르침이다. 사람의 잘못은 각기 자신이 속한 집단에 치우칠 때 생긴다. 한 집단에 속하게 될 때, 대개의 경우 그 집단의 잘못을 인식하지 못할 뿐만 아니라, 안다고 하더라도 고치기 쉽지 않다. 이 말은 한 국가나 사회 자체에 대한 것이기도 하고, 한 사회 안에서 나누어진 집단 간의 이해(利害)차이나 견해차이, 혹은 집단 간의 갈등인 진영논리에 대한 것이기도 하다.

우리는 아직도 "부자 되세요!"라고 강조하며 "당신이 사는 집이 당신을 말해준다"는 정도의 저급한 사회 속에서 산다. 이 사회 속에서 살면서 성찰하지 않는다면, 그 안에 속한 개인은 그것을 당연한 것으로 알고 살아간다. 때문에 잘못을 저지르는 지도 모르는 채 잘못된 삶을 살아가게 된다. 노예제가 정당했던 사회 속에서 살았던 사람들은 아무 죄의식 없이 그냥 그것이 자연적인 질서인 것처럼 살았던 것과 마찬가지다.

내 편과 네 편으로 나뉜 진영 논리 속에 갇힌 사람의 눈에는 내 편이 아닌 모든 것은 잘못된 것, 옳지 못한 것으로 보인다. 오늘날 우리나라의 정치에서 극명하게 드러나는 대결양상을 생각하는 것만으로도 그 문제들을 충분히 체감할 수 있다. 무엇이 옳은가? 내 편이면 옳은 것이다.

인간은 혼자서 살 수 없기에 항상 어떤 집단에 속하게 마련이다. 가족도 하나의 집단이고, 국가도 하나의 집단이다. 그 집단에 치우치는 것이 잘못이다. 그리고 그 잘못, 즉 자신이 집단에 치우쳐 있어서 총체적인 사고를 하지 못한다는 것을 알게 되는 것이 어짊이 무엇인지 알아가는 첫 출발이다. 知仁(지인)이 知人의 출발이고, 그것이 愛人으로 이끈다.

앞서의 바리새인들이 저지르는 잘못이 바로 이 잘못이었다. 그들이 예수를 없앨 모의를 하는 것이 문제가 아니라 그 이전에 예수를, 혹은 예수가 전하는 복음과 그의 행위를 있는 그대로 보지 않고 자신의 집단에 치우쳐서 봤던 것이 문제였던 것이다. 자기 집단의 이해관계든, 자기 집단에서 통용되는 상식과 관점의 문제였든 말이다.

사람을 사랑하는 것보다 앞서는 것은 없다. 그리고 사람을 사랑하는 것을 넘어서는 것도 없다. 인의 세상은 오직 그러할 뿐이다.

10

정치에 대한 생각

정치에 대한 생각

1. 미국 대선을 보면서 느끼는 단상들

2020년 미국 대선이 끝났다. 아니 끝나지 않았다. 언제 끝날지 모른다. 21세기 대명천지(大明天地)에 어떻게 이런 일이 벌어지는지 알수 없다. 일단 이해하기 힘들다. 무슨 선거제도가 그리 요상하고 복잡하며 이해하기 힘든지 알 수 없다. 물론 그들 나름의 이유가 있을 것이다. 역사적으로 단일 국가가 아니라 각 주의 연합의 성격이 강하기 때문이다.

미국이라는 나라는 하나의 단일한 국가가 아니라, 상당한 정도의 입법, 사법, 행정에서의 자율권과 자치권을 가진 각 주(州, State)의 연합이며, 이 정신을 존중하기 위해서라는 자기 맥락과 이유가 있다.

그건 그것대로 가치가 있다. 이런 맥락에서 합중국(合衆國)이 아니라 연주국(聯州國)이라고 해야 하지 않나 생각해보기도 한다. 그럼에도 불구하고 21세기에 18~19세기에 만들어진 선거제도를 현실에 맞게 고치지 않고 사용한다는 것은 우스워 보인다. 게으른 것인가? 아니면 이해관계의 타산이 맞지 않아서인가?

　이렇게 뒤뚱거리고 절름거리는 미국을 보면서 세계의 불행을 생각하게 된다. 스스로 건사할 수 있는 힘 이상의 힘을 가지게 될 경우, 대부분의 제국이 그랬듯이, 모두를 불행하게 한다. 20세기 이후만 해도 미국과 소련, 그리고 현재의 중국에서 이런 위험성을 발견하게 된다. 마치 어린아이가 방아쇠에 손가락을 끼운 채 총을 들고 있는데, 자기가 총을 들고 있다는 인식도 못한 채 기우뚱거리고 있는 모습이다. 불안하다. 그 총알이 어디로 발사될지, 그것을 맞은 사람들의 삶이 어떻게 될지 그 힘센 어린아이는 알지도 못하고, 알려고도 하지 않는다. 아니, 사실은 다 알고 있으면서 아무 것도 모르는 척 하고 있는지도 모른다.

　역사를 살펴보면 참 묘한 것을 발견하게 된다. 한 국가가 아주 작은 단위, 이를테면 부족이나 하나의 도시에서 형성되기 시작해서 이러 저러한 계기를 통해 점차 커나가기 시작한다. 어느 순간 단일 국가를 넘어 하나의 제국(帝國)을 형성해간다. 이 과정은 도저히 멈출 수 없다. 멈추게 되면 망할 것 같기 때문이다. 정치, 경제, 사회, 문화 체제 전반이 점점 거대해져가는 것이다. 이건 현재 전 세계를 지배하고 있는 자본주의와도 비슷하다. 도저히 스스로의 힘으로는 멈춰 설

수 없다. 그것을 발전이라고 하고 성장이라고도 하는데, 그 발전과 성장이 멈추는 순간 멈춘 상태를 유지하는 것이 아니라 쇠퇴하기 때문이다.

하나의 제국이 형성되면 일정기간 유지하다가 서서히 쇠해가고 망해간다. 망하는 원인이 외부에 있는 경우(또 다른 제국의 도전 같은)도 있지만, 대개의 경우 자체 모순에 의해 쇠퇴해가는 것이다. 때로 그 드러난 모습 중 일부가 특권층의 사치와 향락이기도 하고, 부정과 부패이기도 하다. 혹은 식민지 수탈에 따른 자체의 건강한 생산력의 쇠퇴와, 그것을 담당했던 핵심 계층의 몰락이기도 하다.

어쨌든지 제국은 제국 자체가 가지고 있는 힘(그것이 영토든 국민이든 경제력이든 군사력이든 간에)이 과하게 넘쳐, 스스로 통제하지 못하는 순간 그 쇠퇴가 시작되고, 결국 망하게 된다.

미국이라는 제국은 어떻게 될까? 지구상의 모든 나라가 미국 대선을 지켜볼 수밖에 없을 정도로 전 세계에 그 힘이 과하게 넘쳐나고 있는데, 과연 그 나라는 자신의 힘을 스스로 통제할 수 있는 수단이 있을까? 또한 스스로의 힘이 정당하고 정의롭다는 것을 전 세계 사람들에게 보여주고 설득할 정도로 심오한 이념과 이상이 있을까?

트럼프의 등장은 이 모든 것이 불가능하며, 결국 자기 배만 불리는 것으로 끝나는 것이었음을 보여준다. 시간은 좀 걸리겠지만, 아마 미국이라는 제국은 그렇게 쇠(衰)해갈 가능성이 농후하며 이미 그 징조들이 보인다. 그것이 인류에게 다행한 일이 될지 아니면 또 다른 불행의 시작일는지는 알 수 없는 일이다. 소국과민(小國寡民)을 정치적 이상으로 삼았던 노자의 사유나 바보이반이라는 우화를 지어냈던 톨스토이의 사유를 깊이 음미해볼 순간이다.

2. 정치라는 것

"대한민국은 민주공화국이다. 대한민국의 주권은 국민에게 있고, 모든 권력은 국민으로부터 나온다."

박근혜 대통령을 탄핵시킨 촛불혁명의 대표적인 구호다. 온 국민이 다 아는 노래로 만들어지기도 했다. 이것은 우리나라 헌법 1조의 ①항과 ②항이다. 탄핵국면에서 온 국민이 이 노래를 끝없이 불렀고, 마침내 '국민주권', 혹은 '주권재민'을 확인했다. 그렇게 우리는 민주주의를 회복시켰다. 그런데 잘 생각해보면, 이것이 바로 정치다.

흔히 정치라는 말을 들으면 대통령과 장관, 특히 국회의원들과 여당과 야당을 생각한다. 그리고 많은 사람들은 치를 떤다. 그럴 만도 하다. 여야의 극단적인 대립과 폭력국회, 동물국회 같은 이미지들이 차 있기 때문이다. 이는 물론 정치혐오를 불러와서 국민들이 정치에 학을 떼게 하고 정치에 관심을 가지지 않게 하여, 소수의 정치전문가 혹은 정치모리배들과 기득권층이 정치와 권력을 독점하고 농단하려는 수작이기도 하다. 언론도 거기에 크게 한 몫을 하고 있다.

엄밀하게 말해 그동안 우리나라 국민들에게 있어서 정치는 선거

철에만 작동했다. 이런 현상은 비단 우리나라만이 아니라 세계 대부분의 나라에서 벌어지고 있는 현실이다. 정치현실이 급변하는 격동기를 지나 안정기에 접어들면 모든 나라에서 국민들이 먹고 사는 일에만 집중하도록 만들고, 그들이 살아가는 세계에 대해서는 관심을 끊도록 유도한다. 그러나 형식적으로 민주주의를 채택하고 있기 때문에 선거라는 형식은 살아있고, 이 제도가 있는 한 선거철에는 국민들 사이에서 정치가 작동한다. 대개의 경우 현실과 유리된 한 장의 투표지, 한 표의 의미만 가질 뿐인 정치다.

물론 나의 한 표가 세상을 바꾼다. 그런 한 표, 한 표들이 모여 세상이 뒤집어지고, 우리는 그것을 이미 몇 차례 경험했다. 소중한 한 표이고, 소중한 경험이다. 그러나 정치가 투표장에서의 한 표로만 환원될 때, 우리의 삶과 일상은 소수의 정치인이나 관료들에게 찬탈되고 만다. 그리고 선거 주기에 맞춰 이런 찬탈행위들은 반복된다.

현대정치에서 선거 혹은 투표라는 행위는 매우 중요한 것이기는 하지만, 정치 자체라는 측면에서 봤을 때 극히 작은 일부분일 뿐이다. 일단 의심해봐야 하는 것은 모두 진리처럼 여기고 있는 대의제(代議制)라는 것이다. 우리는 이것을 당연한 것으로 여기고 있으나 과연 대의제는 당연한 것인가? 누군가 나를 대신해서 정치행위를 한다는 것, 그리고 나는 먹고사는 문제에 집중한다는 것이 과연 당연하게 받아들여야 하는 것인가? 직접민주주의, 혹은 시민의 직접행동은 불가능하거나 매우 특별한 경우에만 발동되는 것이어야 하는가? 특히 인터넷이 지금처럼 발달해있는 상황에서도?

정치는 몇 가지 영역으로 나눌 수 있다. 우리가 논어와 성서에 나타난 공자와 예수의 정치에 대한 생각과 태도, 혹은 행위를 읽을 때 반드시 이런 것들을 고려해야 한다. 그렇지 않으면 공자와 예수의 사유와 행위를 크게 오해할 수 있다.

1) 권력으로서의 정치와 해방하는 행위로서의 정치

정치, 혹은 정치행위(자)를 생각할 때 머릿속에 가장 먼저 떠오르는 단어들은 국가, 주권, 권력, 다스림, 군림, 국민, 영토, 대통령, 장관, 국회, 국회의원, 여야당 같은 것들로, 주로 권력과 관련이 있는 낱말들이다. 이런 것들이 흔히 우리가 생각하는 정치다. 하나의 안정된 국가가 있고, 그 국가를 운영하기 위해 국민들로부터 권력을 위임받은 소수의 사람들이 있다. 그리고 여러 시험을 통해 선발된 공무원들이 국민들의 필요를 채워주기 위해 일을 한다. 우리가 알고 있고 경험하는 세계다.

그러나 그것만이 정치인가? 북아일랜드에서 해방운동을 하던 사람들이 모종의 테러행위를 하고 감옥에 갇혀있었다. 그들 중 일부가 단식을 하면서 끝내 감옥에서 죽어갔다. 그들이 단식을 하면서 요구했던 것은 자신들을 '정치범 대우'를 해달라는 것이었다. 즉 자신들의 행위는 단지 폭력범죄가 아니라 북아일랜드를 해방하기 위한 투쟁이었고, 이것은 정치행위이기 때문에 폭력범이나 테러범이 아니라 정치범으로 대우 받아야 마땅하다는 것이다. 물론 영국은 이를 인정하지 않았고, 그들은 끝내 감옥에서 단식투쟁을 하다가 죽어갔다.

안중근 의사 역시 재판에서 자신을 '대한의군 참모중장'이라고 주장했다. 단지 이토 히로부미라는 한 늙은 일본인을 죽인 살인자나 테러범이 아니라 독립전쟁을 하는 군대의 장군이라는 주장이 저변에 깔려있다.

멀리 갈 것도 없다. 바로 이곳 광주에서 벌어진 5.18이 바로 정치행위였다. 물론 5.18이 권력을 잡기 위한 반역이나 쿠데타는 아니다. 정치를 권력의 문제로만 환원하면 그런 문제가 발생한다. 5.18은 해방의 정치, 해방을 위한 정치였다. 아무도 권력을 지향하지 않았고, 권력을 잡기 위한 노력을 하지 않았다. 오히려 부당한 권력에 의해 억압받는 민중의 항거였으며, 민주주의를 회복시키고 인간답게 살아보기 위한 투쟁이었다.

5.18 이전에도, 그리고 5.18 이후에도 한국사회는 끊임없이 이 해방의 정치를 위해 나서는 사람들이 있었다. 그들의 노고는 87년 6월 항쟁으로, 2017~18년 촛불혁명으로 이어졌다. 때로 권력을 가진 사람들로부터 불법 부당한 탄압과 박해가 있었음에도 불구하고 해방을 위한 정치, 해방을 향한 정치는 끊이지 않았다. 광주YMCA 역시 이 찬란한 전통 위에서 100주년을 맞이하고 있지 않은가? 100년 전 암울했던 조선 땅을 해방시키기 위한 오방선생의 노력이 지금까지 이어져온 것 아닌가?

2) 거시정치와 미시정치, 혹은 생활정치

정치를 구분하는 또 다른 방법은 한 국가단위의 문제들을 다루는 영역과 시민들의 일상과 생활공간에서의 문제들을 해결하기 위한 노력으로 나눠보는 것이다. 전자를 거시정치, 후자를 미시정치, 혹은 생활정치라고 이름 붙여 보았다.

이렇게 구분하는 것은 우리 삶의 모든 영역이 정치로부터 자유로울 수 없으며, 더 나아가 이를 적극적으로 받아들여야 한다는 주장이기도 하다. 사회적으로 결정되는 거의 모든 것은 정치의 영역이다. 재난지원금을 개개 국민들에게 지급할 것인가 아니면 중소 자영업자들을 중심으로 지급할 것인가 하는 것도 정치의 문제이며, 택배노동자들의 죽음을 더 이상 방치할 수 없다는 것도 정치의 문제이다. 아주 소소하게 지하철요금, 전기요금을 결정하는 것도 정치의 문제이다.

이런 문제에 대해 결정권을 가지는 권력자를 선출하는 것만이 정치가 아니라, 시민들이 이 논의에 끼어들고, 나아가 적극적으로 주도하는 것이 미시정치이자 생활정치라고 할 것이다.

3) 국가정치와 시민자치

정치를 나누는 또 하나의 기준은 지방자치단체를 포함한 국가의 정치, 혹은 국가 단위로 이루어지는 정치와 시민들의 자치로 나누는 것이다. 자치(自治)는 스스로가 다스리는 것이다. 자신을 다스릴 권리나 권한을 남에게 양도하는 것이 아니라 스스로 그 힘을 갖추고 다스리는 것이다.

물론 이것이 국가 단위의 자치로 나타나기도 한다. 간디가 주창했던 힌두 스와라지(Hindu Swarāj)의 경우 영국의 식민지배에 대항하기 위한 인도인들의 자치라는 차원에서 벌였던 운동이다. 외적으로 드러나는 식민지배가 거의 철폐된 현재도, 결국에는 과거의 식민 모국에 경제적으로 종속된 피식민국가의 경우 간디의 힌두 스와라지처럼 자치운동을 벌여나갈 필요가 있다.

우리나라의 경우는 어떤가? 서울과 수도권 중심으로 모든 것이 집중되는 상황에서의 지방자치도 자치의 한 부분이고, 아주 작게는 내가 사는 마을의 사소한 일들을 주민들이 직접 풀어나가는 행위도 자치의 일부이다.

다양한 영역에서의 자치가 벌어지고 있고, 필요하기도 하지만, 요는 시민, 혹은 주민, 혹은 당사자가 직접 자신의 문제를 해결한다는 것이다. 사익을 추구한다는 차원이 아니라 자신의 문제를 공론화하는 것이다. 공론의 장으로 끌고 나와 다른 이해당사자들과의 토론과 협의 협력을 통해 스스로 풀어나가는 것이 자치이자 생활정치인 것이다. 여기서 자치와 생활정치의 접점이 생긴다. 아파트의 난방비문제와 연관된 입주민 대표자회의 같은 것을 바꿔내는 것도 자치의 일종이기도 하다.

3. 가이사의 것은 가이사에게, 하나님의 것은 하나님께

그들은 말로 예수를 책잡으려고, 바리새파 사람들과 헤롯 당원 가운데서 몇 사람을 예수께로 보냈다. 그들이 와서 예수께 말하였다. "선생님, 우리는 선생님이 진실한 분이시고 아무에게도 매이지 않는 분이심을 압니다. 선생님은 사람의 겉모습으로 판단하지 않으시고, 하나님의 길을 참되게 가르치십니다. 그런데 황제에게 세금을 바치는 것이 옳습니까, 옳지 않습니까? 바쳐야 합니까, 바치지 말아야 합니까?" 예수께서 그들의 속임수를 아시고, 그들에게 말씀하셨다. "어찌하여 나를 시험하느냐? 데나리온 한 닢을 가져다가 나에게 보여 보아라." 그들이 그것을 가져오니, 예수께서 그들에게 물으셨다. "이 초상은 누구의 것이며, 적힌 글자는 누구의 것이냐?" 그들이 대답하였다. "황제의 것입니다." 예수께서 그들에게 말씀하셨다. "황제의 것은 황제에게 돌려주고, 하나님의 것은 하나님께 돌려드려라." 그들은 예수께 경탄하였다. (마가 12:13~17)

한국의 교회들은 대개 보수적이다. 이중적 의미로 보수적인데 신학 혹은 신앙적인 보수성과 정치적 보수성이 그것이다. 이 양자간에 어떤 상관관계가 있는지는 밝혀진 바 없지만, 대개의 경우 이 둘은 상통한다. 그 중 일부 대형교회를 중심으로 정치세력화를 시도했고, 지금도 하고 있다. 이승만 정부 때 권력의 단맛을 본 교회들이 조금 잠잠하다가 김영삼 씨가 대통령이 될 때부터 '장로 대통령 만들기'라는 명목으로 정치세력화 하더니, 이명박 정부에서는 그 극을 이루게 된다.

이어진 박근혜 정부에서도 이런 노력은 계속되고, 박근혜 정권까지는 어떤 예언자적인 소리도 없이 권력의 곁에서 그 단물을 빨아먹었다. 박근혜 정권의 몰락과 함께 권력에서는 밀려났으나 탄핵국면부터 코로나 사태 이전까지 문재인 정부가 들어서서도 태극기 집회를 주도하며 가진 권력을 놓치지 않기 위해 발악을 했다.

이들은 분명히 권력을 탐했다. 권력을 가지기 위해서 제주도민들을 학살하는데 앞장서기도 했다. 4.3 학살의 핵심세력인 서북청년단은 평안도와 황해도 등 서북지방 출신으로 영락교회에 적을 둔 월남한 기독교인들을 중심으로 구축된 세력이었다. 앞서 언급하지는 않았지만, 박정희, 전두환, 노태우 정권 하에서도 이들 보수적인 기독교세력은 항상 권력을 탐하며 정권의 앞잡이 노릇을 톡톡히 해냈다. 대표적인 것이 국가조찬기도회 같은 활동이다.

그러나 이들은 진보적이고 젊은 기독교인들의 해방적 정치활동에 대해서는 철저하게 억압하고 탄압했다. 아예 좀 진보적인 교단인 한국기독교장로회(기장) 같은 곳이나 한국기독교교회협의회(NCCK)와 그 상위기구인 세계교회협의회(WCC) 같은 곳도 그 자체를 이단몰이 했으며, 지금까지도 그렇게 하고 있다. 2013년 열린 WCC 제10회 부산총회를 망치기 위해 대형 보수교회를 중심으로 얼마나 노력했는지 우리는 잘 알고 있다.

이들이 교회 내의 젊은이들이나 진보적인 교회들이 하는 해방적 정치활동에 대해 탄압하면서 가장 많이 언급한 성서구절이 앞에 인용한 구절이다. 하나님의 것은 하나님께, 그리고 세속 권력은 가이사(카이사르)의 것이기 때문에 가이사에게 돌리라는 것이다. 이와 더불어 "내 나라는 이 세상에 속한 것이 아니"라는 요한복음 18장 36절과 "사람은 누구나 위에 있는 권세에 복종해야 합니다. 모든 권세는 하나님께로부터 온 것이며 이미 있는 권세들도 하나님께서 세워주신 것입니다."라는 로마서 13장 1~2절을 전가의 보도처럼 휘둘렀다.

그러나 정작 위 인용구의 뜻은 무엇인가? 그것을 살펴보자.

말은 사람을 살리기도 하고 죽이기도 한다. 살리는 말은 듣기 괴롭고 입에 쓰다. 그러나 죽이는 말은 항상 듣기 좋게 시작한다. 그것은 함정이고 덫이기 때문이다. 듣는 사람이 미끼를 물도록 듣기 좋은 말로 시작한다. 그리고 대부분은 그 미끼를 물고, 결국 자기 귀에 듣기 좋은 말 때문에 함정에 빠지고 올무에 걸린다. 예수를 찾아온 바리새인들도 이런 미사여구로 시작한다.

이런 말을 하는 사람들의 입에는 진실이 없다. 그들에게는 오직 사람을 죽일 의도만 있을 뿐이다. 그리하여 그들은 심지어 서로 원수끼리도 손을 잡는다. 바리새인들과 헤롯당원들이 손을 맞잡은 것처럼. 그것은 독립투사와 친일파가 손을 맞잡은 것과 비슷한 양상이다.

죽이려는 마음에서 시작되어 그 마음속에 진실이라고는 눈곱만큼도 없는 미사여구는 결국 사람을 함정으로 이끈다.

"그런데 황제에게 세금을 바치는 것이 옳습니까, 옳지 않습니까? 바쳐야 합니까, 바치지 말아야 합니까?" (14b)

드디어 마각이 드러났다. 올무가 펼쳐진 것이다. 정말 애쓴 흔적이 역력하다. 바리새인과 헤롯당원이 합작한 훌륭한 함정이고 올무다. 누가 여기서 빠져나갈 수 있을까?

로마에 세금을 바치는 문제는 뜨거운 감자다. 누가 로마에 세금을 내지 않을까? 그리고 또한 누가 로마에 세금 내는 것을 옳다고 여긴 다거나 기쁨으로 낼까? 누구나 마지못해 억지로 내고 있을 뿐이다.

세금 내는 문제가 정말 이들에게 '문제'였고, 실존을 걸고 물어야 할 것이었다면, 그렇게 절박했다면 이런 식으로 물어서는 안 된다. 이 질문은 단지 책잡기 위한 질문일 뿐이다. 이런 문제는 옳고 그름, 선·악, 당위의 차원에서 질문될 수 없다.

여기서 예수께서 어떻게 대응하시는지 잘 살펴볼 일이다. 우문(愚問)을 넘어서는 악의적인 질문과 함정 앞에서 보통의 사람들은 그 위기를 지혜롭게 넘기려고 한다.

그러나 동서고금을 막론하고 위대한 스승들은 우문(愚問)과 악의적인 질문에도 반드시 현답(賢答)을 한다. 단지 그 위기 상황을 넘기기 위한 소위 '지혜로운' 답을 찾지 않는다. 스승들은 악의적인 질문임에도 불구하고 선의로 그들을 대하여 진리를 가르친다. 결코 질문자와 동일한 지평에 서지 않고, 항상 그보다는 윗길에서 답을 한다. 결국 질문자의 질문이 매개로 활용될 뿐, 대답은 언제나 진실과 진리이다.

"어찌하여 나를 시험하느냐?"는 예수의 말씀은 분노와 짜증이 아니라, 안타까운 마음에서 비롯된 책망으로 읽어야 한다. 왜 진리 앞에 용감히 서려고 하지 않고 스스로 자꾸 함정에 빠지려고 하는가에 대한 안타까움이고, 그들이 스스로 그 길로 가려고 억지를 부리는데 대한 질책이다.

예수는 동전 하나를 보여 달라고 하면서 그 표면에 새겨진 초상이 누구냐고 묻는다. 물론 황제다. 그리고 현답이 주어진다. "황제의 것은 황제에게, 하나님의 것은 하나님께!"

책잡으려고 했던 사람들의 눈에는 로마의 황제가 지배하는 이 세상만 보였을 뿐이다. 그리고 황제에게 적절하게 빌붙던가, 아니면 황제에게 대항하면서 민중의 신뢰를 얻어 기득권을 유지하고 있는 '자기들의 세계'만 보였을 뿐이다. 그들은 동전 표면에 새겨진 그 겉모양만의 세상에서 살고, 그 세상의 방식과 룰에 따라 사고하고 행동했다. 그 세상에서 살든지 아니면 죽든지, 승하든지 혹은 망하든지, 협력하든지 저항하든지 상관없이, 그 세계에만 귀속된 사람들이다. 우문 혹은 악의에 찬 질문을 했던 사람들이건 그들과 예수의 대화를 무한한 궁금증과 호기심으로 지켜보고 있다가 예수의 대답에 경탄한 사람들이건 모두 이 세상에 속한 사람들이다. 그들의 눈에는 하나님이 보이지 않았다.

오해가 없기를! 이 세상을 누가 지배하는지, 혹은 이 세상이 정의로운지 아닌지, 민중이 얼마나 고통을 받고 있는지 하는 문제들에 대해서 무시하거나 무지하거나 관심 없어 해도 된다는 것이 아니다. 불의는 불의고, 그에 대해서 저항을 해야 한다. 그러나 그 저항이 어떤 자리에서 하는 저항이어야 하는가가 문제가 된다는 것이다. 황제와 동일한 지평에서 황제에게 대항한다는 것은, 결국 황제를 몰아내고 자신이 황제가 되겠다는 것일 뿐이다. 인류의 역사가 그것을 증명하고 있다. 황제나 부르주와, 혹은 파시스트의 독재를 끝장내고 프롤레타리아의 독재를 외친다고 해봐야 그것은 결국 이 세상의 일이다.

자본과 자본가의 지배아래서 고통 받고 있는 민중의 해방을 추구해야 한다. 모순이 있다면 그것의 극복을 위해 노력해야 한다. 그러나 그것이 단지 그 모순과 동일한 지평에서의 해방이라면, 변증법의 원리대로 약간 다른 모순으로의 전환일 뿐이다. 이 황제에서 저 황제로의 전환인 것이다. 그것은 이 세상에 속한 것일 뿐이다. 그러나 엄밀하게 보자면 이 세상에서의 해방의 추구 역시 황제의 것이 아니라 하나님께 속한 것이고, 그 지평에서라야 비로소 해방이 가능하다.

오직 예수만 황제가 다스리는 '표면' 너머에 있는 하나님을 보았다. 하나님과 하나님의 다스림, 즉 하나님의 나라를 보았던 것이다. 그리고 사람들의 공격에 잇대어 진리를 선포한다. "하나님의 것은 하나님께!"

하나님의 것이 아닌 게 뭐가 있을까? '하나님의 것은 하나님께' 라는 말씀은 사람들의 눈을 새롭게 뜨도록 하는 충분한 힘이 있는 말씀이다. 도대체 하나님께 속하지 않은 것이 무엇이란 말인가? 마치 자기가 주인인양 행동하는 로마의 황제라고 하더라도 하나님의 것이 아닌가? 이 빛에서 이해하면 도대체 황제의 것이라고 할 만한 것이 있는가? 그의 소유? 그의 영토? 그의 권력? 그 어느 것도 심지어 황제 자신조차도 자신의 것이 아니지 않은가? 더 나아가 황제뿐만 아니라 그 자리에 있는 모든 사람들 역시 자신의 것이 아니다. 모두 하나님의 것, 하나님께 소속된 것이다. 도대체 '이 세계'라고 할 만한 것이, '이 세계' 자체가 존재하는 것이기는 할까?

사람들은 예수의 이 대답에 경탄했다. 예수께서 지혜롭게 함정을 빠져나갔다고 생각해 경탄했는지, 진리의 말씀에 경탄했는지는 모를 일이다. 그러나 결국 예수의 이 말씀을 받아들이는 사람은 극히 소수였다. 예수의 십자가 앞에 모든 이들이 철저히 무너졌기 때문이다.

이어지는 12장과 13장은 차원과 지평이 다른 두 세계에 대한 이야기다. 이 이야기는 13장 2절, "돌 하나도 돌 위에 남지 않고 다 무너질 것이다."에서 절정에 이른다.

예수는 정치에 무관심하거나 정치적 감각이 부재했는가? 그렇지 않다. 십자가를 향해 가는 모든 여정을 볼 때 탁월한 정치적, 정무적 감각을 가지고 있었음을 알 수 있다. 마지막 일주일 동안 성전을 뒤엎으며 정화한 사건이라든가, 안식일 규례를 중심으로 한 율법의 억압에서 사람을 자유롭게 한 일들을 살펴보면 해방의 정치학과 관련이 있음을 알게 된다.

민중신학에서는 '갈릴리 예수'를 중요하게 생각한다. 그는 갈릴리에서 자랐으며, 거기서 주로 사역했다. 그리고 갈릴리 민중들의 애환을 듣고, 그들을 고통에서 해방시켰다. 더불어 갈릴리 사람으로 죽었다. 부활한 이후 천사들은 무덤을 찾은 여인들에게 "그(예수)는 그들(제자들)보다 먼저 갈릴리로 가실 것이니, 그가 그들에게 말씀하신대로 그들은 거기서 그를 볼 것이라고 하시오."(마가 16:7)라고 하였다. 예루살렘이 권력과 기득권의 땅이라고 한다면, 갈릴리는 민중의 땅이다. '예루살렘의 권력에 의해 거기서 죽은 예수는 부활하여 바로 그 민중의 땅 갈릴리로 가실 것이다. 거기서 그를 만날 것이다.'라는 테마는 민중신학의 핵심테마이다. "해방의 땅 금남로에 되살아 나리니, 살아서 춤추리니, 어둠을 딛고 노동해방 그날에 꼭 살리라."라는 민중가요의 가사는 바로 이 갈릴리 예수를 모티프로 한 것이기도 하다.

권력으로서의 정치라는 관점에서 보자면, 예수는 그 편에 서고자 하지 않았다. 그는 세계를 지배할 권력을 추구하지 않았다. 그러나 그것이 예수가 정치에 관심이 없었다는 것을 의미하지 않는다. 오히려 예수가 관심 가졌던 것은 해방의 정치였다. 이는 그가 살았던 세계가 로마의 식민지배하에 있었다는 것과 무관하지 않다. 이런 역사적-사회적 배경 속에서 정치에 대한 그의 관점과 사유를 읽을 필요가 있다.

그의 나라는 이 땅에 있는 것이 아니었다. 그는 하나님 나라라는 해방세상을 꿈 꾼 진정한 혁명가였다.

4. 政者, 正也!

예수가 살던 1세기 팔레스타인 사람들에게 권력으로서의 정치는 과소(寡少)한 것이었다. 그 상황이 그럴 수밖에 없었다. 옥타비아누스가 아우구스투스가 되어 제정(帝政)로마를 연 바로 그 시기였으니 말이다. 그러나 공자가 살던 기원전 6세기 중국은 과잉(過剩)정치의 시대였다. 입 가진 식자라면 누구나 세상을 돌며 자신을 써 달라고 유세(遊說)하던 시대였다. 주나라 후기가 되면서 수백 개의 제후국이 몇십 개로 좁혀지고, 결국 전국시대에 후기에 이르러서는 7개(제후국으로 치자면 4~5개)가 남아 각축을 벌이다가 결국 진(秦)나라에 의해서 통일되는 그 격동의 시기, 즉 주라고 하는 봉건 제국이 해체되어 가면서 진이라고 하는 관료 제국이 새로이 형성되는 그 격동의 시기 한복판을 공자는 지나고 있었다. 마차 몇 개에, 때로 마차도 없어 노구를 이끌고 몇 제자들과 함께 이 나라 저 나라로 전전하던 공자의 모습은 정치과잉 시대의 한 단면을 보여준다.

공자는 현실정치, 즉 권력으로서의 정치에 참여하고자 하지 않았을까? 아니다. 그는 기회가 되는 대로 정치지도자들을 만나 자문에 응했을 뿐만 아니라 논어 여러 단편에서 자신이 정치에 직접 참여하고 싶다는 뜻을 피력한 흔적이 남아있다. 다음의 단편들을 살펴보자.

> 子貢曰 有美玉於斯, 韞匱而藏諸? 求善賈而沽諸? 子曰 沽之哉!
> 자공왈 유미옥어사 온독이장저 구선고이고저 자왈 고지재
>
> 沽之哉! 我待賈者也.
> 고지재 아대고자야
>
> 자공이 말하였다. "여기에 아름다운 옥이 있는데 궤 속에 간직해야 하겠습니까? 아니면 좋은 상인을 만나 팔아야 하겠습니까?" 선생님께서 말씀하셨다. "팔아야지! 팔아야지! 나는 살 사람을 기다리는 자다." (자한편)

딱히 설명이 필요치 않은 단편이다. 자공은 공자를 미옥(美玉)에 빗대어 공자의 거취에 대해 직접적으로 물었다. 공자는 전혀 머뭇거림이나 거리낌 없이 "팔아야지! 나는 살 사람을 기다리는 자다!"라고 대답한다. 공자는 결코 아카데미즘에 갇힌 사람이 아니었다. 그는 자신은 물론 제자들까지도 자신의 배움을 통해 세상과 현실을 변화시

키려는 의도를 단 한순간도 숨기지 않았다. 다만 그것은 철저히 위기지학(爲己之學)의 입장에서 수기(修己)의 '결과'로 나타나는 것이지, 그 녹(祿)을 위해 공부하는 것이 아니었을 뿐이다. 공자는 어느 순간부터 자신이 세상을 바꿀 충분한 역량이 있음을 알고 있었고, 그것을 자신하기도 했다.

子曰 苟有用我者, 期月而已可也, 三年有成.
자 왈 구 유 용 아 자 기 월 이 이 가 야 삼 년 유 성

선생님께서 말씀하셨다. "진실로 나를 쓰는 사람이 있다면 한 해만 지나도 괜찮아지고, 삼년이면 성과가 있을 것이다."

여기서 기월(期月)은 제 달이 돌아오는 기간, 즉 1년을 의미한다. 1년이면 그것만으로도(이 已) 충분하다는 것이다. 그리고 3년이면 가시적인 성과가 드러날 것이고. 공자는 이런 자신감을 가지고 자신을 등용할 사람을 기다리는 사람이었다.

그러나 결과적으로 아무도 그를 등용하지 않았다. 십여 년의 유랑은 자기 수련의 과정임과 동시에 정치적 박해를 피한 시간이기도 했고, 자신을 등용할 사람을 기다리는 시간이기도 했다. 여러 사람이 공자에게 접근해 왔고, 그에게 자문했다. 그러나 아무도 그를 써주지 않았다. 사실을 말하자면, 아무도 그를 등용할 수 없었던 것이다. 그를 쓰고자 하는 사람들, 혹은 그를 등용할 수 있는 사람들과 공자는 추구하는 이상이 달랐기 때문이다.

앞선 강의에서도 살폈듯이 계강자가 보여준 태도가 대표적인 것이었다. 그는 사람을 죽여서라도 백성이 말을 잘 듣고 도둑질하지 않기를 바라서 공자에게 그 방책을 물었다. 그에 대한 공자의 대답은 "단지 당신이 욕심을 부리지 않는다면 설혹 상을 준다고 해도 훔치지 않을 것이다."(苟子之不欲 雖賞之, 不竊)라거나 "당신이 선하고자 하면 백성들도 선해질 것이다."(子欲善而民欲善)라고 대답한다.

당시의 위정자들은 자신은 하나도 바꾸지 않으면서 백성들만 바꾸기를 바랐다. 오늘날이라고 다를까? 어느 시기나 마찬가지였다. 특히 당시는 권력을 잡고 강화하려는 이유 자체가 부국강병하여 더 큰 나라로 가고자 하는 욕심 때문인데, '당신이 욕심을 부리지 않으면'이라거나 '당신이 선하고자 하면'이라는 말이 한가하게 들렸던 시대였다.

공자는 자신을 닦아서 만들어낸 결과를 세상과 나누기를 원했다. 그는 현실정치에 참여해서 자신의 이상을 펼칠 기회를 만들려고 했다. 그러나 세상은 그를 이용하려고 하였지 그를 등용하지는 않았다. 오히려 부담스러운 존재로 여겼을 뿐이다. 이런 상황에서 공자는 자신의 원칙을 돈과 바꾸지 않았다.

그가 바랐던 정치의 정체는 무엇이었을까? 다음의 단편이 단적으로 보여준다.

季康子問政於孔子. 孔子對曰 政者, 正也. 子帥以正, 孰敢不正.
계 강 자 문 정 어 공 자　공 자 대 왈　정 자　정 야　자 솔 이 정　숙 감 부 정

계강자가 공자에게 정치에 대해 묻자 공자께서 대답하였다. "정치란 바로잡
는 일입니다. 당신이 올바름으로써 앞장선다면 누가 감히 올바르지 않겠습니
까?" (안연편)

공자는 세상을 바로잡기를 바랐다. 그리고 그 바람의 방식이 정
(政)이었다. 그런 맥락에서 공자는 아주 적극적으로 정치에 간여하고
자 했고, 자신을 살 사람을 기다리는 중이라고 유쾌하게 말하기도 하
였다. 정(政)을 통해 정(正)해지는 것, 그리고 자신은 그 도구나 매개
로 쓰이는 것이다. 그 전까지 정(政)은 강(强)과 부(富)를 위한 것이었
다. 그러나 공자는 바로잡는 것을 추구했다.

무엇을 바로잡아야 하는가? 세상을 바로잡기 위해서는 어찌해야
하는가? 공자에게 있어서 답은 간명하다. 수기(修己)! 자신을 바로잡
는 것이다. 그것도 남을 바로잡기 위해 애쓰는 것이 아니다. 자신을
바로잡고 그 결과가 타인에게 미치는 것이다.

나 자신을 바로잡으면 어떻게 될 것인가? 이에 대해 공자는 천하
가 바로잡힌다고 말한다. "하루라도 나를 이기고 예로 돌아온다면,
천하가 어짊으로 돌아올 것이다."(一日克己復禮 天下歸仁焉)라고 말하지
않았는가?

이미 누군가는 권력을 가지고 있다. 부정하려고 하여도 세상은 이
미 부정할 수 없다. 정치란 상존하는 것이다. 권력도 마찬가지다. 그

런데 그 권력이 권력 아닌 것이 될 때 비로소 세상이 올바르게 된다. 권력을 가진 사람이 올바르게 될 때, 마치 굽은 것 위에 곧은 것을 놓으면 굽은 것이 펴지듯, 세상은 그렇게 바뀔 것이다.

5. 君君 臣臣 父父 子子!

세상이 올바르게 하는 정치는 구체적으로 어떻게 이루어지는가? 이에 대한 공자의 대답은 간명하다.

> 子路曰 衛君待子而爲政, 子將奚先? 子曰 必也正名乎! 子路曰 有是
> 자 로 왈 위 군 대 자 이 위 정 자 장 해 선 자 왈 필 야 정 명 호 자 로 왈 유 시
>
> 哉? 子之迂也. 奚其正? 子曰 野哉! 由也. 君子於其所不知 蓋闕如也.
> 재 자 지 우 야 해 기 정 자 왈 야 재 유 야 군 자 어 기 소 부 지 개 궐 여 야
>
> 자로가 말했다. "위나라 임금이 선생님을 모시고 정치를 하면 선생님께서는 장차 무엇부터 하시겠습니까?" 선생님께서 말씀하셨다. "반드시 정명(正名) 하겠다." 자로가 말했다. "그런 것도 있습니까? 선생님께서는 너무 돌아서 가시는 것 같습니다. 그것을 바로잡아 뭐하겠습니까?" 선생님께서 말씀하셨다. "조야하구나, 유는! 군자는 자기가 알지 못하는 것에 대해서는 비워두어야 하는 것이다." (자로편)

'이름을 바로잡다, 명칭을 바로잡다'로 번역하는 소위 정명론(正名論)이 정확히 언급된 구절이다. 만약 위나라 임금(출공(出公)이라고 추측)이 선생님을 모시고 정치를 한다면 무엇부터 하실 겁니까, 라는

자로의 물음은 사실 자신이 위나라로 가서 출공을 섬기려 하는데, 어떻게 해야 할까를 물은 것이다. 공자가 70세쯤 되어서 벌어졌던 일이기 때문에 공자에게 직접 정치를 하라고 권하는 구절은 아니다.

늘 그렇듯 공자는 자로의 기대를 여지없이 무너뜨린다. 正名, 이름을 바로잡겠다, 명칭을 바로잡겠다는 뜬구름 잡는 말로 대답한 것이다. 자로의 대꾸 역시 늘 그러하듯 심드렁하다. "그런 것도 있습니까?"(有是哉?) 이는 修己以敬을 말할 때 "그럴 뿐입니까?"(如斯而已乎?)라고 했던 것을 연상시킨다. 그리고 자로는 이어서 "선생님은 너무 먼 이야기를 하시는군요, 너무 돌아서 가시는군요. 그것을 바로잡아 뭐 하겠습니까?"라고 묻는다. 자로답다.

자로의 입장에서는 이해할 수 없었을 것이다. 위나라 출공을 섬긴다는 것은 그 아버지(후장공)와 공위를 다투는 전투를 해야 한다는 말인데, 뜬금없이 이름을 바로잡는다니! 자로의 공자에 대한 퉁명스러운 비판 혹은 되물음은 현실을 전혀 모르지도 않는 분이 왜 그러시냐는 뜻이 담겨있기도 할 것이다. 자로는 장군이었고, 결국 위나라로 가서 그 난장판에 칼을 휘두르다가 죽게 된다. 正名이 위나라 특유의 상황에 기인한 것인지는 확실하지 않다. 그러나 그 가치 자체는 유효하다. 어떤 것이 정명인가? 마지막으로 한 구절을 더 살펴보자.

齊景公問政於孔子. 孔子對曰 君君, 臣臣, 父父, 子子.
제 경 공 문 정 어 공 자   공 자 대 왈   군 군   신 신   부 부   자 자

제나라 경공이 공자에게 정치에 대해 묻자 공자께서 대답하셨다. "임금은 임

금답고 신하는 신하다우며 아버지는 아버지답고 자식은 자식다워지는 것입니다." (안연편)

흔히 이 구절을 논어에서 正名을 설명한 구절로 꼽는다. 이름을 바로잡는다는 것은 세상이 그 이름처럼, 그 명칭처럼 돌아가는 것을 말한다. 여기서 이름 혹은 명칭(名)이라고 한 것은 단지 이름과 명칭, 혹은 단어가 아니다. 名을 '개념'으로 봐야 한다. 개념이란 복잡한 인간사회의 어떤 사태를 한 마디 말로 포착해내는 것이다. 그 개념을 제대로 포착할 때 우리의 눈이 새롭게 열린다. 사태의 본질을 명확히 파악하게 되는 것이다.

그러나 그 반대의 경우도 있다. 개념을 혼돈에 빠뜨리는 것이다. 대표적인 것이 '자유', '평등', '정의' 같은 개념이다. 이 개념들은 인류가 피를 흘려 얻어낸 가치고 앞으로도 보존해야 할 소중한 가치들이다. 그러나 그것이 신자유주의 같은 개념으로 변질되어 버리면 사태가 혼란스러워진다. 개념이 왜곡되면 현실이 손 쓸 수 없을 정도로 엉켜버린다. 한 사회가 망가져버린다. 이 책을 발간하는 2024년, 우리는 모든 개념이 망가져버린 혼란한 사회를 살고 있지 않은가? 오늘날 공자에게 어떻게 정치를 해야 하느냐고 묻는다면 아마 첫 마디로 정명(正名)을 얘기할 것이 분명하다.

정명의 세상은 어떤 세상인가? 그런 정치는 어떻게 가능한가?
마지막으로 한 구절을 더 살펴보자.

子曰 無爲易治者 其舜也與. 夫何爲哉? 恭己正南面而已矣.
자 왈 무 위 이 치 자 기 순 야 여 부 하 위 재 공 기 정 남 면 이 이 의

선생님께서 말씀하셨다. "아무것도 하지 않고 다스린 이는 곧 순임금이실 게다.
실로 무엇을 하셨겠느냐? 스스로를 공경히 한 채 똑바로 남면하셨을 뿐이다."
(위령공편)

이것이 공자가 바라는 이상적인 정치였다.

11

십자가와 中庸,
그 하찮은 것들이 만드는 새로운 길

십자가와 中庸,
그 하찮은 것들이 만드는 새로운 길

1. 극중주의(極中主義)? 중도(中道)?

극중주의는 2018년 대통령 선거에서 안철수가 들고 나온 어처구니없는 캐치프레이즈다. 극(極)이라는 말은 '끝'이라는 뜻을 가지고 있기에, 주로 연결되어 사용되는 단어가 끝과 연결된 말들이다. 극단(極端), 극한(極限), 극한(極寒), 양극(兩極), 극심(極甚), 궁극(窮極), 극치(極致), 극지(極地), 남극(南極), 북극(北極), 극대(極大), 극소(極小) 같은 말들이다. 반면 중(中)은 말 그대로 極에서 벗어난 어떤 것을 지칭하는 말이다. 그런데 이런 의미를 가진 극(極)과 중(中)이 과연 어울리는 조합일까? 뭐 말이야 붙이기 나름이고, 그런 노력을 통해 새로운 개념과 의미를 만들어낼 수도 있겠지만, 극과 중을 붙인 조어는 말 그대로 모순(矛盾)이다.

여야, 혹은 진보와 보수의 대립이 말 그대로 극단적으로 치닫고 있는 상황이다. 최근의 사태를 보면 그런 상황처럼 보인다. 현재는 검찰개혁을 둘러싼 갈등으로 표출되고 있고, 인신공격과 비난이 난무하고 있다. 할 수 있는 모든 것, 아니 해서는 안 된다고 하는 모든 것까지 총동원되어 싸우고 있는 형국이다. 이런 상황에서 상당히 많은 사람들이 소위 중도(中道)를 선택해서 양자를 모두 비난한다.

이런 분위기에 편승해 소위 중도층의 민심을 잡아 그것을 바탕으로 자기 정치를 하려고 한 사람들이 내세웠던 것이 극중주의다. 말인 즉슨 중도의 극에 이른다는 것이고 철저히 중도를 지키겠다는 것이다. 우리나라 정치지형상 대략 진보지지층과 보수지지층이 30~40% 내외로 갈리는 상황에서 중간에 있는 30%내외의 중도파를 자기 기반으로 삼으면 뭔가 큰 것을 노려볼 수 있겠다는 정치적 셈법이기는 한데, 이는 이론적으로도 실질적인 정치적 셈법으로도 어리석은 길이었음이 판명되었다. 그럼에도 불구하고 선거철이 아닌 시기에 여론조사를 해보면 여전히 중도층은 30%내외를 기록하고 있고, 아마이런 수치는 항상 지속될 것이다.

극중주의라는 주장이 허망한 개념이었음이 드러난 상황에서 소위 말하는 중도(中道)층이라는 것의 실체를 생각해 볼 필요가 있다. 언론에서 말하는 중도는 과연 중도인가? 단지 여-야든 진보-보수든 극단으로 치닫고 있고, 항상 극단을 이루고 있는 상황에서 그 양쪽에 속해있지 않다고 해서, 그 속하지 않은 무리를 중도(中道)층이라고 일컫는 것이 과연 타당한 일인가? 혹시 그냥 '무 입장 층'이나 '입장 유보 층', 혹은 '무관심 층'이라고 하는 것이 타당하지 않을까? 이 표현이 거슬린다면 중간층이나 영어 표현으로 쓰이는 스윙보터가 적당할 수도 있다. 왔다리 갔다리 투표 층.

중도 층에 대해 이렇게 박하게 평하는 이유는 현실적으로 그렇기 때문이기도 하지만, 중(中)이라는 말, 혹은 그와 연관된 중도(中道)라는 말이 가지는 말뜻이 극중주의나 소위 중도층이라고 할 때의 그것과 아무런 연관이 없기 때문이다. 중(中)은 같은 선상의 산술적 평균이나 같은 지평 위의의 평면적인 가운데를 의미하는 것이 아니다. 더군다나 입장 없음이나 유보, 혹은 무관심을 대체한다는 것은 어불성설이자 '가운데'에 대한 왜곡과 모독이다.

지금의 정치적 대립이 양극단의 대립인지에 대해서는 더 깊게 생각해 봐야 할 필요가 있다. 현실정치라고 하는 같은 지평위에 올라가 있는 양 당, 혹은 양 진영이기에 그렇게 보일 수도 있다. 하지만 과거를 지양하고 나오는 새로운 것과 과거의 유산과 찌꺼기가 여전히 남아서 앞으로 나가지 못하게 하는 것을 과연 같은 지평 위의 양단(兩端)이라고 할 수는 없는 것 아닐까? 지금 우리 사회가 도달해 있는 지점이 여기 아닐까?

양단(兩端)과 관련해서 그에 대한 대립항으로 나오는 중(中), 혹은 중도(中道)는 그 양단이 서 있는 동일지평 위의 평면적이고 산술적인 평균이 아니라, 양단의 질적이고 입체적인 지양이다. 지양(止揚,

Aufhebung)은 사전적으로도 '어떤 것을 그 자체로서는 부정하면서, 도리어 한층 더 높은 단계에서 이것을 긍정적으로 여겨 살리는 일'이라는 뜻을 가진다. 주로 변증법에서 사용하는 중요한 개념인데, 지금 서 있는 지평을 뛰어넘고, 초월하여 다른 지평으로 옮겨 간다는 뜻을 내포하고 있다.

2. 중도(中道)!

이런 중도의 한 예를 들어보자. 아래에서는 『희망을 찾는가』라는 책에 나오는 요한 갈퉁이라는 평화학자가 한 말을 옮긴 것이다. 이보다 더 적확(的確)하게 중도를 실천한 현실적인 예를 찾기가 쉽지 않아 보인다.

안데스 산맥에 자리한 약 500제곱미터의 넓지 않은 지대. 이곳을 둘러싸고 페루와 에콰도르가 서로 '내 땅이야!'라고 우기고 있었습니다. 양쪽 모두 이 땅에 대해 완벽한 주권을 행사하고 싶어 했지요. 당시 조정자로 불려간 나는, 이 공간을 양국이 다스리는 국립공원으로 지정할 것을 제안했습니다. 중재자로서 정치가들에게 건의를 할 때는 무조건 짧게 얘기해야 합니다! 나 역시 그랬습니다. "양국 공동 구역, 국립공원!" 3년 뒤 그것은 정말 평화적 해법이 되어 행동에 옮겨졌지요. 이른바 성공이라고 칭할 만한 것이었습니다.
그러나 내가 당시 제안한 것은 말로는 쉬웠어도 실제론 훨씬 복잡한 일이었습니다. 여기서는 되도록 짤막하게 얘기해보겠습니다. 우리가 쓰는 방식은 트랜센드(transcend)입니다. 말 그대로 '저편으로 넘어 가는' 것입니다. 앞서 본 경우처럼 우리 눈앞에 두 가지 상반되는 목 표가 있습니다. "이 땅은 내 거야! 네 것이 아냐!" 그런 남미의 두 나 라 간에 생긴 갈등을 놓고 나는 이렇게 말했습니다. "이 땅은 당신들 둘 다의 것입니다. 그러니 어디에도 국경을 긋지 마십시오." 두 나라 는 54년이라는 세월 동안 세 번이나 전쟁을 벌였고 국경을 확정하기 위해 수없이 많은 시도를 되풀이했습니다. 그런데도 그 시도는 번번 이 헛수고로 끝나고 말았습니다. 내가 한 일은 국경을 없애고 공동 구역을 정하는 제3의 방안을 수면 위로 끌어올린 것이었습니다. 지 금까지도 이 방안은 유효하고 여전히 제 구실을 하고 있습니다. 1998년 두 나라는 평화조약을 맺고 분쟁을 종결했습니다.

(중략)

이 경우 가장 좋은 것은 합의도, 중간지점을 찾는 것도 아닌, 이 모든 것을 내려다볼 수 있는, 고차원적인 수준의 시각을 찾는 일입니다. 이것이 건설적인 초월이며 서로 대립하는 두 입장이 만나고 융화하 는 방법입니다.

에콰도르와 페루가 대치중일 때 한쪽 대통령이 이렇게 말했습니다. "갈퉁 선생, 매우 창의적이군요. 그런데 지나치게 창의적이에요! 누 구도 그런 걸 제안한 적이 없습니다. 그런 아이디어는 처음 들어요. 그래서 그걸 이해하는 데 최소 30년, 실천하는 데 또 30년이 걸릴 겁니다." 그런데 실제로 딱 3년 걸렸습니다. 사물을 다른 시각으로 보기 시작한 젊은 사람들이 이미 많았기 때문입니다.

어떤가? 갈등하고 있는 양단의 질적이고 입체적인 지양이라고 할 만하지 않은가? 혹은 갈퉁이 말했듯 트랜센드(transcend 超越), 말 그 대로 '저편으로 넘어가는' 것의 적절한 예가 아닐까?

中, 혹은 中道란 이런 것이다. 평면적이고 산술적인 평균도 아니고, 입장 없음이나 유보, 혹은 무관심도 아니다. 오히려 진지한 관심과 철저한 사실관계 속에서 책임적인 자세로 적극적으로 입장을 표명하는 것이다. 다만 현재 놓여있는 지평을 여의는 것이 전제 되어야 한다.

한국사회에서 고질적이라고 할 만한 진영논리 속에 빠진 정치권이나 그것을 바라보는 국민들이 이런 시각을 가지게 된다면 어떨까? 풀릴듯하면서도 좀체 풀리지 않는 남북관계나 북미관계에서 저런 시각을 가지는 것은 어떨까? 안타깝게도 이런 길이 있음을 잘 알지도 못할 뿐만 아니라, 있다고 해도 인정하지 않으며 받아들이지 않으려는 마음들이 더 큰 것 같다. 갈퉁도 앞서 인용한 구절의 뒷부분에 이런 말을 덧붙인다. "내가 지금껏 겪은 바로는 최선의 화해 방식을 알고 있는 곳은 남아프리카공화국과 독일입니다. 반면 최악의 방식은 주로 북미에서 유래합니다. 미국의 판단, 미국식 기준이 지배하는 곳입니다. 그래서 화해는 없고 순교자만 양산됩니다."

3. 中庸之爲德, 가운데의 하찮음이 덕이 되니!

갈퉁이 제안한 방식이 현실 정치에서 받아들여졌다는 것은 사실 매우 드문 일일 뿐만 아니라 획기적인 일이기도 하다. 더군다나 54년간 세 번이나 전쟁을 할 정도의 국가 사이에서 말이다. 세 번의 전쟁과 수많은 협상과 결렬 속에서 서로에 대한 감정은 극으로 치달았을 것임에도 불구하고 이런 결과를 얻어낸 것은 놀라운 일이다. 어떤 대통령이 했다는 "지나치게 창의적"이어서 30년 지나야 이해되고, 30년이 또 지나야 현실화 할 수 있을 것이라는 말은 실현 가능성이 완전히 없다는 말을 점잖게 한 것일 뿐이다.

전쟁 속에서 죽어간 병사의 유가족 앞에서 갈퉁의 이 말은 얼마나 한가한 말로 들렸을까? 저 멀리 부유한 북유럽 출신의 등 따습고 배부른 학자의 탁상공론처럼 여겨질 뿐이었을 지도 모른다. 갈퉁은 노르웨이 출신이다. 그러나 죽어간 병사의 부모 입장에서나, 당장 총구를 들이대고 있는 병사의 입장에서 적에게 가지는 분노나 자신에게 다가오는 죽음의 그림자는 피 튀기는 현실로 느껴졌을 것이다. 그들에게 갈퉁의 한가로운 소리는 얼마나 하찮은 말이었을까?

子曰 中庸之爲德也, 其至矣乎! 民鮮久矣.
자 왈 중 용 지 위 덕 야 기 지 의 호 민 선 구 의

선생님께서 말씀하셨다. "가운데의 하찮음이 덕이 되니 그 얼마나 지극한가! 백성들은 오래 유지하는 일이 드물구나." (옹야편)

조금 이상하다. 흔히 중용(中庸)이라고 하면 논어, 맹자, 대학, 중용이라고 하는 4서의 한 권일뿐더러 유학에서 매우 중요한 개념이라고 알고 있다. 그리고 사전을 찾아보면 그 뜻을 "치우침이나 과부족이 없이 떳떳하며 알맞은 상태나 정도"라고 풀이하고 있다. 이런 사전적 뜻풀이가 맞다면 중(中)이라는 글자가 '치우침이나 과부족이 없이'라는 말과 상응한다. 그것이 中의 일반적인 뜻이다. 그리고 용(庸)

이라는 글자는 '떳떳함'이나 '적절한'에 해당할 것이다. 그러나 위의 인용에서는 庸을 '하찮음'으로 번역했다. 어쩌면 정 반대의 의미로 번역했다. 과연 무엇이 맞는 번역일까?

먼저 자전에서 庸을 찾아보면 다양한 뜻이 나오는데 중요한 것들을 추려보면 다음과 같다. ①떳떳하다 ②쓰다, 채용하다, 고용하다 ③범상하다, 범상, 보통, 범인 ④어리석다 ⑤수고, 노고 ⑥조세의 한 가지 ⑦어찌, 항상, ~로써 등의 어조사.

庸자가 쓰인 단어들을 살펴보면 일상적으로 어떤 뜻으로 쓰이는지 알 수 있다. 한 번 살펴보자.

庸劣(못생기고 재주가 남만 못하고 어리석음, 변변치 못함), 庸人(범용한 사람), 庸俗(범용하고 속되어 이렇다 할 특징이 없음), 庸拙(용렬하고 졸렬함), 庸夫(변변치 못하고 졸렬한 사내), 凡庸(평범하고 어리석고 변변치 못함, 혹은 그런 사람), 庸品(품질이 낮은 물건, 낮은 품계), 附庸(작은 나라가 큰 나라에 딸려 붙음), 庸僧(어리석고 변변치 못한 중), 庸工(재주가 용렬한 장색), 庸君(어리석어 잘 다스릴 자격이 없는 임금, 범용한 군주), 庸音(평범한 소리, 평범한 시문), 庸醫(범용한 의사), 庸才(평범한 재주), 庸行(평소의 소행), 庸愚(남보다 못생기고 어리석음), 庸儒(평범한 유생, 평범한 학자). 대개가 이런 식이다. 庸의 여러 뜻 가운데 주로 범상하거나 어리석다는 뜻으로 쓰였다. 다른 방식으로 쓰인 경우는 몇 개 없다.

공자가 살던 춘추시대의 말기는 에콰도르와 페루의 국경분쟁과 그에 따른 전쟁 정도는 비교할 수 없을 정도로 전쟁이 만연한 시대였다. 수십 개의 나라가 얽혀서 전쟁을 일삼았다. 서로가 서로를 죽고 죽이는 이 시대에 얼마나 큰 감정의 소용돌이가 있었을 것인가를 상상하는 것은 그리 어렵지 않다. 더불어 권력을 가진 사람들 입장에서는 모두가 부국강병만을 추구하던 시대였다. 그것이 더 큰 나라를 만들려는 욕망에서 기인했든, 아니면 이런 전쟁과 변란의 소용돌이 속에서 죽지 않고 살아남기 위한 생존본능에서 기인했든 말이다.

전란의 시대는 반드시 사람들을 몰아붙이고 선택하게 한다. 내 편인가, 아니면 적인가? 우리도 6.25를 중심으로 그 전후에 일어났던 사건들에서 그렇게 선택을 강요당하는 경험을 하지 않았는가? 그리고 그런 과정에서 얼마나 많은 사람들이 고통 받으며 죽어갔는가?

이런 시대의 한복판에서 공자는 외롭게 외치고 있다. "가운데의 하찮음이 덕이 되니, 그 얼마나 지극한가!" 이 말이 당시를 살던 수많은 사람들에게 어떻게 들렸을까? 그리고 사람들에게 어떻게 들리고 있다는 것을 공자는 몰랐을까?

그러하기에 공자는 中에 庸이라는 말을 붙인 것이다. '가운데다! 지금 극단의 선택을 강요받고 있고, 그러한 시대임을 앎에도 불구하고 나는 가운데를 말한다. 가운데라는 것이, 그리고 가운데를 말하고 있는 나의 이 말이 당신들에게 얼마나 하찮고 쓸데없게 느껴질지 잘 알고 있다. 그럼에도 나는 가운데를 말할 수밖에 없다. 아, 당신들이 하찮게 보고 용렬하다고 비웃는 그 가운데가 덕이 된다! 이 얼마나 지극한 일인가?' 중용을 말하는 공자의 마음은 아마 이러하였으리라!

논어에 中庸이라는 말이 나오는 구절은 옹야편의 이 구절 단 한 곳뿐이다. 그것도 참 이상하게 느껴진다. 유학에서 그토록 중시하는 중용이라는 말이 논어에 단 한 번 밖에 나오지 않는다니! 그것도 중용이 무엇인지 거의 알 수 없도록 아무런 풀이도 없이 '가운데의 하찮음이 덕이 되니, 그 얼마나 지극한가! 백성들이 오래 유지하는 일이 드물구나'라는 뜬금없어 보이는 이 한 구절뿐이다. 59개의 단편에 수록된 仁이라는 말과는 상이하면서도 묘하게 닮아 있다. 단 한번 언급한 중용이나 무려 59배나 많은 언급이 있는 仁 모두 그 실체에 접근하기가 매우 어렵다는 점에서 말이다.

인이든 예든 중용이든 간에 동일한 운명에 처해진다. 소위 '신학화'의 길을 걷는 것이다. 공자 사후 공자의 손자라고 알려진 자사를 거쳐 아성(亞聖)이라고 일컬어지는 맹자에 이르러서는 공자가 말한 원 뜻에서 한없이 멀어진다. 자사가 지은 중용(中庸)이라는 책에는 중용을 "中者天下之正道, 庸者天下之定理"(중은 천하의 바른 길이요, 용은 천하의 정한 이치다)라고 풀이한다. 공자 당시에는 중용이라는 말이 하나의 개념으로 성립되지 않았었다. 다른 말로 하자면 中庸이란 말은 공자가 처음으로 쓴 말이다. 그리고 당시에 庸은 앞서 살핀 대로 범상하고 하찮다는 의미로 쓰이고 있었다.

그런데 그 말이 공자 사후 그의 손자에 의해서 어마어마한 형이상학적 의미를 가진 하나의 철학적 개념으로 변모하게 되는 것이다. 그리고 그와 더불어 맹자에 의해 한 번 더 왜곡이 이루어지고(맹자 진심편), 그 이후로는 감히 범접할 수 없는 것으로 변모했다.

그러나 공자가 한 말은 대체로 그러한 신학화 작업 이전의 살아있는 말이다. 공자는 그런 식으로 개념화하지 않았다. 그저 말 그대로 그 상황 속에서 '가운데' 선다는 것이 얼마나 하찮게 보이는 일인지, 그럼에도 불구하고 그 하찮음이 덕이 되니 얼마나 지극한 일인지를 설파한 것일 뿐이다.

'중용'이라는 말이 직접 쓰이지는 않았지만, 그와 유사한 내용을 가진 단편이 몇 편 더 있다. 그것을 통해 중용의 의미를 새기는 것은 가운데에 선다는 것이 어떤 의미를 가지는지 이해하는데 도움을 준다.

子曰 不得中行而與之, 必也狂狷乎. 狂者進取, 狷者有所不爲也.
자 왈 부 득 중 행 이 여 지 필 야 광 견 호   광 자 진 취   견 자 유 소 불 위 야

선생님께서 말씀하셨다. "중행을 얻지 못하고 간여하면 반드시 급진적으로 되거나 결곡하게 된다. 급진적인 자는 나아가 취하려고 하고, 결곡한 자는 하지 않는 바가 있다. (자로편)

광(狂)은 성급하거나 과격하게 앞으로 나아가려는 경향을 가진 사람을 말한다. 자기가 가진 정의감 같은 것으로 세상을 함부로 재단하고, 그것을 이루기 위해 성급하게 앞으로 나아가는 사람이다. 이를테면 자로와 유사한 경향을 가진 사람을 말한다.

그 반대로 견(狷)은 절의를 지켜 뜻을 굽히지 않고, 스스로가 간직한 자신의 고결함에 대한 강한 의지를 가지고 있는 경향을 말한다. 스스로를 지키려는 경향이 강하기 때문에 그것을 받아줄 세상은 항상 자신의 고결함이나 절의에 미치지 못하여 세상으로 나아가지 않고 자신을 지키려고 한다. 현실을 바꾸지 못하는 것이다. 그래서 하지 않는 바가 있는 것(有所不爲)이다. 狷의 번역어인 결곡을 사전에서 찾

아보면 '생김새나 마음씨가 깨끗하고 여무져서 빈틈없다.'로 나온다. 그러기에 스스로를 지켜 움직이려고 하지 않는 것이다.

공자는 이 단편에서 中行을 얻지 못한 채 세상에 간여하게 되면 狂하거나 狷하게 된다고 말한다. 그리고 그것은 본래의 의도와는 무관하게 세상에 긍정적인 영향을 끼치지 못한다. 되지 않을 때에 나아가 취하려고 하거나, 반드시 나아가야 할 때 주저하게 되는 경향으로 드러나게 되는 것이다.

이런 경향에 대해 공자가 안타까워하는 구절이 있다.

> 子在陳曰 歸與! 歸與! 吾黨之小子狂簡, 斐然成章, 不知所以裁之.
> 자재진왈 귀여 귀여 오당지소자광간 비연성장 부지소이재지
> 선생님께서 진나라에 계실 때 말씀하셨다. "돌아가야겠구나, 돌아가야겠어! 나를 따르는 젊은이들은 과격하고 단순하여 찬란하게 기치는 세웠으나, 그것을 어떻게 마름질해 나가야 할지는 알지 못하는구나!" (공야장편)

진나라에서 공자를 따르던 젊은이들을 보고 한 안타까움이 묻어나는 탄식이다. 앞서 中行을 이야기 한 장에서 나오는 狂에 해당하는 사람들인 것이다. 찬란하게 기치는 세웠으나, 그것을 어떻게 마름질하여 좋은 옷으로 만들지는 알지 못하고 무작정 뭔가를 하려고만 하는 젊은이들을 보면서 하는 탄식이었던 것이다. 광자(狂者)들이 보이는 일반적인 행동의 특성인 과격하고 단순한 것에 대한 안타까움이 묻어난다.

그렇다면 견자(狷者)들의 행동양식에 대해서는 어떻게 생각할까? 다음 단편은 우리가 익히 잘 아는 구절이 들어있는 단편이다.

子貢問 師與商也, 孰賢? 子曰 師也過, 商也不及. 曰 然則師愈與?
자 공 문 사 여 상 야 숙 현   자 왈 사 야 과 상 야 불 급 왈 연 즉 사 유 여

子曰 過猶不及.
자 왈 과 유 불 급

자공이 물었다. "사(자장)와 상(자하) 중에서 누가 더 낫습니까?" 선생님께서 말씀하셨다. "사는 지나치고 상은 모자란다." 자공이 말했다. "그러면 사가 더 낫습니까?" 선생님께서 말씀하셨다. "지나친 것은 모자라는 것과 같다." (선진편)

자공이 자신보다 조금 더 후배인 두 제자에 대한 평을 묻는다. 공자는 자장은 지나치고 자하는 좀 모자란다고 평가했다. 이 말을 들은 자공은 조금 모자란(못 미치는) 자하보다는 조금 더 진취적이고 앞으로 더 나아간 자장이 더 낫다는 것처럼 인식하여 그렇게 묻는다. 그러나 공자의 대답은 "지나친 것은 모자라는 것과 같다."는 것이었다.

자공과 공자의 차이는 어디서 연유한 것일까? 아직 젊은 자공은 조금 더 나아가는 것이 조금 못 미치는 것보다는 낫다는 생각을 한다. 앞서 인용한 구절을 덧붙여 생각해보자면 견자보다는 광자가 더 낫지 않은가 하는 생각을 한 것이다. 광자는 그래도 뭔가는 하는, 최소한 시도는 하는 사람들이기 때문이다. 그러나 공자의 입장에서 광자든 견자든, 과든 불급이든 가운데(中)에서 벗어났다는 점에서 동일하게

문제가 되는 것일 뿐이다. 中이 아니라는 점에서 지나친 것은 모자라는 것과 마찬가지로 긍정적인 가치를 부여할 수 없는 것일 뿐이다.

중(中), 가운데에 대한 공자의 집요할 정도의 추구는 다음 구절에서 정점에 다다른다.

子曰 攻乎異端, 斯害也已.
자 왈 공 호 이 단   사 해 야 이

선생님께서 말씀하셨다. "이단을 공격하는 것은 그 자체가 해로운 것이다."
(위정편)

여기에 나오는 이단(異端)은 이단종교라고 할 때의 이단을 의미하는 것은 아니다. 다른 단, 즉 양단의 다른 끝에 대해 공격하는 것의 위험성에 대해 경고하는 것이다. 양단은 서로가 서로에게 있어서 이단(異端)일 뿐이다.

그런데 이단을 공격하는 것은 왜 해로운가? 이단을 공격할 때 공격하는 자는 공격의 대상을 악이나 배척해 마땅한 무엇으로 상정하기 마련이다. 따라서 그것을 공격하는 자신은 이단의 반대편에 서있기 때문에 선이고 정당한 무엇으로 둔갑하고 만다. 이렇게 되면 자신에 대해 그 어떠한 이성적이고 객관적인 판단도 할 수 없게 되고, 자기 성찰이라는 지고한 가치 역시 끊어지고 만다. 자기도 모르는 사이에 진영논리에 휩쓸리게 되는 것이다. 결국 자신 역시 또 다른 이단임을 증명하는 것에 다름 아니게 된다.

더불어 이단에 대한 공격은 그 행위 자체가 공격 대상을 실체화시키는 오류를 범한다. 실체화시키는 순간 그것 자체가 강화될 뿐이다. 함께 극복해야 할 무엇이 되는 것이 아니라 불변의 실체로 등장하고 강화시키는 어리석음이다. 그리하여 양단은 서로가 서로에게 이단으로 점점 강화되어 간다.

문제는 이것이 우리가 일상적으로 범하고 있는 무의식적인 행위라는 것이다. 거의 본능적인 자기방어처럼 우리는 끝없이 나오는 다른 무엇을 공격하고, 그 공격을 통해 그 극단을 약화시키기는커녕 오히려 강화시켜온 것이다. 거기에 인류의 불행이 있다. 그리고 바로 그 지점에서 '가운데의 하찮음', 즉 중용(中庸)이 덕이 되는 공자의 놀라운 발견이 있는 것이다.

가운데라는 길은 양단의 논리가 판치는 세상 속에서 바람 앞의 촛불처럼 미약해 보인다. 그러나 누군가가 그 길을 굴하지 않고 걷는다면, 거기서 새로운 세상으로 나가는 놀라운 길을 발견한 수 있다.

중용을 말하면서 공자는 "民鮮久矣", 백성들이 오래 유지하는 일이 드물다고 말했다. 좁은 길이란 원래 그런 것이다. 오래 유지하기가 힘들 뿐만 아니라 그 길을 찾는 것 자체가 어렵다. 멸망으로 인도하는 길은 넓고 평탄해 보이는 반면, 생명으로 인도하는 길은 좁고 협착하여 찾기 어렵다는 것이 인류에게 불행이기도 하지만, 동시에 공자와 예수가 발견한 기회이자 복음이기도 하다. 그래서 희망인 것이다.

4. 십자가(十字架)라는 어리석은 길

중용이라는 하찮은 길을 걸었던 공자와 마찬가지로 예수는 십자가라는 어리석은 길을 걸었다. 이 문제에 대해서 바울은 고린도전서에서 이렇게 말했다.

> 십자가의 말씀이 멸망할 자들에게는 어리석은 것이지만, 구원을 받는 사람인 우리에게는 하나님의 능력입니다. 성경에 기록하기를 "내가 지혜로운 자들의 지혜를 멸하고 총명한 자들의 총명을 폐할 것이다." 하였습니다. 현자가 어디에 있습니까? 학자가 어디에 있습니까? 이 세상의 변론가가 어디에 있습니까? 하나님께서는 이 세상의 지혜를 어리석게 하신 것이 아닙니까? 이 세상은 그 지혜로 하나님을 알지 못하였습니다. 하나님의 지혜가 그렇게 되도록 한 것입니다. 하나님께서는 어리석게 들리는 설교를 통하여 믿는 사람들을 구원하시기를 기뻐하신 것입니다. 유대 사람은 기적을 요구하고, 그리스 사람은 지혜를 찾으나, 우리는 십자가에 달리신 그리스도를 전합니다. 그리스도가 십자가에 달리셨다는 것은 유대 사람에게는 거리낌이고, 이방 사람에게는 어리석은 일입니다. 그러나 부르심을 받은 사람에게는, 유대 사람에게나 그리스 사람에게나, 이 그리스도는 하나님의 능력이요, 하나님의 지혜입니다. 하나님의 어리석음이 사람의 지혜보다 더 지혜롭고, 하나님의 약함이 사람의 강함보다 더 강합니다. (고린도전서 1:18~25)

세상을 변화시킬 수 있는 수많은 방법이 있다. 그 방법 중 하나가 광야에서 시험을 받았던 내용일 것이다. 세상에서 유명해지는 것, 그만큼의 능력(기적을 행사할 능력)을 가지는 것, 세상의 권력을 가지는 것, 그만큼의 선한 영향력을 가지는 것 말이다. 그러나 예수는 그 길을 택하지 않았다.

예수만 택하지 않은 것도 아니다. 소위 4대 성인이라고 하는 공자나 붓다, 소크라테스도 그 길을 택하지 않았다. 공자는 자신이 원한다면 언제든 권력의 한가운데서 세상을 바꿀 수 있는 조건을 가지고 있었다. 조금만 '지혜로웠다면' 말이다. 세상은 그를 원했으나, 동시에 배척했다. 그가 '어리석은 길'을 택했기 때문이다.

붓다는, 물론 전설상의 얘기지만, 태어날 때부터 수행을 통해 깨달은 자가 되든지 아니면 전륜성왕(轉輪聖王)이 될 운명을 타고 났다고 했다. 전륜성왕은 세상을 정복하는 왕이다. 만약 그가 왕이 된다면, 그가 만드는 나라는 다른 나라들과는 달랐을 것이다. 실제로 아소카라는 왕은 인도를 정복하여 인도 최초의 통일제국인 마우리아 왕조를 열었다. 그러나 오랜 정복전쟁에 회의를 느낀 그는 불교에 귀의하고, 전 왕국에 불교를 전파하는 일을 했다. 그래서 그를 전륜성왕이라고 부르기도 한다. 마치 이소카처럼 붓다 역시 그러한 전륜성왕이 될 수 있었다고 하더라도, 정작 그가 택한 길은 탁발승의 길이었다.

소크라테스는 일개 병사로, 일개 가난한 시민으로 아테나에서 살았다. 그는 '가장 지혜로운 자'라는 신탁을 들을 만큼 현명했으며, 자신의 현명함을 활용한다면 얼마든지 승승장구 할 수 있었을 것이다. 그러나 그 역시 아고라를 거닐면서 사람들에게 끊임없이 질문하여 많은 사람을 곤혹스럽게 했다. 얼마나 곤혹스럽게 했는지 그 스스로도 자신을 아테나의 '등에'라고 했다. 결국 그가 간 길은 예수처럼 사형을 당하는 것이었다. 그 길조차 능히 피할 수 있었음에도 불구하고 그는 당당히 독배를 들었다.

인류의 스승이라고 할 만한 이들은 왜 다들 이 모양으로 살다가 갔을까? 붓다처럼 외적으로 고난을 받지 않았을 경우라도 스스로 아무 것도 가진 것 없는 탁발승으로 살 정도로 그렇게 살았을까? 세상 사람들의 눈에, 세속의 눈에 이런 삶은 얼마나 어리석어 보였을까?

"유대 사람은 기적을 요구하고, 그리스 사람은 지혜를 찾으나, 우리는 십자가에 달리신 그리스도를 전합니다. 유대 사람에게는 거리낌이고, 이방 사람에게는 어리석은 일입니다."라는 바울의 말은, 그분들을 바라보는 오늘날의 우리의 시선과 크게 다르지 않다.

왜 그리 힘든 길을 갔을까? 왜 그리 어리석게 행동했을까? 심지어 예수의 경우 그 제자들조차 모두 부인하거나 도망갈 정도였지 않은가?

성서에는 그 비밀이 보다 직관적으로 설명되어 있다. 물론 이해하거나 받아들이기 쉽지 않은 역설이다. 다음에 인용한 몇 구절에 그런 역설이 잘 드러나 있다.

> "그러나 첫째가 꼴찌가 되고 꼴찌가 첫째가 되는 사람이 많을 것이다." (마가 10:31)

> "보아라, 우리는 예루살렘으로 올라가고 있다. 인자가 대제사장들과

율법학자들에게 넘어갈 것이다. 그들은 인자에게 사형을 선고하고, 이방 사람들에게 넘겨줄 것이다. 그리고 이방 사람들은 인자를 조롱하고 침 뱉고 채찍질하고 죽일 것이다. 그러나 그는 사흘 후에 살아날 것이다." (마가 10:33~34)

"너희가 아는 대로 민족들을 다스린다고 자처하는 사람들은 백성들을 마구 내리누르고 고관들은 백성들에게 세도를 부린다. 그러나 너희끼리는 그렇게 해서는 안 된다. 너희 가운데서 누구든지 위대하게 되고자 하는 사람은 너희를 섬기는 사람이 되어야 하고, 너희 가운데서 누구든지 으뜸이 되고자 하는 사람은 모든 사람의 종이 되어야 한다. 인자는 섬김을 받으려 온 것이 아니라 섬기러 왔으며, 많은 사람을 구원하기 위하여 치를 몸값으로 자기 목숨을 내주러 왔다." (마가 10:42~45)

꼴찌는 첫째가 되고 첫째는 꼴찌가 되는 세계, 버림받고 조롱받고 채찍질 당하고 죽으나 다시 살아나는 세계, 으뜸이 되고자 하는 자는 모든 사람의 종이 되어야 하는 세계, 섬김을 받는 것이 아니라 섬기는 것이 가치 있는 세계, 마가는 그런 세계를 말하고 있다. 이런 역설의 세계는 예수만이 아니라 모든 스승들이 꿈꾸던 세계이다.

이는 모두 어리석은 일이다. 높이 올라야 높임을 받는다, 첫째는 첫째고 꼴찌는 꼴찌일 뿐이다. 그것이 우리가 사는 세상이다. 그러나 스승들의 세계는, 최소한 예수가 꿈꾸던 세계는 죽어서 살아나는 세계이고, 신이 인간을 섬기고 인간 대신 죽는 세계인 것이다. 그렇게 신이 인간이 되어 죽임을 당하는 것을 통해 인간은 신에게 오를 수 있는 새로운 길이 열린다. 야곱의 사다리처럼 하늘과 땅이 이어져 오르락내리락 할 수 있는 전혀 새로운 세계가 열리는 것이다.

인간은 신과는 완전히 분리된 타자이고, 죄인이고, 따라서 죽을 수밖에 없는 존재이지만(구약), 전혀 새로운 중용의 길이 예수를 통해 열렸다. 하찮고 어리석어 보이지만, 죽어서 사는, 혹은 죽어서 살리는 새로운 길이다.

'그랜 토리노'라는 클린트 이스트우드 감독의 2008년 작 영화가 이 어리석은 길을 잘 보여준다. 클린트 이스트우드 감독이 주인공으로 열연한 '월트'라는 인물과 동양계 이민 청소년인 타오와 그의 가족, 그리고 그와 동일한 동양계 이민인 몽족 청소년 갱(양아치)들 사이의 일을 그린 영화다. 타오와 그의 누이 수가 당하는 것을 목격한 월트는 마지막으로 몽족 갱단문제를 해결하기로 타오와 약속한 다음, 약속 시간에 자신의 차고에 타오를 가두고 혼자서 갱단의 아지트로 가서 일전을 벌일 것처럼 하면서 스스로 죽음을 맞이하는 방식으로 모든 일을 마무리 짓는다. 몽족 갱의 아지트로 찾아간 월트는 잠바의 속주머니에 손을 넣는다. 마치 거기서 총을 꺼내기라도 하는 듯이. 이 장면을 본 몽족 갱은 순간적으로 월트에게 집단 발포를 한다. 그러나 그렇게 총에 맞아 죽어가는 월트의 손은 비어있었다. 그리고 양 팔을 벌려 온 몸으로 총을 맞아 죽어간다. 그렇게 타오와 수에게 새로운 생명을 부여하고 스스로는 산화해간 것이다. 월트가 죽어가는 마지막 장면은 십자가에 못 박힌 예수를 그대로 형상화했다.

죽어서 살리는, 혹은 죽어서 사는 성서의 역설과 그 어리석음의 길, 성서적 중용의 길을 잘 보여주는 영화다. 같은 지평 위에서 대적하지 않고(이단을 공격하지 않고), 그들 스스로 무너지게 만드는 십자가의 길을 걸어간 월트의 어리석고 하찮아 보이는 길은 전혀 새로운 세상에 대한 희망과 기대를 가지게 만든다.

중용의 길은 하찮으나 위대한 길이다. 예수가 걸어갔고, 공자가 걸어갔으며, 비록 영화지만 월트가 걸어갔고, 요한 갈퉁이 걸어갔으며, 50년 전 전태일이 걸어간 길이다. 그 길을 걷기 위해서는 진실에 대한 탁월한 안목, 적극적인 현실참여, 자신의 행위에 대한 용기와 책임감 같은 것들이 요구된다. 그리고 무엇보다 양단(兩端)에 빠지지 않는, 혹시 그 양단의 논리에 빠져있더라도 알아차릴 수 있는 예민한 감각이 필요하다.

12

돈과 道

12

돈과 道

1. 물신(物神)의 시대

2002년 우리나라를 뒤집는 광고가 나왔다. 그 이전까지 나왔던 어떤 광고, 혹은 어떤 표현들보다 즉물적이고 욕망을 직접적으로 자극했다. 그 이전에 〈잘살아보세〉라는 노래도 히트 했었지만, 그 때의 '잘 살다'는 절대적 빈곤으로부터의 탈출이었기 때문에 그 욕망의 저속함에도 불구하고 이해하거나 용납할 수 있는 부분이 있었다. 그러나 이 광고는 한 사회 전체를 병들게 했다. 모두 다 기억하겠지만 아래의 이미지로 표상되는 광고다.

같은 시기, 즉 2000년대 초반부터 2010년대 중반까지 광고는 온통 이와 유사하게 즉물적이고 자극적인 물질적 욕망을 추구하는 것을 부추

겼다. 앞서의 BC카드 광고는 그 물고를 튼 '역사적'인 광고였을 뿐이다.

"당신이 사는 곳이 당신이 누구인지 말해줍니다"라는 카피 역시 "부자 되세요" 카피의 맥을 잇는다. 그리고 다음의 광고 역시 그 맥락에 놓인 광고다.

상상력이 놀랍다. 요즘 어떻게 지내냐는 친구의 말에 그랜저로 대답하다니! 그리고 이 이미지에는 나오지 않지만, 이어지는 장면이 압권이다. 등 돌리고 있던 사람이 친구의 그랜저를 보고 보이는 반응이다. 놀람, 부러움, 시기, 갈망 등이 뒤섞인 표정이라니! 개인적으로 집에 TV가 없이 살고 있기 때문에 바깥(아마도 식당인 듯)에서 이 광고를 본 '그랜저를 가지지 않은 시청자'인 나는 무척이나 충격을 받았다. 내가 그랜저를 가지지 않아서가 아니라 한 사회가 이처럼 타락할 수 있다는 것이 놀라웠기 때문이다.

마음속에 있어도 차마 하지 못할 말들이 있다. 아무리 그것을 추구하고 갈망한다고 해도 부끄럽고 염치가 없어서 차마 입 밖으로 내지 못하는 것이다. 한 번 그 금기가 무너지고 나자 사회는 걷잡을 수 없이 치달려간다. 마치 욕망이라는 이름의 전차가 브레이크 없이 달려 나가는 것 같았다.

"부자 되세요" 이후 한국사회는 미친 듯이 부~자 되기 위해서 달렸고 그 정점을 찍은 것이 이명박 대통령의 당선이었다. 그가 저지른 어떤 잘못, 어떤 부도덕도 부자 되게 해 주겠다는 그 사탕발림을 넘어서지 못했다. 그러나 그가 부자로 만들어주었던 것은 그 주변의 몇몇과 자신이었을 뿐이다. 돈이 된다면 그는 가리는 것이 없었고, 가장 공공(公共)적 이어야 할 국가와 사회마저도 자신의 사적인 수익모델로 만들었다. 지도자에게 요구되는 최소한의 도덕성마저 면죄부를 준채 뽑아준 국민은 곧바로 그 면죄부를 자신에게도 적용했다. 거칠 것 없이 무한소유를 위해 달려 나갔고, 부(그리고 거기에 따르는 권력)를 소유하면 모든 것이 용서되었다.

이러한 타락을 이끌어내고 매개하고 유지한 것이 광고였다. 그리고 그 광고들은 결국 이러한 타락의 반영이기도 했다. 그리고 그 광고들이 매개하는 것 자체가 물질, 혹은 돈이라는 점은 시사하는 바가

크다. 더 많은 돈을 벌어서 더 많은 것을 사라는 것, 그것이 행복이
고, 그것이 우리가 추구해야 할 가치라는 점을 여과 없이 보여주기
때문이다.

놀랍고, 슬펐다. 윤동주 시인의 〈팔복〉이라는 시를 떠올린다.

식민의 시대를 살았던 윤동주의 슬픔의 근원과 21세기를 사는 우
리의 슬픔의 근원이 같은 것이라고는 할 수 없을 것이다. 그러나 이
시대를 살아내면서 느끼는 감정이 가없는 슬픔이라는 점에서 윤동주
의 팔복과 맞닿을 수 있을 것 같다. 값싼 위로와 희망을 거부하고 언
제까지나 눈물을 흘려야만 할 것 같다.

물신주의, 맘모니즘(mammonism)의 시대를 살고 있다. 근대 이후
과학기술의 발달과 그에 따른 물질의 풍요가 겹쳐지면서 인간은 점

차 신(神)을 버렸다. 신, 혹은 종교는 인간을 억압하거나 최소한 부담스럽게 하는 거추장스러운 것일 뿐이다. 과거에 섬겼던 형이상학적인 신을 버리는 대신에, 인간은 물질을 신으로 섬기기 시작했다. 신본(神本), 즉 신이 모든 것의 근본이 되는 것도 아니고 인본(人本), 즉 인간이 모든 것의 근본이 되는 것도 아닌 시대다. 우리는 물본(物本) 혹은 자본(資本)의 시대를 살고 있는 것이다.

모든 것은 계량화 할 수 있는 물질로 환원된다. 그리고 그 물질은 결국 돈으로 치환된다. 돈이 되느냐 안 되느냐가 모든 것의 기준이다. 인간을 평가하는 데 있어서도 돈이 있느냐 없느냐, 혹은 앞으로 돈 될 것 같으냐 아니냐가 그 기준이 되어버린 지 오래다. 이런 시대를 살아가는 우리의 가장 근원적인 정서는 따라서 '슬픔'일 수밖에 없다.

스승들은 이런 세상을 보면서 뭐라고 하실까? 아니, 스승들이 살던 그 시대는 지금과 달랐을까? 사실 크게 다를 바 없었다. 드러나는 구체적 양상이나 정도는 다르지만, 그때도 지금과 마찬가지로 돈과 권력이 추구하는 가치였음에 명백하다.

공자는 전쟁과 변란의 시대 속에서 모든 나라들이 부국강병을 꿈꾸는 정치 환경 속에서 살았다. 예수는 로마의 식민지로 전락한 나라에서 그에 빌붙어 기득권을 유지하려는 정치 지도자들이 지배하는 환경 속에서 살았다. 권력을 가지기 위해서는 강력한 군사력이 필요했고, 강병은 돈으로부터 나왔다. 나라를 잃은 사람들이 가지는 기득권의 핵심 역시 돈이었을 것이다. 권력, 강병, 기득권 모두 물질화된 힘의 다른 이름이었을 뿐이다.

2. 食無求飽 居無求安

사람 역시 하나의 생물이다. 생물로서의 사람은 생물이 가지는 기본적인 요건에 구애된다. 생물의 가장 기본적인 특징은 대사(代謝)와 생식(生殖)이다. 무언가를 먹고 소화를 시켜 거기서 에너지를 얻어야 생존이 가능하다. 또한 모든 생물은 번식을 한다. 단세포 생물의 자기분열이든 인간이 아이를 낳든 생물이 가진 기본적인 작용 중 하나는 재생산이다. 이 대사와 생식에 무슨 특별한 의미를 부여할 필요는 없다. 그냥 기본적인 특징이자 기능일 뿐이다.

그러나 그것이 인간에게로 들어오면 단지 먹는 것과 섹스하는 것에서 그치지 않고 그것에 대한 욕망(慾望)으로 발전한다. 그것을 고대의 지혜에서는 식(食)과 색(色)이라는 단순한 개념으로 표현했다. 대사와 생식이 인간에게 있어서는 식색(食色)에 대한 욕망으로 발전하는 것이다. 그런 맥락에서 보자면 앞서 언급한 모든 물질적인 힘을 추구하는 것은 식색을 위한 것에 다름 아니다.

이런 면에 있어서 공자는 그런 기본적인 욕구, 혹은 욕망을 인정한다. 그리고 그것을 어떻게 추구할 것인지에 대해 가르친다.

子曰 食無求飽 居無求安.
자 왈 식 무 구 포 거 무 구 안

선생님께서 말씀하셨다. "군자는 먹는 데에 있어서 배부름을 추구하지 않고 사는 데에 있어서 편안함을 추구하지 않는다." (학이편)

누구나 먹는다. 먹지 않으면 생존이 불가능하다. 아주 특별한 자연환경이 아니면 누구나 추위와 더위, 외부의 침입을 막아줄 집이 필요하다. 그것 자체를 부정할 수 없다. 그러나 군자는 배부름이나 편안함을 추구(求)하지 않는다. 대신 군자는 다른 것을 추구한다. 같은 단편의 이어지는 구절에서 취유도이정언(就有道而正焉, 도 있는 곳에 나아가 스스로 올발라짐)이라고 했다. 군자가 추구할 것은 배부름이나 편안함이 아니라 도(道)와 정(正)같은 것이다.

이와 유사한 뜻을 가지고 있는 다른 단편도 살펴볼 필요가 있다.

子曰 士志於道, 而恥惡衣惡食者, 未足與議也.
자 왈 사 지 어 도　　이 치 악 의 악 식 자　 미 족 여 의 야

선생님께서 말씀하셨다. "선비가 도에 뜻을 두고도 남루한 옷과 거친 음식을 부끄러워한다면 아직 족히 서로 의논할 만하지 못하다." (이인편)

도에 뜻을 둔 선비인데, 남루한 옷과 거친 음식을 부끄러워한다면 미달이다. 그것을 부끄러워한다는 것은 비록 도에 뜻을 두었다고 하지만, 아직 일정한 경지에 오르지 않았다는 것을 의미하기 때문이다. 물론 그가 도를 추구하는 것 자체가 거짓은 아니겠지만, 그 추구하는 바가 도만 있는 것이 아니라 세속적인 것이나 타인으로부터의 인정 같은 것도 있기 때문이다.

무엇을 추구한다는 것은 그의 가치관과 삶의 방향성에 관련한 문제다. 가치관 혹은 삶의 방향성은 그의 삶의 태도와 자세로 드러난다.

그리고 그것이 충분히 깊어지면 일상생활에서도 자연스럽게 배어나온다. 그리고 그것이 하나의 아름다움으로 승화된다.

사람은 어떤 사람이 멋있어 보이고 아름다워 보이기 때문에(미 美) 그를 닮고자 한다. 누군가를 닮고자 하면 차츰 그가 살아가고 있는 세계, 그리고 그가 바라보는 세계를 이해하려고 하고 그것을 공유하게 된다. 즉 그의 세계관과 철학을 내면화(선 善)하게 되는 것이다. 그리고 그렇게 하다보면 그가 가치 있다고 여기는 것, 그가 추구하는 것을 나도 추구하게(진 眞)된다. 그리고 어느 순간 내가 멋있고, 아름답고, 닮고 싶다고 한 그 사람의 삶을 살아가게 된다. 그리고 그것이 또 다른 사람에게 멋있고 아름답고 닮고 싶은 모습으로 드러나게 된다. 미-선-진의 루트를 통해 내가 성장해가다가 어느 순간 진-선-미의 순서로 나의 삶이 타인에게 보이게 되는 것이다.

군자는 무엇을 추구하는가? 군자는 어디에 가치를 두는가? 군자는 배부름이나 편안함, 즉 단지 생물로서 생존에 반드시 필요한 것을 넘어서서 그것으로부터 배태되는 욕망을 추구하지 않는다. 군자는 도와 올바름을 추구한다. 군자와 소인을 대비시키면서 공자는 이렇게 말한다.

子曰 君子喩於義, 小人喩於利.
자왈 군자유어의 소인유어리

선생님께서 말씀하셨다. "군자는 의로움에 깨치고 소인은 이로움에 깨친다."

(안연편)

군자가 추구하는 바는 의요, 소인이 추구하는 바는 이로움이라는 말이다. 군자와 소인은 추구하는 바가 다르다. 따라서 그가 사는 영역, 그가 사는 세계도 다르다. 의로움의 세계에 살 것인가 이로움의 세계에 살 것인가는 본인이 결정할 몫이다.

3. 義와 利는 대립하는가?

지금까지 살펴본 바로는 의와 이, 혹은 도와 물질적 부귀는 서로 대척점에 서 있는 대립항처럼 보인다. 마치 대립하는 두 극단에 서 있어서 양자택일을 해야 하는 문제처럼 느껴지는 것이다. 그러나 과연 그런가? 아래의 인용구를 잘 살펴보면 조금 다르다는 것을 알게 된다. 앞선 강의에서 인용했던 본문들이지만 다시 살펴본다.

子曰 賢哉回也! 一簞食, 一瓢飮, 在陋巷, 人不堪其憂, 回也不改其
자왈 현재회야   일단   일표음   재누항   인불감기우   회야불개기

樂. 賢哉回也!
락   현재회야   사

선생님께서 말씀하셨다. "훌륭하구나, 회는! 한 그릇의 밥과 한 쪽박의 물만 가지고 누추한 거리에 살면 여느 사람이라면 그 고충을 이기지 못할 텐데, 회만은 그 즐거움을 바꾸지 않으니. 훌륭하구나, 회는!" (옹야편)

子曰 飯疏食飮水, 曲肱而枕之, 樂亦在其中矣. 不義而富且貴, 於我
자왈 반소   음수   곡굉이침지   낙역재기중의   불의이부차귀   어아
      사

如浮雲.
여 부 운

선생님께서 말씀하셨다. "거친 음식을 먹고 물마시고 팔베개를 하고 눕더라도 즐거움 역시 그 가운데에 있다. 의롭지 않게 누리는 부귀는 내게는 뜬구름과 같다." (술이편)

안회는 가난한 사람이었다. 그리고 벼슬길로 나가자면 못 나갈 것 없는 유능한 사람이기도 했다. 그러나 그는 일평생 가난을 벗하며 공자의 문하에서 스스로를 닦았다. 그런 안회의 처지를 '一簞食 一瓢飮'이라는 말로 표현한다. 빈민가에서 한 그릇 밥과 한 쪽박의 물만을 가지고도 잘 살았다는 것이다. 이 문장에서 '여느 사람이라면 그 고충을 이기지(堪) 못할 것'이라고 한 것과, 안회의 '그 즐거움'을 대비시키고 있음을 주목해볼 필요가 있다. 堪과 樂의 대비. 그렇게 보인다. 같은 처지임에도 불구하고 여느 사람에게 그것은 '견뎌야 하는 무엇'인 반면 안회에게 그것은 아무런 문제가 안 되는 것이 대비되는 것처럼 보인다.

그러나 좀 더 자세히 들여다보면 다른 지점이 보인다. 여느 사람들이라면 그런 처지에 놓였을 때 그 고충만이 유일한 현실이다. 그 고충은 눈앞에 있는 실체이고 실재하는 것이다. 그러나 안회는 다른 세계에 살았다. 안회에게 그런 고충은 더 이상 눈앞의 실체로 실재하는 그 무엇이 아니었다. 안회에게 있어서 실재는 그가 즐거움을 느끼는 그 무엇이었다. 그는 전혀 다른 세상을 살았던 것이다.

공자는 그 미묘한 차이를 보고 있는 중이다. 공자 정도의 눈으로만 발견할 수 있는 그 오묘한 차이를 안회 역시 누리고 있는 것을 보면서 "훌륭하구나, 회는!"이라고 감탄한 것이다. 그에게 있어서 가난과 부, 혹은 도와 돈은 같은 지평위의 대립항이 아니었던 것이다. 공자의 가르침을 받은 대부분의 제자들, 혹은 공자에 대해 이야기를 들은 대부분의 위정자들은 공자가 그것을 대립항으로 놓고 있다고 생각했다. 그리고 그렇게 오해될만하게 말하기도 했다.

그러나 공자에게 있어서 도를 따를 것이냐 부귀를 따를 것이냐는 같은 선상, 같은 지평에 있는 문제가 아니었다. 같은 수직선상에서 양 끝에 있는 대립항이 아니었기에 물질이나 부귀를 공격하거나 부정하지 않는다. 그것을 부정하거나 공격하는 것은 모두 그 지평으로 함몰되는 것일 뿐이기 때문이다. 그것이 뒤 이어 인용한 술이편의 단편에서 잘 드러난다.

거친 음식을 먹고 물마시고 팔베개를 하고 눕는 것은 한 그릇의 밥과 한 표주박의 물에 해당한다. 구체적인 상황은 다르지만 안회의 그러한 빈궁한 처지나 세상을 떠돌아다니는 공자의 처지나 다를 것이 전혀 없는 상황이었던 것이다. 그 상황에서 공자는 "즐거움 역시 그 가운데에 있다."고 선언한다. 이런 곤고하고 궁핍한 떠돌이 상황이 왜 즐거울까? 이어지는 문장에 그 답이 있다. "의롭지 않게 누리는 부귀는 내게 뜬구름과 같다." 즉 지금의 곤궁함은 공자 자신이 추구했던 義의 상황 속에 있기 때문에 나오는 결과인 것이고, 그렇기 때문에 즐거운 것이다. 곤궁함이 즐거움이 아니라 의를 추구하고 있고, 그것을 버리지 않고 있는 것이 즐거운 것이다. 안회 역시 마찬가지였다.

공자에게 있어서 그가 추구했던 道나 義의 대립항은 부귀나 재물이 아니라 무도와 불의였던 것이다. 도나 의를 추구하고 거기서 어긋남이 없는데 부귀와 재물이 따라오는 것은 아무런 문제가 되지 않는다. 그런 맥락에서 공자는 부귀나 재물, 혹은 권력을 배척하지 않았다. 그러나 조금이라도 도와 의를 훼손하는 타협(不義) 속에서 얻는 부와 권력은 철저하게 배격했다. 부와 권력을 배격한 것이 아니라 그 불의함을 배격한 것이다. 따라서 지금 공자나 안회의 곤궁한 처지는 도와 의 속에서 누리는 즐거움일 뿐이다.

이런 즐거움을 누리던 공자, 그리고 공자의 즐거움에 동참하던 안회와는 달리 자로의 경우는 이 상황이 도저히 받아들여지지 않았다. 다음 인용구를 보자.

在陳絶糧, 從者病, 莫能興. 子路慍見, 曰 君子亦有窮乎? 子曰 君
재 진 절 양   종 자 병   막 능 흥   자 로 온 견   왈 군 자 역 유 궁 호   자 왈 군

子固窮, 小人窮斯濫矣.
자 고 궁   소 인 궁 사 람 의

진나라에 계실 때 양식은 떨어지고 종자들은 병이 들어 일어나지를 못했다. 자로가 화가 나서 뵙고 말했다. "군자에게도 궁함이 있습니까?" 선생님께서 말씀하셨다. "군자는 궁하더라도 참고 견디나 소인은 궁하면 선을 넘는다."

(위령공편)

논어에는 어떻게 이런 어려움에 처하게 되었는지에 대한 구체적인 자료들은 없다. 다만 그러한 상황에 닥쳤다는 것을 논어의 진술을 통해 알 수 있을 뿐이다. 양식은 떨어지고 약한 사람들은 병에 걸려 일어나지 못했다. 역시 자로다. 자로가 공자를 뵙고 "군자에게도 궁함이 있습니까?"라고 따져 묻는다. 마치 수난예고를 마치자 예수를 바짝 잡아당기고 따져 묻는 베드로가 연상된다. 자로에게 있어서 이러한 곤궁함은 용납할 수 없는 것이었다. 더군다나 도를 따르고 의를 추구하는 군자에게 이런 곤궁함이라니! 자로는 공자와 안회가 봤던 그 틈새, 그 미묘한 즐거움을 보지 못한 것이다. 자로의 이러한 태도는 명백하게 공자가 마지막에 말한 것, 즉 "소인은 궁하면 선을 넘는" 행위다. 좀 더 정확히 말하자면 자로는 바로 그 선 위에 있었다. 아직 완전히 넘지는 않은, 그러나 한 번 삐끗하면 바로 나락으로 떨어지는 그 아슬아슬한 지경인 것이다. 공자는 그런 상태의 자로에게 경고를 보내고 있는 것이다.

4. 하나님과 재물을 겸하여 섬길 수 없다.

마가복음에는 재물과 관련하여 직접적으로 언급한 구절은 거의 없다. 더군다나 아래에 인용할 마태복음이나 누가복음에 있는 것 같은 언급은 없다. 이 문제와 관련된 마태복음의 구절들을 먼저 보자.

"너희는 자기를 위하여 보물을 땅에다가 쌓아두지 말아라. 땅에서는 좀이 먹고 녹이 슬어 망가지며, 도둑들이 뚫고 들어와서 훔쳐간다. 그러므로 너희를 위하여 보물을 하늘에 쌓아 두어라. 거기에는 좀이 먹고 녹이 슬어서 망가지는 일이 없고, 도둑들이 뚫고 들어와서 훔쳐 가지도 못한다. 너의 보물이 있는 곳에 너의 마음도 있을 것이다." (마태 6:19~21)

"아무도 두 주인을 섬기지 못한다. 한쪽을 미워하고 다른 쪽을 사랑 하거나, 한쪽을 중히 여기고 다른 쪽을 업신여길 것이다. 너희는 하 나님과 재물을 아울러 섬길 수 없다." (마태 6:24)

"그러므로 무엇을 먹을까, 무엇을 마실까, 무엇을 입을까, 하고 걱정 하지 말아라. 이 모든 것은 이방 사람들이 구하는 것이요, 너희 하늘 아버지께서는 이 모든 것이 너희에게 필요하다는 것을 아신다. 너희 는 먼저 하나님의 나라와 하나님의 의를 구하여라. 그리하면 이 모든 것을 너희에게 더하여 주실 것이다." (마태 6:31~33)

거의 같은 내용이 누가복음에도 나온다. 그리고 이 문제와 관련하 여 마태복음 6장에 있는 주기도문도 깊게 살펴볼 필요가 있다. 주기 도문을 살펴보면 인간 삶과 관련한 구절은 단 하나 밖에 없다. "오늘 우리에게 필요한 양식을 내려 주시고"(6:11)이다.

예수는 우리가 늘 걱정하는 것, 즉 무엇을 먹을까, 무엇을 마실까, 무엇을 입을까, 무슨 차를 살까, 어떤 집이 좋을까, 어떤 대학에 가야 하나, 어떤 직장이 좋지 같은 그런 걱정을 하지 말라고 한다. 그것은 하나님께서 우리의 필요에 따라 채워주실 것이다. 다만 우리가 구하 여야 하는 것, 우리가 추구해야 하는 것은 '하나님의 나라와 하나님의 義'다. 재물을 땅에 쌓아두는 것, 즉 우리가 땅에서 살 때 재물을 추구하는 것을 하지 말라고 한다. 오히려 그런 것을 하늘에 쌓아두라고 한다. 많은 경우에 현실 교회에서 헌금을 강조하는 의미로 이 구절을 사용하는 것을 보면 슬프다.

그리고 이 가르침에서 결정타로 등장하는 구절이 "하나님과 재물을 아울러 섬길 수 없다."는 34절이다.

이런 정신을 잘 드러낸 마가복음의 구절은 부자청년과 관련된 것이다.

> 예수께서 그를 눈여겨보시고, 사랑스럽게 여기셨다. 그리고 그에게 말씀하셨다. "너에게는 한 가지 부족한 것이 있다. 가서, 네 가진 것을 다 팔아서, 가난한 사람들에게 주어라. 그리하면 네가 하늘에서 보화를 차지하게 될 것이다. 그리고 와서 나를 따라라." 그러나 그는 이 말씀 때문에 울상을 짓고 근심하면서 떠나갔다. 그에게는 재산이 많았기 때문이다. 예수께서 둘러보시고, 제자들에게 말씀하셨다. "재산을 가진 사람은 하나님의 나라에 들어가기가 참으로 어렵다." 제자들은 그의 말씀에 놀랐다. 예수께서 다시 그들에게 말씀하셨다. "이 사람들아, 하나님의 나라에 들어가기는 참으로 어렵다. 부자가 하나님의 나라에 들어가는 것보다 낙타가 바늘귀로 지나가는 것이 더 쉽다." (마가 10:21~22)

부자청년은 왜 근심하며 떠나갔을까? 재산이 많았기 때문이다. 이 현상을 보면서 예수는 "재산을 가진 사람은 하나님의 나라에 들어가기가 참으로 어렵다"라고 말한다. 얼마나 어려운지 낙타가 바늘귀로 들어가는 것이 더 쉽다고 까지 말한다.

이 구절을 받아들일 수 없기에 다양한 해석이 시도되었다. 낙타가 바늘귀로 들어가는 것은 애초에 불가능하기 때문에 조금이라도 약화시키고 가능성을 열어보기 위해서이다. 2천년 동안 재산도 하나님의 나라도 포기할 수 없었기 때문이다. 그래서 나온 타협책은 두 가지다. 낙타가 아니라 밧줄이라는 해석(혹은 번역)과 바늘귀가 성에 딸린 쪽문이라는 해석(혹은 번역). 어떻게든 가능성을 열어보려고 하는 노력이 안쓰럽다. 그래도 낙타를 밧줄로, 바늘귀를 쪽문으로 동시에 해석하지는 않았다는 것을 다행이라고 해야 하나? 낙타와 바늘귀라는 예수의 비유적 표현은 단순히 '불가능'하다는 것을 의미한다.

제자들은 놀란다. 왜 놀랐을까? 그들 역시 재산이 많은 것은 곧 하나님의 축복이라는 공통된 인식의 지평 위에 있었기 때문이다. 하나님의 축복을 많이 받아 부자가 된 사람도 하나님의 나라에 들어가기가 어려운데, 가난뱅이 어부들인 자신들은 과연 하나님의 나라에 들어갈 수 있을까에 까지 생각이 미치면 놀랄 수밖에 없다.

앞서 인용한 구절들은 모두 논어에서의 경우와 마찬가지로 하나님과 재물을 양 끝에 놓고 그 가운데 양자택일을 해야 하는 것으로 오해되어 왔다. 성서의 세계가 논어의 세계보다 조금 더 종교적인 색채가 강하고, 특히 유대교 전통에서 우상숭배를 거부하는 전통이 강하기 때문에 하나님이냐 바알이냐는 엘리야 식의 양자택일의 배경 속에서 읽게 된다.

하나님과 바알 중에서 선택하라는 과거의 경험은 바알이 비록 하나님과 동등한 신이 아니었음에도 불구하고 우상숭배라는 전통 속에서 하나님의 대립항으로 인식될 가능성이 있었고, 당시의 현실에서는 권력과 맞물려 충분히 그럴 정도의 무게로 다가왔을 것이다. 그러나 성서에서 우상숭배를 금지한 것은 하나님과 우상 사이에서 양자택일을 하라는 것이 아니었다. 우상은 없는 것, 혹은 허구이기 때문에 그것을 선택하지 말라는 말이었을 뿐이다.

이런 관점에서 하나님과 재물을 아울러 섬길 수 없다는 말을 다시 이해해 보자. 과연 재물이라고 하는 것은 하나님과 견줄 수 있는 대립항으로 설정할 정도의 것인가? 오히려 그렇게 대립항으로 만들지 말라는 말이 아닐까? 하나님의 관점에서, 그리고 예수의 관점에서 재물은 아무 것도 아니다. 그것은 추구해야 할 실체도 아니며, 더 나아가 실재하는 것도 아니다. 그것은 그저 인간이 살아가는데 있어서 "필요한 양식" 이상도 이하도 아니다.

그렇게 아무 것도 아닌 것, 즉 우상을 마치 하나님과 견줄 수 있을 정도의 그 무엇으로 격상시킨 것이 인간이 범하는 어리석음이다. 재물을 '필요한 것'에서 '물신(物神)'으로까지 그 격을 올려놓은 것이다. 예수의 말은 하나님이냐 재물이냐를 묻는 것이 아니라 왜 재물을 그렇게 격상시키는 우를 범하는가 하는 질타일 뿐이다. 부자청년은 바로 이런 우를 범했던 것이다. 그는 다 팔아 나눠주고 나를 따르라는 예수의 말과 자기가 가지고 있던 재물을 같은 반열에 올려 놓았던 것이다.

논어에서 살펴본 바와 마찬가지로 둘은 같은 지평 위에 서 있는 것이 아니다. 따라서 우리가 구할 것은 '하나님의 나라와 하나님의 의'일 뿐이다. 물론 우리는 먹고 살기 위해서 애쓰고 노력하고 노동을 해서 돈을 벌어야 한다. 하지만 그것은 '추구해야 할 그 무엇'이 아니다. 그냥 필요한 것일 뿐이지 거기에 어떤 가치도 부여되지 않는다.

돈, 혹은 재물, 혹은 물질은 있을 수도 있고 없을 수도 있다. 있으면 그뿐, 그저 적절히 쓰고 나눌 수 있으면 나누면 되는 문제다. 없으면 일단사 일표음하여도, 반소사음수 곡굉이침지 하여도 아무런 문제될 것이 없다. 그것에 과도하게 의미부여하여 무소유를 주장할 일도 아니고 하나님의 자리로까지 격상시켜 양자택일의 문제로 만들 일도 아니다. 이는 양극단일 뿐이고 서로에게 이단이다. 그리고 그것은 어리석음이고 그것이 바로 우상숭배다. 무소유와 물신 모두 없는 것을 있게 만드는 어리석음이다. 추구할 것은 道지 재물이 아니다. 그것이 두 선생님의 공통된 가르침이다.

강의를 마치며

연경반을 시작하여 봄학기에 지혜철학을 공부했고, 가을학기에는 논어와 마가복음을 같이 읽었다. 같이 읽는다는 것은 비교하여 읽는다는 의미가 아니라 상보(相補)적으로 읽는다는 의미다. 논어의 눈으로 성서를 바라볼 때, 그리고 역으로 성서의 도움을 받아 논어를 읽을 때, 각자가 더욱 풍성해지고 진리에 한 걸음 더 다가가게 된다고 믿는다. 그리고 그런 가능성을 이번 연경반에서 확인했다.

열 두 번의 강의를 마치면서 논어의 두 구절을 같이 읽고 같이 생각해볼 구절로 추천한다.

冉求曰 非不說子之道, 力不足也. 子曰 力不足者, 中道以廢, 今女畫.
염 구 왈 비 불 열 자 지 도   역 부 족 야   자 왈 역 부 족 자   중 도 이 폐   금 여 회

염구가 말했다. "선생님의 도를 좋아하지 않는 것은 아니나 힘이 부족합니다." 선생님께서 말씀하셨다. "힘이 부족한 자는 중도에서 포기하는데, 지금 너는 스스로 한계를 긋고 있다." (옹야편)

子在川上, 曰 逝者如斯夫! 不舍晝夜.
자 재 천 상   왈 서 자 여 사 부   불 사 주 야

선생님께서 냇가에서 말씀하셨다. "나아가는 자는 이와 같구나! 밤낮으로 그치지 않는다." (자한편)

멈추지 말고 정진하시기를!

복음, 네가 곧 군자다

지은이   장동식
발행인   이명권
발행처   열린서원
발행일   2024년 5월 20일

주   소 서울특별시 종로구 창덕궁길 117, 102호
전   화 010-2128-1215
팩   스 02) 2268-1058
전자우편 imkkorea@hanmail.net
등록번호 제300-2015-130호(1999년)

값 20,000원
ISBN 979-11-89186-48-7 03210

※ 잘못 만들어진 책은 구입한 곳에서 교환해 드립니다.
※ 이 도서의 국립중앙도서관 출판사 도서목록은
    e-CRP홈페이지(http://www.nl.go.kr/ecip)에서 이용하실 수 있습니다.